教育部人文社会科学研究专项任务项目
（18JDGC031）资助

新时代高等工程科技人才培养

马新成◎著

燕山大学出版社
·秦皇岛·

图书在版编目（CIP）数据

新时代高等工程科技人才培养 / 马新成著．—秦皇岛：燕山大学出版社，2021.12
（2026.1重印）
ISBN 978-7-5761-0240-6

Ⅰ．①新… Ⅱ．①马… Ⅲ．①工科（教育）－人才培养－培养模式－研究－高等学校 Ⅳ．①G642.0

中国版本图书馆 CIP 数据核字（2021）第 214420 号

新时代高等工程科技人才培养

马新成 著

出 版 人：陈　玉
责任编辑：张　蕊
封面设计：朱玉慧
出版发行：燕山大学出版社 YANSHAN UNIVERSITY PRESS
地　　址：河北省秦皇岛市河北大街西段 438 号
邮政编码：066004
电　　话：0335-8387555
印　　刷：廊坊市印艺阁数字科技有限公司
经　　销：全国新华书店

开　　本：700mm×1000mm　1/16　　印　　张：16.25　　字　　数：248 千字
版　　次：2021 年 12 月第 1 版　　印　　次：2026 年 1 月第2 次印刷
书　　号：ISBN 978-7-5761-0240-6
定　　价：98.00 元

前　言

教育的基本规律告诉我们，社会的政治、经济、文化、科学制约着教育的发展，教育也必然为社会的政治、经济、文化、科学服务。作为教育体制中最高层次的研究生教育，对培养高级工程科技人才有着重要作用。

高等工程科技人才培养是研究生教育的重要组成部分，兴起于计划经济时代的行业特色高校，为国家建设和发展培养了一大批工程科技人才。改革开放以后，行业特色高校逐渐脱离了计划经济体制，走上了不同的发展道路，虽然发展形式迥异，但依托行业、面向行业、服务行业的特色没有改变，新时代行业特色高校仍将为培养大批高等工程科技人才作出积极贡献。

当前，我国正面临着百年未有之大变局，在制造业及其他领域还存在多项核心技术、关键环节被“卡脖子”。随着我国经济社会进入创新转型关键期，创新型工程科技人才结构性不足的矛盾更加凸显，迫切需要世界级科技大师和领军人才、尖子人才。实践证明，校企合作最能体现工程教育的本质要求，是培养高质量工程应用型人才的有效途径，将行业特色高校的办学优势与行业、企业相结合，仍然是新时代高等工程科技人才培养的重要方面。

我国高等教育已迈入质量时代，其中质量标准作为一种价值、一种权力的体现，党对新时代高等教育的主张和要求无疑影响着教育的性质和走向。新时代行业特色高校教育质量评价，将更加突出人才培养的中心地位，突出培养一流人才、产出一流成果、主动服务国家需求、争创世界一流。

质量与质量标准源于工商界，社会上有人把学校视作企业，利益相关者（包括政府、评估机构、行业、企业、家庭、学生等）用衡量“产品”——学校培养的各类人才质量的指标和方法衡量教育的质量。探索建立新时代高等工程科技人才质量标准，是推进工程教育发展的重要举措。质量标准的设置不仅能够成为衡量高等工程科技人才教育质量优劣的标尺，也能成为行业特色高校治理的有效手段。

本书梳理了我国高层次人才培养的发展历史，特别关注了行业特色高校的起源、发展及转型的历史背景。面向“2035”的挑战与机遇，从人格、知识和能力三个维度对新时代高等工程科技人才具备的基本素质进行了讨论。详细介绍了我国重型机械行业的高等院校“长子”——燕山大学的高等工程科技人才培养实践。燕山大学是一所典型的行业特色高校，是原机械工业部直属的14所本科高校之一。1961年，燕山大学开始招收培养研究生，至2021年，研究生教育已走过一甲子历程。燕山大学传承哈尔滨工业大学“规格严格、功夫到家”的精神，在高等工程科技人才培养中，注重将理论与实践相结合，以服务国家为己任，积极开展科学研究和技术创新，打造国之重器，创造国内多项“首台套”，2000—2020年获得国家科技奖励19项，完成国家、地方及企业委托科研项目3000余项，有力支撑了区域经济发展和行业产业升级。

60年间，燕山大学为国家培养了3万多名高层次工程科技人才，在多年的教育实践中，形成了自己的办学特色，是众多行业特色高校跟随时代发展，探索、创新的一个缩影。

回首燕山大学研究生教育一甲子的光辉历程，站在“十四五”开局、全面建设社会主义现代化国家新征程开启的新起点，希望本书能为致力于新时代人才培养工作的读者提供参考。

本人有幸参与到燕山大学研究生教育的发展历程中，书中多处内容也是本人对从事研究生教育工作十余载的一些总结。感谢在本书写作过程中，“行业特色高校产学协同培养研究生层次工程科技人才机制研究”课题组成员及参与课题讨论的各位专家的大力支持。本书得以出版，要特别感谢燕山大学出版社的大力支持。因水平有限，书中或有疏漏及不足之处，敬请大家批评指正！

马新成

2021年6月

目　录

第一章

行业特色高校研究生培养的发展历史

第一节　我国研究生教育的起步与探索

一、新中国成立前的研究生教育

（一）我国研究生教育的初现

清朝末年，我国开始提出研究生教育制度设想。1903 年清政府颁布《奏定学堂章程》，将大学院改名通儒院，通儒院定为研究院性质，只设在京师大学堂内。对通儒院学员的要求是“以五年为期，以能发明新论著有成书；能制造新器足资利用为毕业”。因当时实施条件不具备，该章程实际最终沦为一纸空文，但其标志着我国研究生教育的产生进入酝酿阶段。

我国研究生教育肇始于晚清时期的教会大学，1913 年圣约翰大学开始招收研究生，率先在中国实行研究生教育并授予学位。在当时的历史条件下，圣约翰大学及燕京大学、齐鲁大学等其他 13 所教会大学，因其体制、机构设置、课程、教学方法及规章制度等诸多方面直接引进西方近代教育模式，故在中国教育近代化过程中起着某种程度的示范与导向作用。

1912 年南京临时政府效仿德国大学制，颁布《大学令》，规定大学以“教授高深学术，养成硕学闳材，应国家建设之需要”，“大学院生入院之资格，为各科毕业生或经试验有同等学力者”，修业年限为“大学院不设年限”。授予学位的要求是：“大学院生在院研究，有新发明之学理或重要著述，经大学评议会及该生所属某科之教授会认为合格者，得遵照学位令授以学位。”

（二）行业特色高校的起源

“西学东进”的思潮和洋务运动的兴起，促成了我国行业特色高校的出现。这些高校最早出现在路、矿行业，由清政府、早期民族资本共同兴办。

建于1896年，由北洋铁路总局创办的山海关北洋铁路官学堂，是我国第一所工程高等学府。1900年山海关北洋铁路官学堂第一届39名学生毕业，其中有17人得到毕业证书，这是中国现代教育史上第一批土木工程学科的正规大学毕业生。1921年整合成立交通大学，后因战乱，几经迁徙、流转，多次易名。新中国成立后正式更名为北方交通大学唐山工学院，现已衍生为西安、上海、西南、北京4所著名的交通大学。

1912年，南京临时政府教育部公布了《专门学校令》，规定“专门学校以教授高等学术，养成专门人才为宗旨”，分法政、医学、药学、农业、工业、商业、美术、音乐、商船、外国语等10类，研究生科修业一至二年。

（三）研究生教育事业初成

从清朝末年研究生教育思想启蒙，到西方势力在我国开办教会学校，再到洋务运动开办新式学堂、国民政府支持创办各类学校，发展新式近代化教育已经成为不可逆转的历史潮流，与此同时，研究生教育制度也在逐步建立。1917年蔡元培任北京大学校长后，进行了一系列改革，于次年成立了文、理、法三种9个研究所。1918—1919年仅一年时间就招收了148人，他们是我国最早招收的研究生。1918年，北京大学制定了我国研究生教育史上第一个较为全面具体的研究生教育章程《研究所总章》，并在《北京大学日刊》刊出。这一时期北京大学的研究生培养基本上是自由、放任的。各研究所开设的课程各异，授课形式多样，讲演或讨论也不拘一格。研究课题由教授随时提出，在《北京大学日刊》上公布。研究生可以根据自己的研究项目和学习需要选修，在指导上也没有严格的责任制。

1934年，国民政府公布了《大学研究院暂行组织规程》，对研究院的设立条件作了明确要求，对证书的获得条件也作了规定：“研究生研究期限暂定至少二年，期满修毕规定课程，完成研究论文经考试成绩及格由大学发给研究期满考试及格之证书。”

1935年，国民政府公布《学位授予法》，提出学位分学士、硕士、博士三级，在公立或立案的私立大学或独立学院修业期满，考试合格，并经教育部复核无异议者，由大学或独立学院授予硕士学位。博士学位候选人经博士学位评定会考试合格者，由国家授予博士学位。另外，硕士、博士学位候选人都要提出研究论文。

从新中国成立前我国研究生教育发展的历史看，我国研究生教育模式学习借鉴了西方国家，早期效仿德国进行纯粹的个人培养制，重视学生的独立研究，后期又选择美国的专业式即课程型培养模式，并建立起了现代学位制度。这表明中国研究生教育模式在学习外国研究生培养模式过程中融合了他国多种模式特点，形成了带有多国模式痕迹的研究生教育模式。

二、新中国成立初期的研究生教育

（一）高等院校的改造

1949 年，中华人民共和国成立，揭开了中国历史的新篇章，也彻底改变了中国教育的意识形态，社会性质的转变也决定着教育性质的转变。新中国成立初期，是我国国民经济的恢复时期，百业待兴，国民经济千疮百孔，这一时期的主要任务是争取国家财政经济状况的基本好转。为实现国家的建设目标，高等教育一方面借鉴苏联经验创办若干所新式大学，另一方面采取“积极维持，坚决改造”的方针，接管、接收、接办和整顿了一批旧中国的高等院校。在短短二三年时间内接管了国民党政府创办的公立学校；接收了外国津贴学校，收回了教育主权；接办了私立学校。1949 年中央政府接管了国民政府时期已毕业的 107 名研究生，并在当年招收了 242 名研究生，这是新中国招收的第一批研究生，标志着中国研究生教育工作的开始，也标志着研究生教育进入了一个新的历史时期。

1950 年，教育部召开了第一次全国高等教育会议，指出高等教育在其内容、制度、方法各方面，都必须密切配合国家的经济、政治、国防和文化建设，必须很好地适应国家建设的需要，首先是经济建设的需要。会议通过了《高等学校暂行规程》等草案，为新中国高等教育的整顿、改革和发展、建设提供了最初的法律保障。

1950 年，教育部提出了《哈尔滨工业大学学校改进计划》，提出：“哈尔滨工业大学的性质是以培养工程师和理工学院师资为主，着重培养工业部门的工程师。”该校培养的研究班学员，一部分毕业后能用俄文或中文在高等工业学校里讲授专业技术课；另一部分毕业后在工厂、矿山做高级技术干部，或是到科学研究机关做研究工作。哈尔滨工业大学早期培养研究生层次工程技术人才是我国当时高校培养工程科技人才的一个缩影，从某种意义上说，我国工程技术人才的培养一直以来就是以解决重大工程实际问题为导向，最终的人才流向也是到工程实践一线。

（二）全国高等院校院系调整

1952—1957 年，根据国家建设需要，全国高等院校进行了有计划、有步骤的院系调整。调整的目的是改变重文轻工、师范缺乏的不合理学校类型结构，调整学校规模，改变人才培养的层次结构比例不协调、地区结构布局不合理的状况。另外，我国即将开始第一个五年计划大规模的经济建设，急需大量专门人才，尤其是工程技术专门人才，必须对高等院校进行大规模的全面调整。

院系调整的方针是：“以培养工业建设人才和师资为重点，发展专门学校，整顿和加强综合大学。”经过调整，高等教育的宏观结构和高等学校的内部结构趋于系统化、科学化，基本上改变了旧中国高等教育重文轻工、师范缺乏的状况，并且在调整中不断适应国家建设发展的需要，特别是配合了工业建设发展的需要。

1952 年，北方交通大学（前身为山海关北洋铁路官学堂）被撤销，所管辖的两院分别更名为唐山铁道学院、北京铁道学院。是年暑期后，学校采矿系、冶金系、化工系、建筑系、信号专修科以及土木系水利组、电机系电讯组等系科调往当时的北京矿业学院、北京钢铁学院、北京交通大学、天津大学（原北洋大学）、清华大学等高校。

（三）行业特色高校的发展

新中国成立初期，快速恢复国民经济和构建自主的工业体系，成为一项全局的中心任务。国家拨出大量资金重点建设了一批大中型骨干企业，而专门技术人才奇缺。中央政府为快出人才，多出人才，指令各行业部门快速新建一批行业高等院校，迅速扩大已有各行业高等院校的规模，许多行业高等院校在这样的背景下应运而生。

1952 年，由北京大学地质学系、清华大学地质系地质组、天津大学地质工程系和唐山铁道学院采矿系地质组等合并组建北京地质学院（现中国地质大学）；由清华大学（厦门大学航空系并入组建航空学院）、天津大学等 8 所著名大学的航空院系合并组建北京航空学院（现北京航空航天大学）。1953 年，由上海航务学院、东北航海学院、福建航海专科学校合并成立大连海运学院（现大连海事大学）。1955 年，以天津大学电讯系、电话电报通信和无线电通信广播两个专业及重庆大学电机系电话电报通信专业为基础组建北京邮电学院（现北京邮电大学）。其他各行业调整、充实和组建的有北京农学院、北京林学院、北京钢铁学院、北京石油学院等。当时创建或合并组建的行业高校近百所，涉及农、林、水、地、矿、油、电、化、建、交等各个国民经济关键领域，与新中国工业体系的建立相伴而生，共同成长。这些高校奠定了我国工业化和国防现代化的学科基础，满足了国家经济建设对行业专门人才的迫切需求，有力地推动了当时的经济建设。

到 1957 年底，全国共有高等学校 229 所，其中综合大学 17 所、工业院校 44 所、师范院校 58 所、医药院校 37 所、农林院校 31 所、语言院校 8 所、财经院校 5 所、政法院校 5 所、体育院校 6 所、艺术院校 17 所、其他院校 1 所。基本实现了整顿和加强综合大学，发展专门学校，其中主要是工业学院和师范学院的调整目的。

三、研究生教育制度初步建立

（一）研究生培养初具规模

1956 年，我国社会主义改造基本完成后，党领导全国人民转入大规模的社会主义建设，逐步探索中国自己建设社会主义的道路。我国的研究生教育事业也在这种背景下快速发展。新中国成立前，我国研究生总人数不足千人，到 1952 年已快速增加到 2 700 多人。但在全国大形势的影响下，教育事业发展上也急躁盲目冒进发展，提出“以十五年左右时间来普及高等教育”的不切实际的目标，导致的结果是 1958—1961 年高等院校数量发展过快，从 1957 年的 229 所猛增至 1960 年的 1289 所。1959 年教育部发出的《关于编制 1960—1962 高校招收和培养研究生计划的通知》提出，“全国凡有条件的高校必须大力招收和培养研究生”，“只要在政治业务方面具备条件的教授、副教授、讲师都可以担任指导教师”。1960 年全国共招收研究生 2 275 名，比上一年增加 69.1%，如图 1-1 所示。

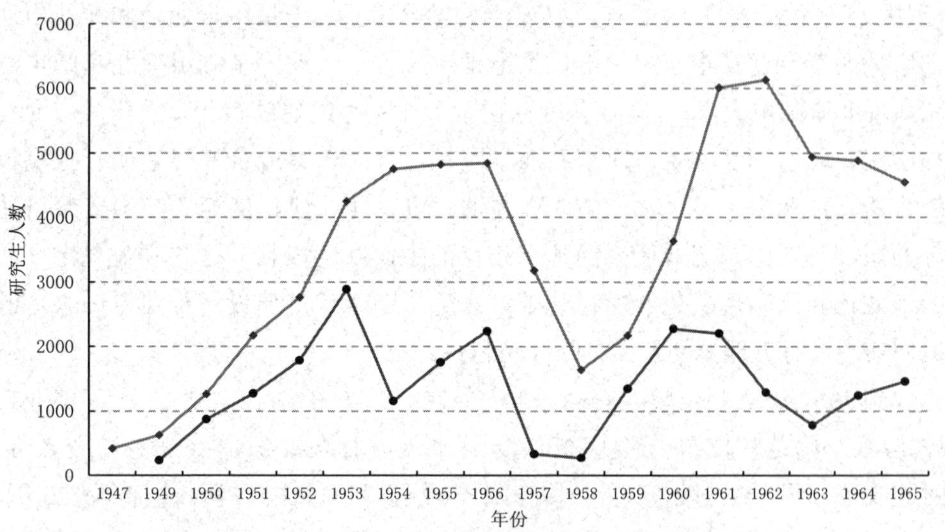

图 1-1　1947—1965 年全国研究生招生及在学人数

数据来源：王战军，周文辉，李明磊，等. 中国研究生教育 70 年 [M]. 北京：中国科学技术出版社，2019.

（二）研究生教育制度在曲折发展中初步建立

经过十多年的发展，我国研究生教育克服了学习苏联等教育经验中的教条主义倾向，逐步探索适合中国国情的发展道路。

1. 研究生招生制度的改进和逐步完善

1961 年，教育部发出《关于制订 1961 年高等学校招收研究生计划的通知》，指出各高校应根据科学研究进展情况、指导力量、基建设备等条件，结合学生来源研究拟定招生计划，强调全国重点高校理工科应以新科学技术和基础理论方面专业为重点。1962 年，教育部着重强调了研究生培养的主要意义，指出培养研究生是我国自力更生地培养质量较高的科研人员和高校师资的一项根本措施，应切实予以加强，研究生的生源着重在应届本科毕业生中提前择优选拔。教育部统一安排全国研究生的招生计划和选拔考试工作，规定无论选拔应届本科毕业生或在职研究生，都必须经过政治审查、学业考试和健康检查。采取学生自愿报名、在职人员原单位选送，由学校推荐、决定是否接受报考。入学考试科目有政治理论课、外文、基础理论课和专业课（一般为二至三门）。改变了以往过于强调政治条件而忽视业务基础的做法，加强了研究生入口的质量把关。

2. 研究生培养工作得以整顿和加强

1961 年，教育部要求北京大学、南京大学、西安交通大学等 14 所高校先行研究制订研究生示范性专业培养方案和教学大纲，以便在取得经验的基础上推动各研究生培养高校有计划地制订培养方案和课程学习大纲。教育部要求研究生培养方案按专业制订，包括培养目标、专业范围、学习科目、科学研究、毕业论文、生产实习或社会调查、实习性的教学工作、生产劳动等。课程学习大纲要体现本专业研究生学习这些科目的要求、内容的广度和深度，是研究生必修课程考试的依据。1962 年，教育部发出《关于加强在校研究生的培养和调整工作的通知》，对 1959 年以来研究生培养出现的一些问题提出了调整、指导意见，要求现有在校研究生（指 1959—1961 年招收的研究生）达到两项最低要求：一是至少必修一门政治课、一门外语课、两门业务课并通过考试；二是进行不少于 8 个月的毕业论文工作，完成一篇具有一定质量的科学论文，并通过答辩。同时还对研究生的学籍管理方面作出了规定，完善了研究生的退出机制，对学业成绩差，因自身或其他原因无法继续学习的学生予以退学或肄业处理。通过此次整顿，从整体上保证了研究生的培养质量，并为进一步改进、加强研究生培养工作打下了基础。

3. 研究生教育制度初步建立

1963 年，在对研究生教育工作研究、调整、整顿的基础上，教育部在北京召开了研究生工作会议，认为“高等学校培养研究生是为国家培养攀登科学高峰的优秀后备军”，“建立和健全高等学校研究生培养制度是我国自力更生地培养较高水平的高等学校师资和科学研究人员的一项根本措施”。会议讨论修订了《高等学校培养研究生工作暂行条例（草案）》（又称“研究生教育三十条”），共分六章、三十条。从思想政治道德水平和掌握业务知识、具备科学研究和相应的教学工作能力等方面确立了研究生的培养目标。规定了研究生分为脱产学习和在职学习两种，前者学习期限一般为三年，后者一般为四年。研究生必须有指导教师，导师由学术水平较高的教授、副教授担任。研究生的培养根据理论和实践相结合的原则，采取系统理论学习与科学研究工作相结合，导师个别指导与学校、教研室集体培养相结合的方法。招生专业的培养方案要规定本专业研究生应达到的基本要求、研究方向、应学课程和学习时间等。导师按照培养方案本着因材施教的原则，制订研究生的个人培养计划，并指导研究生拟定学习计划。另外，还对研究生招生、领导与管理、待遇与工作分配等方面作了规定。“研究生教育三十条”的颁布，标志着我国研究生教育制度的初步建立。

随后，教育部发布《关于制定研究生专业培养方案的通知》《关于高等学校制定研究生培养方案的几项原则规定（草案）》，对研究生的培养方案作出规定。1964 年，教育部、财政部联合颁布《关于高等学校培养研究生的经费、人员编制和研究生的助学金及其他生活待遇问题的几点规定》，建立起了研究生学业资助制度。同年 10 月，教育部发布《关于高等学校研究生学籍处理问题的几项暂行规定》，对高校研究生转专业、转学校、改换导师、休学、延长学习期限、取消学籍和退学等问题作出了规定。这一系列配套政策的出台，保证了我国研究生教育工作的制度化、规范化，为保证培养质量作出了制度安排。

第二节 我国研究生教育的恢复与发展

一、研究生恢复招生

“文革”曾一度使行业特色高校发展中断，1966—1977 年，我国停止研究生招生长达 12 年。1978 年，党的十一届三中全会胜利召开，做出了把工作重点转移到社会主义现代化建设上来的战略决策，提出了“以经济建设为中心，集中发展生产力”“科学技术是第一生产力”等重要指导思想，我国研究生教育事业及行业特色高校的恢复与发展进入了重要的历史机遇期。只有更多、更好地培养高层次科技人才，才能创造更多科研成果，更快地将知识转化为生产力，有力推动经济社会发展。

1977 年，教育部发布《关于高等学校招收研究生的意见》，提出高等学校特别是重点高等学校，在办好本科的同时，积极招收研究生。同时对招生的专业范围提出“要从实现我国社会主义现代化的需要出发，重点填补国家科学事业的空白和赶超世界科技先进水平的基础科学、边缘科学与工业、农业、国防有密切关系的最新科学技术领域”等指导意见。1978 年，教育部决定将 1977 年和 1978 年的研究生招生计划合并，正式恢复招收研究生，发布《关于高等学校一九七八年研究生招生工作安排的意见》。该意见规定了硕士研究生的“初试 + 复试”的考试形式。要求报考条件为：具备一定思想政治素质；具有大学毕业文化程度，对有研究才能和专业特长的工农兵在职工不受学历限制，须具备同等文化程度；面向本科在学生及社会人士，年龄上限放宽到 40 岁。规定了全国统一的初试时间及考试科目要求，初步提出了调剂录取的思想。

1978—1980 年，我国共招收研究生 22 434 人，接近 1949—1965 年的招生总数，研究生教育的恢复开端良好。

二、研究生教育制度的重建与完善

新中国成立后，我国研究生教育在学习、借鉴苏联模式以及自力更生摸索、尝试中取得了很大成绩，也基本建立了研究生教育制度。但经十年“文革”影响，我国研究生教育事业受到很大冲击，在重新恢复招生后，很多方面已不能适应形势的发展变化，研究生教育制度亟须重建与完善。

（一）学位制度的建立

新中国成立后，我国曾在 20 世纪 50 年代及 60 年代尝试建立学位制度，提出学位分学士、硕士、博士三级，按照不同学科门类授予学位，但受当时错误思想的干扰，并未施行。

十一届三中全会以后，随着教育领域的拨乱反正，1980 年 12 月 12 日，第五届全国人民代表大会常务委员会第十三次会议通过了《中华人民共和国学位条例》，并定于 1981 年 1 月 1 日起施行。从此我国终于建立了自己的学位制度，成为高等教育史上的一个新里程碑，为具有中国特色的学位制度进一步完善、研究生教育进一步发展，提供了有力的制度保障，也标志着我国研究生教育迈入法制化时代。

学位条例规定我国学位分学士、硕士、博士三级，并分别规定了学术标准。“硕士学位的学术标准：高等学校和科学研究机构的研究生，或具有研究生毕业同等学力的人员，通过硕士学位的课程考试和论文答辩，成绩合格，在本门学科上掌握坚实的基础理论和系统的专门知识，具有从事科学研究工作或独立担负专门技术工作的能力。博士学位的学术标准：高等学校和科学研究机构的研究生，或具有研究生毕业同等学力的人员，通过博士学位的课程考试和论文答辩，成绩合格，在本门学科上掌握坚实宽广的基础理论和系统深入的专门知识，具有独立从事科学研究工作的能力，在科学或专门技术上做出创造性的成果。”

学位条例也明确了各级机构的设立和职能。其中对于学位授予单位规定：“硕士学位、博士学位，由国务院授权的高等学校和科学研究机构授予。授予学位的高等学校和科学研究机构及其可以授予学位的学科名单，由国务院学位委员会提出，经国务院批准公布。”还要求学位授予单位设立学位评定委员会，组织有关学科的学位论文答辩委员会，并对构成人员、评定程序、职责分工等作了规定。

学位条例还规定了各种途径的学位授予方式及一系列约束条文。如非学位授予单位应届毕业生向学位授予单位申请学位、在科学或专门技术上取得重要学术成果者直接参加博士学位论文答辩并获得学位；已授予学位的异议受理、撤销，学位授予单位资格的撤销等。

为进一步明确学位条例的实施办法，1981 年 5 月 20 日，国务院批准执行《中华人民共和国学位条例暂行实施办法》。办法进一步明确了学位授予的学科门类、学位授予的原则与程序及学位课程要求，规范了学分设置、答辩的规则程序，保障了学位制度的良好运行。

（二）学位授权审核工作的逐渐完善

学位授权审核工作包括学位授予单位的审核和学位授予学科、专业的审核，是国家对各级学位授予质量监控的重要抓手。自 1981—1998 年，我国共进行过七次学位授权审核工作，截至 1998 年，我国有博士学位授予单位 323 个，其中高等学校 276 所，博士、硕士授权一级学科 383 个（其中高等学校 331 个），博士学位授权点 1 827 个（其中高等学校 1 427 个人）；硕士学位授予单位 685 个，其中高等学校 537 所，硕士学位授权点 8 575 个（其中高等学校 7 119 个）。

在学位授权审核的初期，并未将学位授予单位的审定和学科、专业的审核严格区分，均统称为学位授予单位的审定。因当时学位授予单位的审核与学位授权学科、专业的审核是同时进行的，且只要学位授权学科、专业和导师获得通过，则学位授予单位亦随之通过。非学位授予单位增列为硕士、博士学位授予单位时，审核其整体条件。此后强调按学术水平和条件对学位授予单位进行评审，对申请新增博士学位授予单位的要求具有一定数量的硕士学位授权点，并规定了申请新增硕士学位授予单位所具备的师资及办学条件。

从第四次学位授权审核开始，强调调整高等学校办学层次、优化结构，控制新增博士、硕士学位授予单位，要经过主管部门可行性论证通过后再由国务院学位委员会办公室审核。此后逐渐减少学位授予单位的新增，按照按需授权的原则，重点考虑地区、行业布局及经济发展情况，并且建立起了新增学位授予单位整体条件评估指标体系。

在第七次学位授权审核时，强调了加强省级统筹原则，考虑地区及行业需求，调整授权体系的合理布局，从全国整体需求及优化学科结构原则出发，考虑各类学校的合理布局。

从我国学位授权审核工作的发展历史看，学位授权审核制度不断发展、完善，基本建成了具有一定规模、学科门类齐全、保证学位质量的以高等学校为主体的学位授权体系。通过历次学位审核工作中根据当时具体情况提出新增学位授予单位、新增学位授权点的条件，诸如办学指导思想、教学科研队伍、办学规模、办学效益、教育质量、科学研究基础、管理制度等方面的具体条件，有力地推动了研究生培养单位的学科建设。学位授权审核指导思想由根据高等学校整体水平及办学条件改为按需授权，社会需要成为学位授权审核工作的重要依据和动力，引导高等学校主动适应国家现代化建设的需要，注重发展直接为国民经济建设和社会发展服务的学科，以及新兴学科、边缘学科和高技术学科。

在学位授权审核工作中，越来越注重管理权限的下移，开始发挥省级学位委员会在本地区学位授权单位增列及学位授权点新增方面的主导作用。在一些高等学校试点、放开了硕士学位授权点自行审核新增的权限。从历次学位授权审核情况看（见表 1-1），第五次学位授权审核中，由试点单位自行审批的硕士点达 253 个；第六次学位授权审核中，全国统一评审的硕士学位授权点有 562 个，授权省学位委员会审批 454 个，有关单位自行审批的 59 个；第七次学位授权审核中，全国统一评审的硕士学位授权点有 363 个，省学位委员会和军队学位委员会审批 936 个，学位授予单位自行审批 160 个。

表 1-1　我国前七次学位授权审核情况统计表

批次	批准时间	新增学位授予单位数		新增学位授权点数	
		博士	硕士	博士	硕士
第一批	1981 年	151	358	812	3 185
第二批	1984 年	45	67	316	1 052
第三批	1986 年	41	130	675	2 045

（续表）

批次	批准时间	新增学位授予单位数		新增学位授权点数	
		博士	硕士	博士	硕士
第四批	1990 年	10	41	297	999
第五批	1993 年	24	35	274	864+253
第六批	1996 年	5	5	182	562+454+59
第七批	1998 年	49	55	329	363+936+160

数据来源：吴镇柔，陆叔云，汪太辅．中华人民共和国研究生教育和学位制度史 [M]. 北京：北京理工大学出版社，2001.

（三）研究生院的设立

我国在 1960 年开始探索建立培养研究生的专门机构，最初称为研究院。1963 年教育部发布《高等学校培养研究生工作暂行条例（草案）》，即“研究生教育三十条”，将研究院单列一章，因“文化大革命”爆发，并未施行。

1978 年，国家同意中国科学技术大学研究生院成立，并且同意成立了我国第一所人文社会科学研究生院——中国社会科学院研究生院。

通过成立中国科学院研究生院和中国社会科学院研究生院，为高校试办研究生院积累了经验。1980 年 12 月，教育部在全国教育工作座谈会上提出“要使研究生院真正成为既是教育中心，又是科学研究中心”的思路。1984 年 8 月 8 日，教育部发布《关于在北京大学等 22 所高等学校试办研究生院的通知》，印发了《关于在部分全国重点高等院校试办研究生院的几点意见》，正式批准这些高等学校继续试办研究生院。《意见》明确了研究生院的性质是“在校（院）长领导下具有相对独立职能的研究生教学和行政管理机构，应有单独的人员编制和经费预算”，还明确了研究生院的组织机构和职责是“研究生院需研究制订研究生培养与招生的长远规划并组织招生工作；要组织各项章程，加强思政建设；要加强管理机构的建设；要组织遴选导师；办理有关博士和硕士学位的审核和授予事宜；科研经费的使用与管理；开展对外学术交流；交流经验，提高培养质量等”。

研究生院的设立充分调动了各高等学校发展研究生教育事业、提高研究生培养质量的积极性，促进了研究生教育管理的规范化、科学化和系统化。能否被国家批准试办研究生院也成为衡量高等学校整体办学水平、办学条件和办学层次的一个重要标志。

三、研究生教育的多样化发展

（一）专业学位研究生教育的开展

我国早期的研究生教育的一个主要目的是培养高校师资。20 世纪 80 年代中期，一批我国自主培养的博士、硕士开始步入社会各界，教学科研型人才的断层得以缓解。当时我国工科研究生规模占总规模的 45% 左右，80% 以上的工科研究生毕业后在高等学校和科研机构从事教学、科研工作，在工矿企业和工程建设部门就业的不足 10%。加之由于历史原因，工矿企业和工程建设部门的高级工程技术人员和管理干部出现青黄不接，后继乏人的现象。工矿企业等对高层次应用型人才需求的呼声日益高涨，他们要求研究生不仅有宽广的知识面，更重要的是要有独立担负专门技术工作的能力。在这种情况下，单一的学位类型和人才培养模式已不能满足社会需要，专业学位研究生教育开展已是势在必行。

1984 年，教育部研究生司发出《转发清华大学、西安交通大学等十一所高等工科院校“关于培养工程类型硕士研究生的建议”的通知》，在部分高等工科院校中开展工程硕士生培养试点工作。1989 年，国家教育委员会发布《关于加强培养工程类型工学硕士研究生工作的通知》，要求在保证质量的前提下，根据各单位实际和各学科的特点，积极地有步骤地开展培养工程类型硕士生的工作，对工程类型硕士生的招生、培养、导师队伍建设等方面都作了具体要求。这项试点工作的开展，丰富了我国研究生教育的内涵，使研究生教育更好地服务于经济和社会发展，也为专业学位研究生教育的开展积累了经验。

1990 年 10 月，国务院学位委员会第九次会议决定在我国设置和试办工商管理硕士学位，工商管理硕士专业学位成为我国第一个正式设立的专业学位，标志着我国专业学位研究生教育的正式诞生。为了规范专业学位的设置，1996年4月，国务院学位委员会第十四次会议审议通过了《专业学位设置审批办法》，并于1997年7月公布实施。

1997年4月，国务院学位委员会第十五次全体会议审议通过了《工程硕士专业学位设置方案》，正式批准在我国设置工程硕士专业学位，从根本上改变了工科学位类型第一的状况。工程硕士侧重于工程应用，与工矿企业、国有大中型企业等行业部门联系紧密，其研究生多来源于实际部门，课程设置根据行业部门实际需要设置，学位论文结合工程实际，其研究成果直接应用于生产，经济效益明显。工程硕士研究生具备较强的分析和解决工程实际问题的能力，既能较快适应并胜任实际工作，又有发展后劲。

部分专业学位研究生教育起初为学历教育，如工商管理硕士，其招生指标在国家下达的年度招生计划内安排。随着社会主义市场经济的发展，行业企业急需大批高层次人才，加之以脱产为主的学习方式，不利于行业企业积极选送技术骨干、优秀人才攻读学位，故多采取在职人员申请学位的方式进行。自此专业学位研究生开始呈现出规模性培养的态势。

（二）集中资源重点建设

1. 恢复建设重点大学

1978年2月，国务院转发教育部《关于恢复和办好全国重点高等学校的报告》，同意恢复原60所全国重点高等学校，并根据各省、自治区、直辖市和有关部委要求又增加了28所，第一批全国重点高等学校共有88所。恢复和办好全国重点高等学校是一项战略性措施，对于推动教育战线的整顿工作，迅速提高高等教育的水平，尽快改变教育事业与社会主义建设严重不相适应的状况，是完全必要的。

在这88所高等学校中，由行业部门管理的高校占了大部分。如东北重型机械学院（现燕山大学）、湖南大学、西北轻工业学院（现陕西科技大学）、湖北建筑工业学院（现武汉理工大学）、武汉测绘学院（现与武汉大学合并）、武汉水电学院（现与武汉大学合并）、武汉地质学院（现中国地质大学）、北京航空学院（现北京航空航天大学）、北京邮电学院（现北京邮电大学）、北京钢铁学院（现北京科技大学）、北京铁道学院（现北京交通大学）等。在党和政府的高度重视下，这些行业特色高校很快恢复了发展。在后期，随着改革开放的不断深化和国民经济的快速发展，这些有行业背景的高校依托各自行业的发展都得到了较快发展。并且它们也不再面向单一的行业部门，而是在学科覆盖面上有所拓展，逐渐发展成以原有的行业为主，适当增设其他学科的多学科结构。有些学校随着中国改革开放以后的经济体制转型，开始向综合性大学的目标迈进。

2. 高等学校重点学科评选与建设

学科建设是高等学校发展的基础，也是研究生教育发展的根本。高质量的学科建设直接决定着研究生培养单位能否培养出高质量的研究生和创造出高水平的科研成果。在大力发展我国大众型高等教育机构的同时，也要重视发展精英型高等教育机构，尽快建成一批高水平大学、高水平学科，推动科技、经济、文化发展，是提升我国研究生教育竞争力的首要问题。与此同时，随着我国研究生教育规模不断扩大，有限的教育资源配置冲突也在不断显现。

1985 年，国家开始酝酿重点学科的评选工作，1986 年，国家教委召集有关业务司局统一了认识，明确建设高等学校重点学科主要目的是根据四化建设对培养高级专门人才的需求、科技发展的趋势和国家财力的可能，在教学、科研基础较好的高校重点建设一批代表国家水平的学科、专业点，同时这些重点学科点应担负教学科研双重任务。

1987—1988 年，在经过前期小范围试点的基础上，根据“从严掌握，由少到多”的原则，最终确定了416个重点学科点，其中文科78个，理科86个，工科 163 个，农科 36 个，医科 53 个，分布在 107 所高等学校中。其中行业特色高校有 6 所，涉及 17 个学科。重点学科数量最多且超过 10 个的依次是：北京大学、清华大学、南京大学、复旦大学、中国人民大学、上海医科大学、北京农业大学、北京医科大学、南开大学和西安交通大学。经过几年的建设，高等学校重点学科点在科学研究、高层次人才培养、师资队伍结构、科学研究条件及国内外学术交流方面都取得了明显成效。

2002 年，第二次重点学科评选共评选出 964 个重点学科，分布在 159 所高等学校中，重点学科数量多且超过 10 个的高等学校有：北京大学，清华大学，复旦大学，南京大学，中国人民大学，浙江大学，武汉大学，西安交通大学，中山大学，中国科学技术大学，中国农业大学，哈尔滨工业大学，南开大学，中南大学，北京师范大学，吉林大学，上海交通大学，四川大学，中国协和医科大学，华中科技大学，厦门大学，天津大学，北京航空航天大学，北京理工大学，东南大学，同济大学和西北工业大学。2006 年，第三次重点学科评选共评出 286 个一级学科国家重点学科，677 个二级学科和 217 个国家重点（培育）学科。

3.“211 工程”与重点学科建设

“211 工程”，即面向 21 世纪、重点建设 100 所左右的高等学校和一批重点学科的建设工程。“211 工程”是我国一直到 20 世纪 90 年代，由国家在高等教育领域进行的规模最大、层次最高的重点建设工程，是国家实施科教兴国战略的重大举措。

1993 年 7 月，国家教育委员会发布《关于印发〈关于重点建设一批高等学校和重点学科点的若干意见〉的通知》，这是为实施“211 工程”发布的第一个指导性文件，通知指出“211 工程”的建设目标是：“经过十年或者更长一点时间的努力，使相当一批高等学校和重点学科点能够成为培养高层次专门人才和解决国家经济建设、科技和社会发展重大科技问题的基地，在教育质量、科学研究和管理等方面处于国内先进水平，并有一定的国际影响。”工程建设的中心任务是：“提高高等学校的教育质量、科研水平和办学效益。”

1995 年 11 月，国家正式下发《“211 工程”总体建设规划》，正式启动“211 工程”。“211 工程”是一项跨世纪的战略工程，是我国高等教育面向现代化、面向世界、面向未来，上水平、上质量、促改革、增效益的工程，其主要包括学校整体条件、重点学科和高等教育公共服务体系建设三大部分。共有五批 112 所高等学校进入工程建设序列。

第三节　行业特色高校的转型与发展

一、政策背景

1. 国务院机构改革

1998年3月10日，第九届全国人民代表大会第一次会议审议通过了《关于国务院机构改革方案的决定》，本次改革的目标是要建立办事高效、运转协调、行为规范的政府行政管理体系，逐步建立适应社会主义市场经济体制的有中国特色的政府行政管理体制。改革的原则是按照社会主义市场经济的要求，转变政府职能，实现政企分开；按照精简、统一、效能的原则，调整政府组织结构，实行精兵简政；按照权责一致的原则，调整政府部门的职责权限，明确划分部门之间职责分工，完善行政运行机制。

本次改革取得了历史性的进步，为了推进社会主义市场经济发展，政府职能有了重大转变，结束了专业经济部门直接管理企业的体制，并且撤销了几乎所有的工业专业经济部门。这次机构改革共撤销了10个部门：电力工业部、煤炭工业部、冶金工业部、机械工业部、电子工业部、化学工业部、地质矿产部、林业部、中国轻工业总会、中国纺织总会。

工业专业经济部门是计划经济时代的产物，在当时的历史条件下，这些部门是各种资源配置的载体，是落实经济计划的依托。随着社会主义市场经济的发展，这类部门的存在不利于充分发挥市场在资源配置中的基础作用，也不利于充分发挥企业的微观经济主体地位。通过改革，在很大程度上消除了政企不分的组织基础。

2. 科教兴国战略的提出

1996年，在《中华人民共和国国民经济和社会发展“九五”计划和2010年远景目标纲要》中，首次提出“实施科教兴国战略”，主要涵盖“加速科学技术进步”“优先发展教育”两大方面。1998 年，党的十五大郑重宣告实施“科教兴国战略”，指出“科学技术是第一生产力，科技进步是经济发展的决定性因素。把加速科技进步放在经济社会发展的关键地位，使经济建设真正转到依靠科技进步和提高劳动者素质的轨道上来”。

在高等教育方面，由工业行业经济部门创办的普通高等学校、成人高等学校、中等专业学校和技工学校，存在办学条块分割、学科重复设置、学科面窄、多头封闭办学、规模过小、资源浪费等现象。另外行业部门包得过多、管得过死的弊病也日益突出。

基于以上原因，工业行业经济部门的撤销，其管理行业特色高校的基础已不存在。1998 年 6 月 22 日，教育部、国家经贸委、国家计委和财政部联合发布《关于调整撤并部门所属学校管理体制的实施意见》，除少数行业高校继续由原行业部门管理外，大部分高校划归教育部或属地管理，基本结束了行业部门举办高等教育的历史。

二、行业特色高校的转型

经过调整、整合，这些行业特色高校紧跟时代步伐，在保持与原行业天然联系优势的同时，积极发展国民经济和社会发展所需的学科和专业。经过十多年的发展，行业特色高校的面貌也发生了很大的变化，仅从原机械工业部直属的 18 所高等学校（其中 14 所本科层次学校，4 所专科层次学校）情况看，主要有以下几种情况（见表 1-2）。

（1）两所更换学校名称：甘肃工业大学在 2003 年正式更名为兰州理工大学，太原重型机械学院在 2004 年更名为太原科技大学。

（2）一所整体并入其他高等学校：吉林工业大学 2000 年并入吉林大学。

（3）五所合并其他学校，扩大办学规模：湖南大学 2000 年将湖南财经学院并入，燕山大学 2000 年将河北轻工业管理学校并入，西安理工大学 2002 年将西安仪表工业学校并入，沈阳工业大学 2002 年将辽阳石油化工高等专科学校并入，上海理工大学 2003 年将上海医疗器械高等专科学校（2015 年划出组建上海健康医学院）和上海出版印刷高等专科学校并入。

（4）六所与其他学校合并组成新学校：江苏理工大学 2001 年与镇江医学院、镇江师范专科学校合并组建江苏大学，洛阳工学院 2002 年与洛阳医学高等专科学校、洛阳农业高等专科学校合并组建河南科技大学，湘潭机电高等专科学校 2000 年与湖南纺织高等专科学校合并组建湖南工程学院，郑州工业高等专科学校 2004 年与郑州工程学院合并组建河南工业大学，南京机械高等专科学校 2000 年和南京电力高等专科学校合并组建南京工程学院，北京机械工业学院 2008 年与北京信息工程学院合并组建北京信息科技大学。

（5）四所学校保持原学校名称：合肥工业大学、哈尔滨理工大学、湖北汽车工业学院和长春汽车工业高等专科学校。

表 1-2　原机械工业部所属学校调整情况

序号	学校名称	层次	调整情况
1	吉林工业大学	本科	2000 年并入吉林大学
2	湖南大学	本科	2000 年合并湖南财经学院
3	合肥工业大学	本科	2017 年进入国家“双一流”建设高校行列
4	江苏理工大学	本科	2001 年 8 月与镇江医学院、镇江师范专科学校合并组建江苏大学
5	燕山大学	本科	2000 年合并河北轻工业管理学校
6	西安理工大学	本科	2002 年合并西安仪表工业学校
7	上海理工大学	本科	2003 年合并上海医疗器械高等专科学校（2015 年划出组建上海健康医学院）、上海出版印刷高等专科学校
8	沈阳工业大学	本科	2002 年合并辽阳石油化工高等专科学校
9	哈尔滨理工大学	本科	2018 年入选黑龙江省国内“双一流”建设高校
10	甘肃工业大学	本科	2003 年更名为兰州理工大学
11	洛阳工学院	本科	2002 年与洛阳医学高等专科学校、洛阳农业高等专科学校合并组建河南科技大学
12	太原重型机械学院	本科	2004 年更名为太原科技大学
13	北京机械工业学院	本科	2008 年与北京信息工程学院合并组建北京信息科技大学
14	湖北汽车工业学院	本科	2018 年入选湖北省“双一流”建设高校
15	湘潭机电高等专科学校	专科	2000 年与湖南纺织高等专科学校合并组建湖南工程学院
16	郑州工业高等专科学校	专科	2004 年与郑州工程学院合并组建河南工业大学
17	南京机械高等专科学校	专科	2000 年与南京电力高等专科学校合并组建南京工程学院
18	长春汽车工业高等专科学校	专科	2019 年进入中国特色高水平高职学校建设单位行列

数据来源：各高校官方网站、百度百科

三、加速培养应用型人才

自1989年我国开始培养工程类型工学硕士研究生起，并在1990年设立首个研究生专业学位工商管理硕士，我国的研究生培养类型趋向多样化。2002年，国务院学位委员会、教育部发布《关于加强和改进专业学位教育工作的若干意见》，指出我国已初步建立了具有中国特色的以硕士学位为主，博士、硕士、学士三个层次并存的专业学位教育体系，但专业学位教育规模偏小，要求要适应社会、经济发展需要，提高专业学位人才在高层次人才中所占比例，不断扩大专业学位人才的培养规模。2009年，教育部发布《关于做好全日制硕士专业学位研究生培养工作的若干意见》，决定自2009年起扩大招收应届本科毕业生为主的全日制硕士专业学位范围。2010年起开始施行推荐优秀应届本科毕业生攻读专业学位研究生制度，2010年专业学位研究生招生达23万人，比2009年增加31.3%。2010年，教育部发布《关于批准有关高等学校开展专业学位研究生教育综合改革试点工作的通知》，批准北京大学等64所高等学校开展专业学位研究生教育综合改革试点工作，提出了具体的指导思想、主要任务、基本要求、组织实施等内容。

与此同时，专业学位授权审核形式也由分散试点过渡到集中审核。最初高校专业学位授权点的设立是由符合相应专业学位研究生培养基本条件的高校向国务院学位委员会办公室申请，经评估审核后，由国务院学位委员会批准试办。随着专业学位类别的增加，各专业学位教育指导委员会工作的逐步健全，2010年，国务院学位委员会第二十七次会议审议通过了19种新增硕士专业学位类别，并随即开展学位授权点审核工作，开始集中审核专业学位授权点。同年还颁布了《硕士、博士专业学位设置与授权审核办法》，提出了专业学位授权的组织、条件、程序等意见，明确了新增博士专业学位授权由国家评审和审批，新增硕士专业学位授权由各省组织评审，报国家审批。

从燕山大学学历教育专业学位研究生历年招生情况看（见图1-2），2010—2020年年均增长率达到了27.56%，2011年比前一年翻一番，除2019年外，其余年份招生增长率均比较高，专业学位研究人数呈直线上升趋势。国内其他高校也大体如此。

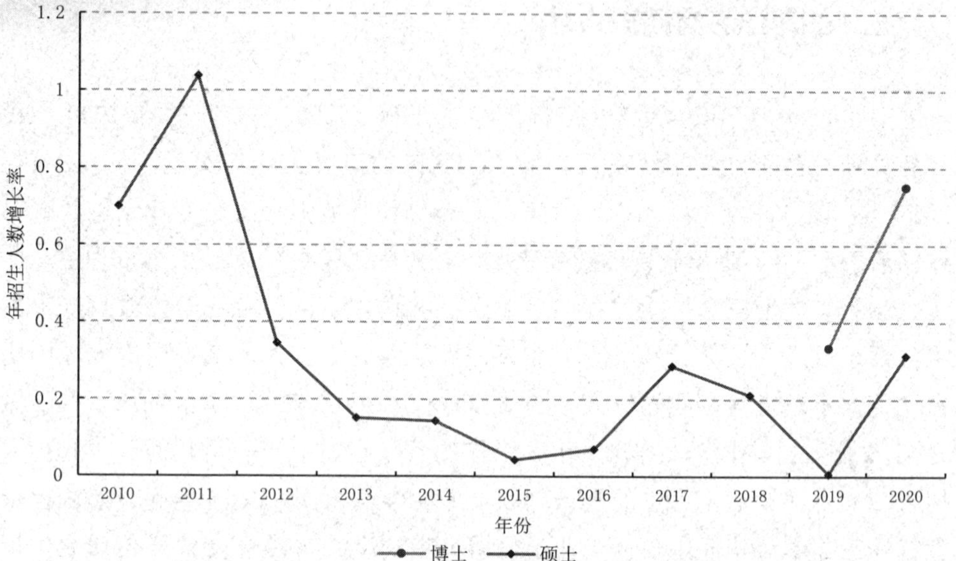

图 1-2　2010—2020 年燕山大学专业学位研究生招生增长率

四、研究生教育质量评估

我国研究生教育规模的不断扩大，自然引起了关于教育质量的各种担忧。一是学位授权审核工作的积极发展导致学位授权单位、学位授权点迅速扩大，截至 2018 年，我国已有研究生培养机构 815 所，其中普通高校 580 所；二是研究生教育规模不断扩大，2019 年在校研究生已达 286 万多人。无论是学位授权点的水平还是研究生的培养质量，都受到各利益方的极大关注。

2000 年，教育部发布《关于加强和改进研究生培养工作的几点意见》，提出了“建立健全研究生教育评估制度，不断完善质量保证体系”，主要涉及：（1）加强学位与研究生教育评估的法规建设，规范各类评估工作，充分发挥各级教育主管部门、学位与研究生教育方面的社会中介机构和培养单位在评估中的作用；（2）逐步建立对学位授权点进行定期评估的制度；（3）培养单位开展经常性的自我评估工作，及时发现和解决培养工作中出现的问题，建立起具有自我完善功能的质量保证和监控机制；（4）国家开展全国优秀博士论文评选工作，每年评选 100 篇优秀博士论文，并拨出专项资金支持优秀博士学位论文获得者进行高水平的科学研究工作。

2002 年，国务院学位委员会、教育部发布《关于加强和改进专业学位教育工作的若干意见》，提出“逐步建立和完善科学、合理的专业学位教育评估制度”，“逐步建立教育内部评估、中介机构评估和社会评价相结合的专业学位教育评估体系”。

总体而言，我国研究生教育评估分为合格评估和水平评估两类。

（一）合格评估

合格评估可分为学位授权点定期评估和学位论文抽查评价。

1. 学位授权点定期评估

2005 年，国务院学位委员会发布《关于开展对博士、硕士学位授权点定期评估工作的几点意见》，明确了定期评估的主要内容为“获得授权以来，学位授权点学术队伍的变化情况；人才培养情况，特别是人才培养质量；取得的科研成果及承担的科研项目情况等”。定期评估按照博士、硕士学位授权分层次进行，具有博士学位授予权的学科点与其所包含的硕士学位授权点同步进行评估。国务院学位委员会办公室组织博士学位授权点的定期评估。国务院学位委员会委托各省级学位委员会负责组织对本省（自治区、直辖市）区域内的硕士学位授权点的定期评估工作。国务院学位委员会委托军队学位委员会负责组织对军事学硕士学位授权点的定期评估工作。学位授权点的定期评估以 6 年为周期进行部署组织。

专业学位研究生教育合格评估制度最早起源于工商管理专业学位教学评估。2000 年，国务院学位委员会办公室发布《关于开展中国高校工商管理硕士学位教学合格评估工作的通知》，评估方式以组织领域内专家采取实测试评、专家研讨、实地考察、总结分析的方法进行，评估内容包括教学设施、师资队伍、教学管理、教学组织、教学效果和办学特色。

2014 年，国务院学位委员会、教育部发布《学位授权点合格评估办法》，将博士、硕士学位授权点和专业学位授权点均作了统一、规范的要求，也标志着学位授权点评估制度的正式建立。

2. 学位论文抽查

我国学位论文抽查工作最早从博士学位论文开始，自2000年开始，教育部学位管理与研究生教育司每年开展一次博士学位论文质量抽查工作，对博士学位获得者的学位论文进行随机抽样，并从学位论文的选题与综述、论文成果的创新性、论文体现的理论基础、专门知识及科学研究能力等方面进行合格性质量评价。从中国学位与研究生教育信息网公布的2000—2003年博士学位论文抽查评价结果看，4年间共有45所博士学位授予单位的490篇学位论文参加了抽查，其中有6所单位每年都参加了抽查，16所单位参加了3次，5所单位参加了2次，18所单位参加了1次。专家打分按论文质量的高低分为“A”“B”“C”“D”四档，从四年的总体情况看（见表1-3），四档的比例分别为32.74%、47.69%、17.20%和2.37%，“A”“B”档的比例为80.44%，说明我国博士学位论文的整体质量比较高。

表1-3　2000—2003年我国博士学位论文抽查结果

抽查年份	单位数	学位论文篇数	专家评价结果比例 / %			
			A	B	C	D
2000	22	110	41.55	40.94	15.37	2.13
2001	24	120	31.29	50.35	16.27	2.09
2002	30	160	28.75	52.37	16.56	2.31
2003	24	100	31.18	46.64	19.43	2.75
总计	100	490	32.74	47.69	17.20	2.37

数据来源：中国学位与研究生教育信息网.历年博士学位论文抽查评价结果[EB/OL].[2021-02-09]. http://www.cdgdc.edu.cn/xwyyjsjyxx/zlpj/bslwccps/.

2004年，教育部学位管理与研究生教育司发布《关于开展2004年博士学位论文抽查工作的通知》，要求各学位授予单位报送学位论文材料。2010年，博士学位论文抽查工作又作了调整，一是适当提高了抽查数量，实现抽查工作的常态化；二是改革了抽查方式，不再要求学位授予单位报送学位论文材料，而是按照相应规则抽取后直接从国家图书馆调取。

2014年，国务院学位委员会、教育部印发了《博士硕士学位论文抽检办法》，每年将对上一学年度全国授予博士、硕士学位的论文进行抽检。明确博士学位论文抽检由国务院学位委员会办公室统一组织，抽检比例为10%左右，抽检论文从国家图书馆直接调取；硕士学位论文抽检由各省级学位委员会负责组织，抽检比例为 5% 左右。学位论文抽检结果将反馈学位授予单位，并在一定范围内采取适当形式公布。抽检结果将作为学位授权点合格评估重要指标，对“存在问题学位论文”比例较高或篇数较多的学位授予单位，责令限期整改。经整改仍无法达到要求者，视为不能保证所授学位的学术水平，将撤销学位授权。

（二）水平评估

我国研究生教育水平评估可以分为学科评估和全国优秀博士学位论文评选。

1. 学科评估

学科评估是教育部学位与研究生教育发展中心按照国务院学位委员会、教育部颁布的《学位授予与人才培养学科目录》对全国具有博士或硕士学位授予权的一级学科开展整体水平评估。学科评估是学位中心以第三方方式开展的非行政性、服务性评估项目，2002 年首次开展，截至 2017 年完成了四轮。2020 年 11 月，教育部学位与研究生教育发展中心发布《关于公布〈第五轮学科评估工作方案〉的通知》，启动了第五轮学科评估工作。

从参加历次学科评估的情况看，研究生培养单位和学科数量逐渐增多。2002—2004 年第一轮学科评估有 229 家研究生培养单的 1366 个学科参加；2007—2009 年第二轮学科评估有 331 家研究生培养单位的 2369 个学科参加。仅从工学机械工程学科（学科代码 0802）历次参评情况看，参评高校的数量也逐次增多。2007 年第二轮学科评估中，机械工程学科在全国高校中具有“博士一级”授权的单位共 43 所，本次参评 38 所；具有“博士点”授权的单位共 39 所，本次参评 19 所；还有 10 所具有“硕士一级”授权和 3 所具有“硕士点”授权的单位也参加了本次评估；参评高校共计 70 所。2012 年第三次学科评估中，机械工程学科在全国具有“博士一级”授权的高校共 73 所，本次参评 57 所；还有部分具有“博士二级”授权和硕士授权的高校参加了评估；参评高校共计 102 所。2017 年第四次学科评估中，机械工程学科在全国具有“博士授权”的高校共 93 所，本次参评 89 所；部分具有“硕士授权”的高校也参加了评估；参评高校共计 189 所。

2. 全国优秀博士学位论文评选

全国优秀博士学位论文评选是教育部学位管理与研究生教育司组织开展的一项工作，旨在加强高层次创造性人才的培养工作，鼓励创新精神，提高我国研究生教育特别是博士生教育的质量，也属于研究生教育水平评估。党的第十五次全国代表大会提出了跨世纪社会现代化建设的宏伟目标与任务，对落实科教兴国战略作出了全面部署。1998 年 12 月，教育部发布《面向 21 世纪教育振兴行动计划》，提出实施“高层次创造性人才工程”，进一步提高高等学校博士生培养质量，增设博士专项奖学金。提出从 1999 年开始，每年评选百篇具有创新水平的优秀博士论文。对于获奖后留在高等学校工作的博士，连续 5 年支持其科研、教学工作。

从 1999 年教育部学位管理与研究生教育司（教育部研究生工作办公室）负责评选优秀博士论文，每年评选一次，至 2013 年共评选出全国优秀博士学位论文 1469 篇（见表 1-4）。

表 1-4　1999—2013 年全国优秀博士学位论文篇数

年份	1999	2000	2001	2002	2003	2004	2005	2006
篇数	100	100	100	97	97	97	96	99
年份	2007	2008	2009	2010	2011	2012	2013	—
篇数	98	100	98	100	97	90	100	—

数据来源：中国学位与研究生教育信息网 . 历年全国优秀博士学位论文评选结果 [EB/OL]. [2021-02-09]. http://www.chinadegrees.cn/xwyyjsjyxx/zlpj/yblwpm.

第四节　新时代的中国研究生教育

一、研究生教育进入“质量时代”

从 1949 年始，我国研究生教育已走过 70 多年的光辉历程，在这个过程中，研究生教育规模由小到大，研究生培养能力由弱到强。在我国迈向研究生教育强国的征程中，站在新的历史起点，提升研究生教育质量既是满足我国新时代发展的现实需要，也是适应国际发展潮流的必然要求。

2013 年，教育部、国家发展改革委、财政部联合发布《关于深化研究生教育改革的意见》，提出以“服务需求，提高质量为主线，以分类推进培养模式改革、统筹构建质量保障体系为着力点”的总体思路，并提出了 28 条具体的研究生教育改革意见。

2014 年，国务院学位委员会举行全国研究生教育质量工作会议暨国务院学位委员会第三十一次会议，这是我国恢复研究生招生后首次举办的以质量为主题的全国研究生教育工作会议，国务院学位委员会、教育部专门发布了《关于加强学位与研究生教育质量保证和监督体系建设的意见》《教育部关于改进和加强研究生课程建设的意见》等文件。

2020 年 7 月 29 日，召开了新中国成立以来第一次全国研究生教育会议，习近平总书记作出重要指示指出，中国特色社会主义进入新时代，即将在决胜全面建成小康社会、决战脱贫攻坚的基础上迈向建设社会主义现代化国家新征程，党和国家事业发展迫切需要培养造就大批德才兼备的高层次人才。教育部部长陈宝生在全国研究生教育会议上强调，我国研究生教育要坚持“立德树人、服务需求、提高质量、追求卓越”的工作主线。全面贯彻党的教育方针，落实立德树人根本任务，以提升研究生教育质量为核心，深化改革创新，推动内涵发展，已经越来越成为研究生教育关注的热点，也成为研究生教育工作的着力点。

2020年10月29日，中国共产党第十九届中央委员会第五次全体会议通过了《中共中央关于制定国民经济和社会发展第十四个五年规划和二〇三五年远景目标的建议》，提出："坚持创新在我国现代化建设全局中的核心地位，把科技自立自强作为国家发展的战略支撑，面向世界科技前沿、面向经济主战场、面向国家重大需求、面向人民生命健康，深入实施科教兴国战略、人才强国战略、创新驱动发展战略，完善国家创新体系，加快建设科技强国。"

研究生教育肩负着高层次人才培养和创新创造的重要使命，是国家发展、社会进步的重要基石。面向国家经济社会发展主战场、人民群众需求和世界科技发展等最前沿，培养适应多领域需要的人才，只有着力增强研究生实践能力、创新能力，才能为建设社会主义现代化强国提供更坚实的人才支撑。

二、追求"量变"到"质变"

一定规模与高质量的研究生教育是研究生教育强国的重要标志。2019年，我国研究生毕业生数达到639 666人，招生数达916 503人，在校生数达2 863 712人，我国研究生教育规模增长方式已逐渐从补偿性增长转变为协调性增长，研究生教育规模逐渐与国家经济发展水平、产业结构、人口及人力资本教育等方面相匹配。在经历研究生招生规模大幅上升的发展阶段，研究生教育下一阶段的发展方式只能是内涵式发展，规模扩张已经不再是研究生教育发展的核心增长点。追求特色发展将成为内涵式发展的具体体现。

（一）坚持立德树人的总体要求

1. 立德树人是根本

立德树人系统回答了研究生教育为谁培养人、培养什么样的人和如何培养人的根本性问题。研究生的德育工作是研究生教育的重要组成部分，德育工作不但关系着研究生自身的健康成长，也将影响国家的前途和民族的命运。2020年，在全国研究生教育大会上，习近平总书记强调党和国家事业发展迫切需要培养造就大批德才兼备的高层次人才。德才兼备是高层次人才的政治、技能属性要求。研究生教育处于高等教育的最顶层，强调育人与科研的有机结合。促进研究生的德性成长，是研究生教育的首要任务，研究生德性成长既是研究生全面发展的重要组成部分，又是研究生全面发展的根本保障。立德树人就是要培养德智体美劳全面发展的人，而非单纯的知识学习。在新形势下，高等学校还需面对研究生思想政治工作的新挑战，探索新方法、新途径。研究生思想政治工作不仅是开设思想政治课就可以做好的，而是要把思想教育工作融入专业课程学习、科学研究等各环节。

2. 科学道德和学风建设是研究生教育质量保证的重要组成部分

优良的学风、风清气正的学术生态既是一所高等学校校风的集中体现，又是立校之本、强校之基。2011 年 9 月，中国科协、教育部联合发布《关于开展科学道德和学风建设宣讲教育的通知》，决定从 2011 年起，每年都对新入学的研究生开展科学道德和学风建设宣讲教育。目前，这项工作已规范化、常态化。尽管在 2012 年 11 月教育部已发布《学位论文作假行为处理办法》，此后 2016 年教育部进一步发布《高等学校预防与处理学术不端行为办法》，明确规定了高校学术不端行为的预防、认定、处理、复核、监督的办法，但是近年媒体曝出多起学位论文造假事件，如“翟天临事件”等，极大地损害了我国研究生教育的形象和公信力。科学道德和学风建设仍是研究生教育工作中需要处处抓、长期抓的重要工作。

3. 导师队伍师德建设

随着研究生教育规模的扩大，研究生导师职责也从早期单纯的学术、专业指导逐渐演变为学术、专业指导与育人并重的双重角色。2013 年《关于深化研究生教育改革的意见》，从导师责权、考核评定、师德建设等方面明确了导师是研究生培养第一责任人的身份。2020 年 10 月，教育部发布《关于印发〈研究生导师指导行为准则〉的通知》，从正确思想引领、公正参与招生、尽力投入指导、履行指导职责、遵守学术规范、把关学位论文质量、经费使用管理和构建和谐师生关系等方面对研究生导师的指导行为进行了规范要求。

（二）持续调整优化结构

1. 规模持续扩大

2008 年以来，我国博士、硕士研究生招生、在校生规模均呈持续稳定增长态势（见图 1-3、图 1-4）。2017 年起，因研究生招生、在校生指标内涵发生变化，招生包含全日制和非全日制研究生；在校生数包含全日制、非全日制研究生和在职人员攻读硕士学位学生，博士、硕士研究生的招生、在校生数有一个较大的增幅。截至 2019 年，我国研究生招生数达到 916 503 人，其中博士 105 169 人；在校生数达 2 863 712 人，其中博士 424 182 人。2008—2019 年，研究生招生规模从 446 422 人增长到 916 503 人，年均增长 4.27 万人，与 2000—2010 年年均增长 5.72 万人，增长幅度已有了较明显的减缓。这一阶段我国研究生教育的发展呈现出体量的持续扩大与优化结构并行。

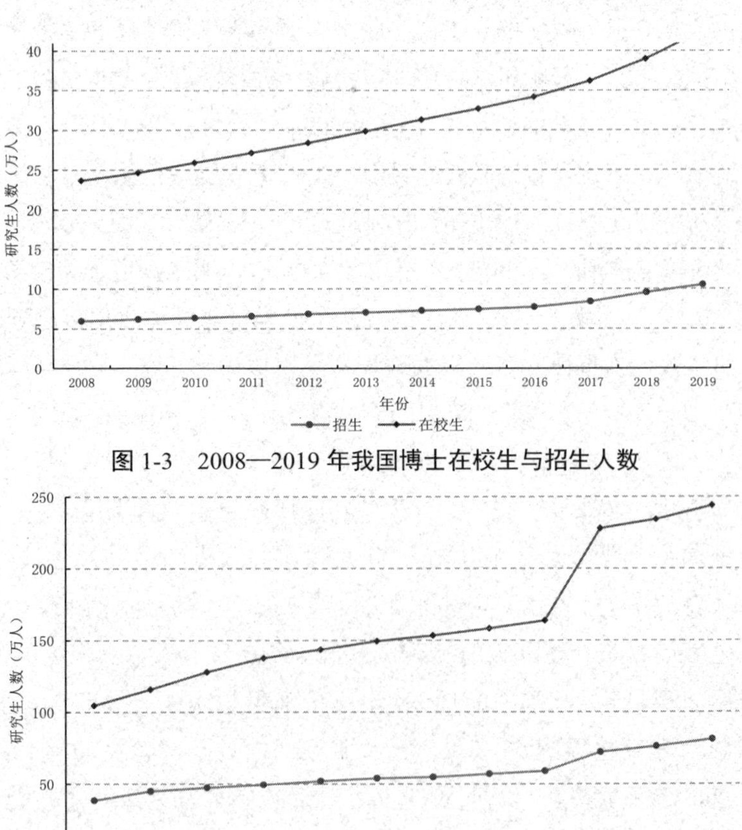

图 1-3　2008—2019 年我国博士在校生与招生人数

图 1-4　2008—2019 年我国硕士在校生与招生人数

数据来源：中华人民共和国教育部 . 教育统计数据 [EB/OL].[2021-02-10]. http://www.moe.gov.cn/s78/A03/moe_560/moe_1659/.

2. 学位类型结构调整

从学位类型结构看，2009 年之前，我国的研究生以学术学位为主，专业学位虽然自 20 世纪 90 年代就已设立，且取得了一定的发展，但培养规模并不大。直至 2009 年，教育部发布《关于做好 2009 年全日制专业学位硕士研究生招生计划安排工作的通知》，提出“为更好地适应国家经济社会发展对高层次、多类型人才的需要，增强研究生教育服务经济社会发展的能力，当前和今后一个时期要加快研究生教育结构调整优化的步伐，努力提高研究生选拔培养质量，积极为国家经济社会发展培养应用型、紧缺型人才”。2009 年在已下达的研究生招生计划基础上，增加全日制专业学位硕士研究生招生 5 万名。随后教育部又专门下发《关于做好全日制硕士专业学位研究生培养工作的若干意见》，要求“坚持以人为本，以质量为核心，按照‘全面、协调、可持续’的要求，整体规划、统筹协调、规范管理、分类指导、协同发展，确保全日制硕士专业学位研究生的培养质量”。

自 2009 年，国家决定大力发展全日制硕士专业学位研究生教育以后，专业学位研究生的招生占比持续上升，目前专业学位研究生规模已占我国研究生群体的一半以上，形成了学术型与应用型人才并重的培养格局，服务国家需求的能力持续增强。

在我国学位与研究生教育发展实践过程中，同等学力申请硕士学位和在职人员攻读专业学位是我国非全日制研究生教育的主要形式，非全日制研究生教育为我国经济建设和社会发展培养了大批人才。随着时代的发展，全日制学习形式已不能满足人们获取知识、提升技能的全部要求，且与终身学习的理念不相契合。

为了依法办学、规范研究生培养工作，促进学习型社会建设、促进我国终身教育发展，推动研究生教育科学化、规范化管理，2016 年教育部办公厅发布《关于统筹全日制和非全日制研究生管理工作的通知》，进一步统筹、规范了全日制和非全日制研究生管理工作，规定非全日制研究生即“符合国家研究生招生规定，通过研究生入学考试或者国家承认的其他入学方式，被具有实施研究生教育资格的高等学校或其他高等教育机构录取，在基本修业年限或者学校规定的修业年限（一般应适当延长基本修业年限）内，在从事其他职业或者社会实践的同时，采取多种方式和灵活时间安排进行非脱产学习的研究生”。其与全日制研究生的区别仅是以非脱产方式学习，而招生计划、招生录取、质量标准、证书管理等方面均一致。自此，非全日制研究生教育迎来了新的发展阶段。

三、提升发展质量

（一）发扬创新精神服务科技进步

研究生是我国科技创新的生力军，研究生教育在支持国家科技创新和经济发展，提高民族整体素质方面发挥了重大作用。从 2015、2018 年在校研究生参与国家自然基金资助项目情况看，研究生在参加面上项目、青年科学基金项目、地区科学基金项目及重点项目的成员组成中都占多数（见图 1-5），2018 年研究生参与各类项目比例较 2015 年有小幅增加。2018 年在校研究生参与面上项目的人数占成员组成的 54.57%，参与青年科学基金项目占 46.66%，参与地区科学基金项目占 38.44%，参与重点项目占 53.56%。从研究生参与我国最高级别的科研项目情况看，研究生已经成为我国科研活动的主要参与者。

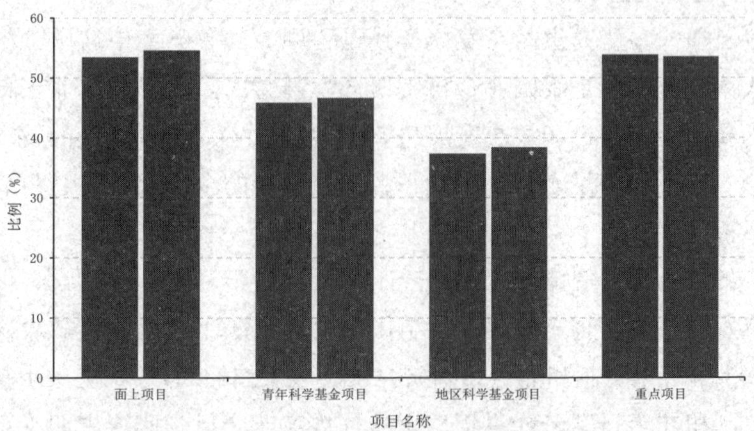

图 1-5　2015、2018 年度国家自然科学基金资助项目参与研究生占比

数据来源：国家自然科学基金委员会．资助项目统计 [EB/OL].[2021-02-10]. http://www.nsfc.gov.cn/publish/portal0/tab505/.

研究生培养单位面向国民经济主战场、面向国家重大需求、面向世界科技前沿，在科教融合、原始创新、基础研究、技术变革等方面发挥了不可替代的重要作用。以燕山大学为例，近年参与的 15 000 吨自由锻造水压机、大型轧辊、高机动特种车辆、C919 大飞机、500 米口径球面射电望远镜“FAST”、北斗三号高轨首发星等重大项目背后都有研究生参与并作出重要贡献。

（二）树立追求卓越的目标愿景

我国实施的“211”工程、“985”工程等重点建设项目，大大加快了我国研究生教育发展进程，一批学科达到或接近世界先进水平，缩小了我国高校与世界一流大学的差距。2015 年 10 月，国务院发布《统筹推进世界一流大学和一流学科建设方案》，绘制了新的宏伟蓝图。2017 年 1 月，教育部、财政部、国家发展改革委发布《统筹推进世界一流大学和一流学科建设实施办法（暂行）》，明确了“双一流”建设的基本原则，遴选条件、程序，支持方式，组织实施等内容。同年 9 月，三部委正式公布了“双一流”建设名单，共有 137 所高校进入首批“双一流”建设名单，其中，世界一流大学建设高校 42 所，世界一流学科建设高校 95 所，“双一流”建设学科 465 个。

“双一流”建设是我国研究生教育追求卓越发展目标的具体呈现，“双一流”建设强调“中国特色、世界一流”，就是要立足于我国特殊的历史、文化和国情，坚持道路自信、理论自信、制度自信和文化自信，坚持“四为”方针，走中国特色的研究生教育发展道路。

（三）多元化的研究生教育质量保证体系

1. 多方参与

研究生教育质量的相关利益方既包括研究生导师、学位委员会、学术委员会等学术类群体，又包括国家、省级研究生教育管理部门、研究生培养单位研究生院、学院、各级管理人员等行政类群体，还包括用人单位、研究生家庭等市场类群体和各类教育评估机构、学科认证机构等第三方社会中介机构。每个群体都会有不同的质量需求，重要的是要建立基于过程的质量观，加强过程管理而保证研究生教育质量，从而满足各方利益群体的需求。

2. 多维度评价体系

2014 年 1 月，国务院学位委员会、教育部发布《关于加强学位与研究生教育质量保证和监督体系建设的意见》，详细说明了加强质量保证和监督体系建设的意义、总体思路、强化学位授予单位的质量保证、加强教育行政部门的质量监管、充分发挥学术组织、行业部门和社会机构的监督作用等内容，为指导学位授予单位建设内部质量保证体系同时还发布了《学位授予单位研究生教育质量保证体系建设基本规范》。提出了以学位授予单位、教育行政部门、学术组织、行业部门和社会机构参与的内部质量保证和外部质量监督体系（见图 1-6）。

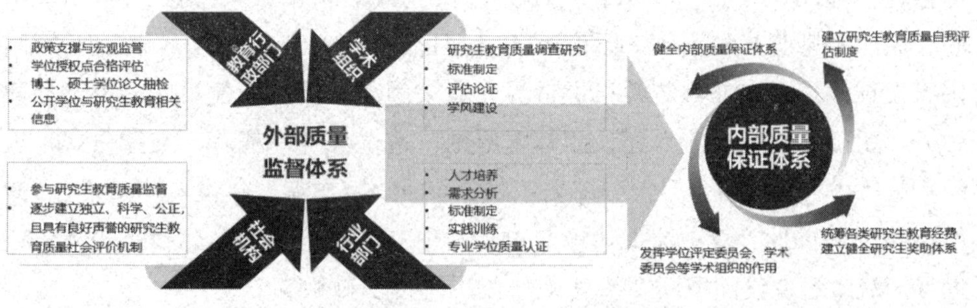

图 1-6　研究生教育质量保障体系

内部质量保证体系以学位授予单位为主体，首先要按照《学位授予单位研究生教育质量保证体系建设基本规范》，健全内部质量保证体系，发挥学位评定委员会、学术委员会等学术组织的作用。统筹各类研究生教育经费，建立健全研究生奖助体系，奖优惩劣。建立研究生教育质量自我评估制度，组织专家定期对本单位学位授权点和研究生培养质量进行诊断式评估。

外部质量监督体系以教育行政部门作政策支撑与宏观监管，并以质量为主导统筹资源配置，学术组织、行业部门和社会机构发挥质量监督作用。教育行政部门主导制定《博士硕士学位基本要求》，以此作为基本依据，进行学位授权点合格评估，博士、硕士学位论文抽检，并建立全国研究生教育质量信息平台及时公开学位与研究生教育相关信息。省级教育行政部门要对本地区学位与研究生教育质量进行监督，做好硕士学位授权点合格评估、省级重点学科评选、硕士学位论文抽检、优秀学位论文评选等工作。

国务院学位委员会学科评议组、全国专业学位研究生教育指导委员会、中国学位与研究生教育学会等学术组织在研究生教育质量调查研究、标准制定、评估论证及学风建设等方面开展工作。

行业部门在人才培养、需求分析、标准制定、实践训练和专业学位质量认证等方面发挥积极作用。

社会机构参与研究生教育质量监督，并逐步建立独立、科学、公正，且具有良好声誉的研究生教育质量社会评价机制。

3. 质量文化的建立

教育评估是判断教育发展水平的重要手段，无论是研究生培养单位的自评估，还是教育行政部门组织的学位授权点合格评估，以及学术组织开展的学科评估等，越来越引起社会各界的关注。评估结果不仅是国家、省级教育行政部门考量研究生培养单位办学质量的主要手段，也逐渐成为统筹资源配置的重要参考。评估结果也成为社会各界认识研究生培养单位办学质量、办学水平的重要途径。研究生培养单位参与各类评估的积极性、主动性逐渐增强。内部质量保证体系和外部质量监督体系的建立与完善，极大强化了高校研究生教育的质量意识，也逐步推动各高校形成具有自身特色的质量文化。

参考文献

[1] 吴镇柔，陆叔云，汪太辅，等 . 中华人民共和国研究生教育和学位制度史 [M]. 北京：北京理工大学出版社，2001.

[2] 360 百科 . 圣约翰大学——中国第一所现代高等教会学府 [EB/OL].[2021-01-22]. https://baike.so.com/doc/3612368-3797820.html.

[3] 王战军，周文辉，李明磊，等 . 中国研究生教育 70 年 [M]. 北京：中国科学技术出版社，2019.

[4] 谢维和，王孙禺 . 学位与研究生教育：战略与规划 [M]. 北京：教育科学出版社，2011.

[5] 360 百科 . 西南交通大学 [EB/OL].[2021-01-24]. https://baike.so.com/doc/524

7147-5480264.html.

[6] 百度百科 . 关于加强培养工程类型工学硕士研究生工作的通知 [EB/OL].[2021-02-05]. https://baike.baidu.com/item/ 关于加强培养工程类型工学硕士研究生工作的通知 /49759868?fr=aladdin.

[7] 全国工程专业学位研究生教育网 . 教育部研究生司转发清华大学、西安交通大学等十一所高等工科院校《关于培养工程类型硕士生的建议》的通知 教研司字 031 号（一九八四年十二月三十一日）[EB/OL].（1984-11-14）[2021-02-05]. http://meng.tsinghua.edu.cn/wjfg/gjwj/496.htm.

[8] 中国学位与研究生教育信息网 . 211 工程介绍 [EB/OL].[2021-02-06]. http://www.chinadegrees.cn/xwyyjsjyxx/xwbl/zdjs/211gc/.

[9] 百度百科 . 国务院机构改革方案 [EB/OL].[2021-02-07].https://baike.baidu.com/item/%E5%9B%BD%E5%8A%A1%E9%99%A2%E6%9C%BA%E6%9E%84%E6%94%B9%E9%9D%A9%E6%96%B9%E6%A1%88/3216360?fr=aladdin.

[10] 中华人民共和国中央人民政府 . 关于加强和改进研究生培养工作的几点意见 [EB/OL].[2021-02-07].http://www.gov.cn/gongbao/content/2000/content_60159.htm.

[11] 中华人民共和国教育部 . 关于加强和改进专业学位教育工作的若干意见 [EB/ OL].[2021-02-07].http://www.moe.gov.cn/s78/A22/xwb_left/moe_826/tnull_3077.html.

[12] 中国学位与研究生教育信息网 . 关于开展对博士、硕士点定期评估的几点意见 [EB/OL].（2005-04-22）[2021-02-07]. http://www.cdgdc.edu.cn/xwyyjsjyxx/zlpj/xw ddqpg/xgwjian/257734.shtml.

[13] 中国学位与研究生教育信息网 . 博士学位论文抽查项目简介 [EB/OL].（2005-04-22）[2021-02-09]. http://www.cdgdc.edu.cn/xwyyjsjyxx/zlpj/bslwccps/257696.shtml.

[14] 中华人民共和国教育部 . 面向 21 世纪教育振兴行动计划 [EB/OL].[2021-02-09]. http://www.moe.gov.cn/jyb_sjzl/moe_177/tnull_2487.html.

[15] 新华社 . 习近平对研究生教育工作作出重要指示 [EB/OL].（2020-07-29）[2021-02-09].http://www.gov.cn/xinwen/2020-07/29/content_5531011.htm.

[16] 中华人民共和国教育部．教育部关于印发《研究生导师指导行为准则》的通知 [EB/OL].[2021-02-09]. http://www.moe.gov.cn/srcsite/A22/s7065/202011/t20201111_499442.html.

[17] 中华人民共和国教育部．教育部关于做好 2009 年全日制专业学位硕士研究生招生计划安排工作的通知 [EB/OL].（2009-04-04）[2021-02-10]. http://www.graduate.chd.edu.cn/info/1028/1260.htm.

[18] 中华人民共和国教育部．教育部关于做好全日制硕士专业学位研究生培养工作的若干意见 [EB/OL].[2021-02-10]. http://old.moe.gov.cn/publicfiles/business/htmlfiles/moe/s3493/201002/xxgk_82629.html.

[19] 中华人民共和国教育部．教育部办公厅关于统筹全日制和非全日制研究生管理工作的通知 [EB/OL].（2016-09-14）[2021-02-10]. https://yz.chsi.com.cn/kyzx/kydt/201609/20160914/1554112506.html.

[20] 中华人民共和国教育部．国务院学位委员会 教育部关于加强学位与研究生教育质量保证和监督体系建设的意见 [EB/OL].[2021-02-10]. http://old.moe.gov.cn//publicfiles/business/htmlfiles/moe/s7065/201403/165554.html.

[21] 高文兵．新时期行业特色高校发展战略思考 [J]. 中国高等教育，2007，380（Z3）：24-28.

[22] 徐晓媛．对我国行业特色高校发展的回顾评析与思考 [J]. 教育与职业，2013（11）：24-26.

[23] 国务院办公厅转发教育部等部门关于调整撤并部门所属学校管理体制实施意见的通知 [J]. 教育部政报，1998（11）：471-486.

[24] 山红红．对特色型大学建设的探讨 [J]. 中国高教研究，2008，180（8）：12-14.

[25] 罗维东．高水平行业特色型高校在协同创新体系中的定位思考 [J]. 北京教育（高教），2012，591（1）：8-10.

第二章

新时代高等工程科技人才培养的理论

第一节　高等工程科技人才的界定

一、工程的定义

“工程”一词在字典中的解释为：“将自然科学的理论应用到具体工农业生产部门中形成的各学科的总称。如：水利工程、化学工程、土木建筑工程、遗传工程、系统工程——亦称‘工程学’。”“用较大而复杂的设备来进行的工作。如：城市改建工程、京九铁路工程、‘菜篮子’工程。”

“工程”一词在现代社会中有广义、狭义之分。广义上说，工程是由一群或个人为达到某种目的，在一个较长时间周期内进行协作或单独活动的过程。

狭义上说，工程是以某组设想的目标为依据，应用有关的科学知识和技术手段，通过有组织的群体将某个（某些）现有实体（自然的或人造的）转化为具有预期使用价值的人造产品的过程。

一般意义上说，工程有三种含义：（1）将各类自然资源，如矿石、化石燃料、水、土地等有效率地转化为人类生产生活所需要的生产、生活实体各种结构、机器、产品、系统的过程；（2）前述活动的成果，如水利枢纽、高铁、“嫦娥”探月、“蛟龙”深潜等；（3）在上面两项活动的基础上，加以总结、提炼，并结合有关科学技术形成的学科——工程学。

二、科技的定义

“科技”是科学技术的简称，一般而言包含科学和技术两层含义。

“科学”一词是指发现、积累并公认的普遍真理或普遍定理的运用，已系统化和公式化了的知识。以一定对象为研究范围，依据实验与逻辑推理，求得统一、确实的客观规律和真理。“科学”有广义与狭义之分，广义泛指一切有组织、有系统的知识而言，可分自然科学、应用科学、社会科学、人文科学四大类。狭义则专指自然科学而言。

“技术”一词是指在劳动生产方面的经验、知识和技巧，也泛指其他操作方面的技巧。是一种专业的技能。《史记 • 货殖列传》中有：“医方诸食技术之人，焦神极能，为重糈也。”此中的“食技术”即为“以某项技术为业”，“技术”的含义与今相似。

科学和技术二者既有密切联系，又有重要区别。科学解决理论问题，技术解决实际问题。科学要解决的问题，是发现自然界中确凿的事实与现象之间的关系，并建立理论把事实与现象联系起来；技术的任务则是把科学的成果应用到实际问题中去。科学主要是和未知的领域打交道，其进展，尤其是重大的突破，是难以预料的；技术是在相对成熟的领域内工作，可以作比较准确的规划。

简而言之，科学是发现问题，探索人与自然、社会之间的关系；技术是解决问题的手段与方法。

三、人才的定义

“人才”一词在字典中是指在某一方面有才能或本事的人。在一般意义上，人才是指具有一定的专业知识或专门技能，进行创造性劳动，并对社会作出贡献的人，是人力资源中能力和素质较高的劳动者。

“人才”一词出于古老的《易经》“三才之道”，《周易 • 系辞下传》云：“《易》之为书也，广大悉备。有天道焉，有人道焉，有地道焉。兼三才而两之，故六。六者非它也，三才之道也。”

对人才的评价标准随着社会的发展也在不断演变，新时代对人才的评价突出品德、能力、业绩导向，淡化学历、教育背景，注重从学科领域活跃度和影响力、重要学术组织或期刊任职、研发成果原创性、成果转化效益、科技服务满意度等方面进行评价。

四、高等工程科技人才的界定

《科技人力资源手册》中将科技人力资源定义为“实际从事或有潜力从事系统性科学和技术知识的产生、发展、传播与应用活动的人力资源”。广义的工程科技人才可以是具有科学或工程技术背景知识的个人或者团队，狭义的工程科技人才可以指与工程科学、技术相关学科、专业的在校学生。结合本书研究内容，界定本书中提到的高等工程科技人才为接受或受过工程科学、技术相关学科、类别教育的研究生人才。

从“科学”与“技术”的定义来看，科学以解决理论问题为主，技术以解决实际问题为主，也决定了高等工程科技人才中既要有工程研究人才，也要有工程应用创新人才。行业特色高校为中国高等工程科技人才的培养起到了积极的作用，为国家建设和发展培养了一大批符合社会主义建设的工程科技人才。行业特色高校虽然发展形式迥异，但依托行业、面向行业、服务行业的特色没有改变，新时代行业特色高校仍将为培养大批高等工程科技人才作出积极贡献。

第二节　面向 2035 的挑战与机遇

2020 年 10 月 29 日，中国共产党第十九届中央委员会第五次全体会议通过了《中共中央关于制定国民经济和社会发展第十四个五年规划和二〇三五年远景目标的建议》，为新时代高等工程科技人才的培养奠定了现实基础。

一、我国当前面临的挑战

（一）技术创新能力不足

1. 创新质量落后于前列创新型国家

我国 R&D 经费总额已从 1991 年的 134.4 亿美元快速升至 2017 年的 4 427.2 亿美元，年均增长 14.4%，研发经费总额接近美国的 4 836.8 亿美元。但与此同时，我国研发强度仍然较低，2017 年我国研发强度只有 2.13%，低于美国、日本、德国和韩国的研发强度，上述四国分别为 2.79%、3.20%、3.02% 和 4.55%。我国千名就业人员中的研究人员占比，即研究人员密度，较美国等创新型国家仍明显偏低，2016 年仅相当于美国的 24.4%、日本的 21.9%、德国的 23.8% 和韩国的 15.8%。

我国是世界专利大国，2011 年已成为全球专利申请第一大国，2017 年专利申请量占到全球的 43.6%。但专利质量严重低于前列创新型国家，我国专利申请过于注重数量而忽略了质量。最能代表一个国家科技发明创造能力的发明专利，在 2017 年只占申请总量的 37.4%，远低于美国（93.3%）、日本（89.5%）、德国（77.3%）和韩国（74.5%）。

我国科技论文同样存在数量较高、质量偏低的问题。据 ESI 数据库统计，在 2008 年 1 月至 2018 年 10 月期间，中国科技论文发表总数量达到 2 407 339

篇，处于世界第二位。但科技论文篇均被引次数指标，中国仅为10.4次/篇，远低于英国（18.86次/篇）、美国（18.53次/篇）、德国（17.37次/篇）、法国（16.7次/篇）和日本（12.7次/篇）。

2. 基础研究整体实力薄弱

1991—2018年期间，中国高等教育研发投入总额从11.6亿美元增至211.7亿美元。高等学校是开展基础研究的主体，但基础研究投入比例过低。2018年，我国高等学校基础研究经费占自身R&D经费仅为40.5%，低于创新型国家超过50%的总体水平。我国企业基础研发投入比例也过低，2017年我国企业研发投入总额为3 435亿美元，达到美国的97.1%，位列全球第二。但受当前技术水平所限和短期利益驱使，大多数企业集中于具有明显商业化前景的新技术、新产品开发，忽略研发周期较长而收益不稳定的基础研究。2016年我国企业基础研究经费支出占中国基础研究经费总支出的比重仅为3.2%，远低于美国（25.8%）、日本（46.7%）和韩国（57.7%）。

3. 产学研合作水平亟待提升

随着世界科技的飞速发展和国际竞争的日益加剧，产学研合作已成为高新技术领域创新的主流模式，成为推动技术转移与成果转化的重要环节，在国家的经济发展和技术进步中起到非常重要的作用。相比美、日、德、英等前列创新型国家，我国产学研合作仍处于较低水平，2012—2017年中国企业与大学研发协作程度一直维持在4.4分，期间无明显变化，低于美国（5.7）、德国（5.4）、英国（5.4）等前列创新型国家。

2018年，我国高等学校R&D经费中，政府资金为972.3亿元，企业资金为387.2亿元，国外资金和其他资金共98.5亿元，分别占高等学校R&D经费的66.7%、26.6%和6.8%。2005年至今，政府资金在高校R&D经费中的占比一直最大，基本保持在54%以上，企业资金的占比近几年还有降低的趋势。

高等学校作为卖方市场在技术市场签订技术合同7.6万项，占全国技术合同的18.5%，成交金额为453.2亿元，占全国技术合同成交金额的2.6%。

（二）人力成本优势逐渐削弱

新中国成立后，我国迎来生育高峰，人口数量激增，为控制增速过快的人口规模，国家在20世纪八九十年代施行了严格的计划生育政策，并定为基本国策。改革开放以后，国外对劳动力成本敏感的制造业企业纷纷在国内建厂，大批劳动密集型产业蓬勃发展，吸收了大量年富力强的农村劳动力，我国逐渐发展成为世界工厂。

近年来，随着我国经济发展结构转型升级，环境保护门槛的提高，以及人力成本的上升，一批劳动密集型产业、企业逐渐转移到了东南亚等人力成本较低的国家。加之我国人口结构的变化及老龄化水平的不断提高，人力成本优势已逐渐削弱。

2008—2018年间，国家统计局实际调查数据及国家统计局2018年人口变动调查推算结果均小于1.8的生育目标，更低于人口更替水平，我国人口的潜在增长率在不断下降。据中国社会科学院人口与劳动经济研究所王广州推算，按照现行生育政策，大约在2024年，我国人口即将达到峰值14.07亿左右，到2035年人口将减少到13.75亿，劳动人口比例将持续下降，15～64岁人口比例为65.41%，15～59岁人口比例为57.33%，老年人口所占比例持续上升，65岁及以上人口比例将达到22.84%，2050年后很可能超过30%。

尽管目前我国还未达到总人口峰值，仍处于人口增长期，但劳动年龄人口比例自2017年起已逐年下降，预计2034年左右总就业人口保持在6亿的规模，持续走低的生育率可能使劳动年龄人口负增长的速度加快。年轻劳动力规模的大幅下降导致劳动力结构性供需矛盾日益突出，也将促使我国经济结构作出重大调整，推动产业结构由劳动密集型转向知识密集型，促进产业升级。

从欧洲、美国等国家的发展经验看，从物质匮乏到中等收入阶段的工业化加速时期，资本积累、劳动力需求增加和就业的稳定性预期与较高人口增长率和生产率快速提高相一致。后工业化时期，城市化过程由于物质匮乏已消失，通常呈现低增长和高成本并存的态势，城市生活费用的提高以及消费示范效应的增强，抑制了人口的较快增长。对于家庭和社会而言，孩子抚养逐渐成为一种奢侈品和投资品，人们转向从消费角度看待生育和人口增长，相较人口数量，对人口质量的关注将大大增强。同时，人们追求生活质量的提高也导致了家庭生育意愿的下降。

2018年，我国人均GDP为9 700美元，同时城市化率达到60%，对照西方国家的发展经验，我国已逐渐由工业化进入城市化的发展进程。在工业化时期，我国走的是设备引进的“复制”技术进步路线，这种大规模工业化的好处是可以充分利用过剩劳动力，也使得我国用全世界最大规模的中等教育人口铸造了GDP世界排名第二的发展奇迹。而城市化的本质是服务业主导的要素化过程，特别是劳动力要素质量的提升，是城市化可持续的关键，人们生活质量提高是立足于教育、文化等服务产品消费能力提高之上的。城市化阶段对劳动力的要求是围绕知识技术阶层再生产的塑造，而不是工业化阶段“边疆拓展”的粗放型职业增长。

（三）产业结构不合理

我国产业结构不合理主要表现在制造业的低水平、科技含量低、技术创新能力弱，依靠劳动力成本低、能源的过量消耗，以环境污染为代价。2020年“财富世界500强”中，美国36家制造业企业利润总额为2 249.1亿美元，而中国38家制造业企业利润总额只有494.8亿美元。中美两国优质企业的差距主要集中在ICT制造业、医疗器械制药业、军工航空航天制造业以及装备制造业（工程机械、农业机械）等领域。我国民营企业和中小企业的市场主体活力不强、企业发展能力有待提升。据统计，我国民营企业的平均寿命只有3.7年，中小企业更是只有2.5年，如此短的平均寿命反映了部分企业投资和运营能力脆弱，企业战略理念、治理结构、管理规范等方面还存在巨大差距。说明我国相当数量的民营企业、中小企业在依赖劳动力和资源的粗放发展转向依赖技术和创新的集约发展过程中，面临巨大挑战。

改革开放以来，我国发挥劳动力等要素低成本优势，抓住经济全球化的重要机遇，利用国际分工机会，形成了市场和资源“两头在外”的发展模式，参与进国际经济大循环，推动了经济的高速增长。这种发展模式成就的实质是国际高端要素（特别是关键技术和市场）与国内低成本要素之间的一种有效对接。随着我国经济和社会快速发展，需求结构和生产函数发生重大变化，最终导致低水平供给过剩与高水平供给不足并存的严重供需结构性失衡。如LED灯出现了产能过剩，打价格战内耗的情况。我国在关键材料、核心零部件、高端芯片、集成电路、高端软件等“卡脖子”技术产品的供给能力还十分薄弱。关键核心技术受制于人，不仅成为制约制造业高质量发展的瓶颈，加大了产业链安全风险，也对国家经济安全构成重大威胁。

二、发达国家的挑战

（一）美国

美国作为世界科技创新能力最强的国家，一直高度重视对基础研究的投资，以维持其长远的经济竞争力。奥巴马执政期间曾持续增加对美国三大基础研究资助机构（国家科学基金会、能源部科学办公室以及商务部国家标准技术研究院）的预算，特朗普上台后多次提出要削减三大基础研究资助机构的预算，但在通过的 2020 年研发预算中，三大机构的预算不减反增，国家科学基金会预算增加 2.5%，能源部科学办公室的预算增加 6.3%。

美国国家科学委员会（NSB）2020 年 5 月发布《2030 年愿景》，指出要充分利用美国在基础研究上的领先优势，推进把发现转化为创新。为此，美国鼓励联邦机构、大学和企业间的人员交流，促进人员交流带来的思想和专业知识的交流。

（二）欧洲

近年来，欧盟为确保其工业处于利用新兴技术的最前沿以及发展数字技术以外的新兴技术，实施了“地平线欧洲”计划。卓越科学、产业技术和社会挑战并列为正在执行的“地平线 2020”计划三大战略优先领域，卓越科学部分的投资为104.6亿欧元，占全部经费的比例达 1/3 左右。在“地平线欧洲”（2021—2027 年）计划中，对基础研究的预算将继续稳定增加。

英国在 2018 年以来发布了《现代产业战略》，采取了一系列支持本国新兴技术研发的措施，如增加量子技术研发投入，为该领域新增 1.5 亿英镑投资，英国的量子计划已经建立了 3 个量子研究卓越创新中心；鼓励企业对早期研发的参与，政府采取措施确保行业、企业了解新技术带来的影响，帮助企业研发正处于商业化边缘的新技术，使其更好地满足市场需求。英国在机器人方面投入巨资，资助林肯大学建立世界上第一个农业机器人中心；英国政府为未来新技术投资制定明确战略，承诺将把研发投入的 GDP 占比提高到 2.4%。

德国通过“高技术战略 2025”，确定了未来研究与创新的重点领域，包括健康与护理、可持续性、气候保护和能源、零排放智能交通、IT 安全研究、量子通信及数字辅助系统（数字眼镜、人机合作、动力服）等。

（三）日本

日本科技振兴机构（JST）负责管理战略基础研究计划，通过发展基础研究来解决日本面临的问题，同时基于新的科学知识产生创新的技术种子，从而推进科技创新以促进经济社会发展。

日本 2019 年出台“强化研究能力和支持青年研究人员综合措施计划”，其中一项是为青年研究人员提供挑战性研究资助，设立最长 10 年期的研究项目，每年为 700 ～ 1000 人各提供 1500 万～ 3000 万日元（约 100 万～ 200 万元人民币）的研究经费。

日本在 2019 年最近的一次《科学技术预测调查综合报告》中提出，面向 2050 年，将健康医疗、生命科学、农、林、水产、食品、生物工程等 7 个领域作为未来研发焦点，并进一步细化为 58 个主题和 702 项关键技术。

三、我国的重要历史机遇

传统产业是我国工业体系的重要组成部分。目前，如纺织、服装、家电等传统产业占我国规模以上工业增加值的 80%。传统产业不仅关系国计民生，是稳就业、稳外贸的重要行业，也是新动能培育的重要来源，如新能源汽车、新材料等诸多战略性新兴产业，都来自传统产业的转型升级。在当前我国外部环境发生重大变化、风险和挑战增多、经济下行压力加大的形势下，加快传统产业转型升级，对稳定工业基本面、推动制造业产业链提升、保持经济平稳健康发展具有重要战略意义。推动产业转型升级，根本要以创新为基本驱动力，进行技术、市场、管理、商业模式、企业形态、产业联系等多维创新实践，最终提升质量和品牌、提高劳动生产率、经济附加值，增强产业竞争力。传统制造业吸纳、融入先进制造技术和其他高新技术（尤其是信息技术）后，提升为先进制造业，如数控机床、海洋工程装备、航天装备、航空装备等。

发展先进制造业是我国补齐产业基础能力短板、抢占未来产业制高点的重要途径，也是参与国际竞争的先导力量。在“二〇三五远景目标”中，强调要坚定不移建设制造强国、质量强国、网络强国、数字中国，显示了未来现代产业体系建设的重点和大方向，特别是发展战略性新兴产业，如新一代信息技术、生物技术、新能源、新材料、高端装备、新能源汽车、绿色环保以及航空航天、海洋装备等产业，同时，加快现代服务业、新型基础设施和数字经济的发展。

当前，我国还面临一系列“卡脖子”技术难题，还亟须加大对基础研究的投入，与发达国家基础研究投入占 GDP 比例一般在 15% ～ 20% 之间相比，我国只有 5% 左右。

第三节　高等工程科技人才的需求特征

一、新时代产业发展的新特征

党的十八大作出了“我国社会主要矛盾从人民日益增长的物质文化需要同落后的生产方式之间的矛盾转化为人民日益增长的美好生活需要和不平衡不充分的发展之间的矛盾”这一划时代重大判断。2020 年我国消灭了贫困，解决了 14 亿人的温饱问题，总体上实现了小康，从解决温饱到进入小康，说明我国社会经济事业实现了历史性进步，社会生产力水平实现了跨越式发展。自改革开放以来，我国经济已连续多年保持较高增长速度，稳居世界第二大经济体地位，国际地位迅速提升。新时代我国经济发展必然转向追求高质量增长的道路。

（一）信息化与制造业深度融合

以人工智能技术为核心的信息化，给传统工业尤其是制造业带来了前所未有的机遇和挑战。制造业仍然是推动我国工业发展和经济增长的重要着力点，新时代我国要在制造业领域保持传统优势的同时，还要在以人工智能为核心技术的领域内有所突破，做到信息化与制造业深度融合。改革开放以来，我国抓住制造业发展机遇，基本建成全世界工业门类最齐全的工业体系。但我国工业化发展还未完全摆脱高能耗、重污染的粗放型发展模式，在部分核心环节和关键技术上仍存在“卡脖子”现象，在一些高端和高质量产品上仍受制于人。

随着以信息技术为核心的新技术革命兴起，诸多国家相继在信息化及相关产业上不断发力，以期在新一轮科技革命中抢占先机。我国拥有巨大的网民数量和相对完善的网络基础设施，互联网企业和数字经济发展迅猛，已经是一个名副其实的网络大国，我国可以凭借信息技术应用体量大、应用广的优势在人工智能领域大展身手，实现我国在互联网信息化领域的跨越式发展。

以互联网为代表的信息技术深刻改变着人类生产生活方式，要实现制造业强国的目标，必须推动制造业与信息化深度融合，发展经信息化改造的智能制造业，推动我国制造业由“制造”向“智造”的根本转变。

（二）数字经济与实体经济深度融合

所谓数字经济，是指人类通过对大数据的运用，实现资源的优化配置与经济高质量发展的一种经济形态。随着经济的数字化以及数字贸易的出现与发展，数据的内涵和外延出现了极大的扩展，并成为继土地、资本和劳动力之后的第四种生产要素。习近平总书记强调“在互联网经济时代，数据是新的生产要素，是基础性资源和战略性资源，也是重要生产力，要构建以数据为关键要素的数字经济”。当前我国网民规模达到9.4亿人，构建了庞大的人与人、人与组织连接的消费网络，激发了消费潜能，改善了消费体验。随着数字经济的深入发展，基于5G、物联网、云计算等技术的产业互联网将网络连接对象从终端消费者往上延伸至生产过程，构建组织与组织、物与物、物与组织相连的虚拟网络。基于数字经济消费互联网和产业互联网产生的海量数据，已经渗透到实体经济开发、产品设计、工艺、采购、生产、营销、服务各环节，通过数据流通实现生产环节、消费环节的贯通，物理世界的实体元素已经与虚拟世界的数据、网络融合。

数字经济与实体经济融合是未来经济新的增长点，也是我国经济发展的新机遇。从2020年新冠肺炎疫情暴发看，数字经济在疫情下稳就业、保民生、促消费中发挥了积极作用，展现出强大发展韧性。在应对此次突发性的重大公共事件中，实体经济展现出强大的支撑作用，在继续保持经济的繁荣发展，从根本上也离不开实体经济的支撑。面向数字经济发展和数字社会转型，增强自主创新能力，加强产业互联网、人工智能、云计算、数据中心等新型基础设施布局建设，补齐产业互联网、人工智能、云计算等数字产业化发展方面短板，为加快产业数字化发展打下坚实基础。未来数字经济与实体经济的融合接触面将进一步扩大，构建面向细分行业的产业互联网数字平台，推动产业互联网在农业、工业、服务业等产业融合应用场景中的创新，推动各领域产业链、资金链、创新链数字化转型，培育具有全球竞争力的数字产业集群。

（三）高质量发展与绿色发展深度融合

当前，全球经济呈现出巨大的不稳定性，一些国家民粹主义、贸易保护主义抬头，经济全球化遭遇逆流。为有效抵御世界经济发展潜在的风险挑战，我国经济发展的重点已由高速增长阶段转向高质量发展阶段。近几年，我国钢铁、有色、建材等传统产业的增速趋于回落，装备制造业和高技术产业在工业中的占比明显上升，其增加值占规模以上工业比重为32.9%、12.4%，钢铁、水泥等高耗能产业和采矿业占比分别下降至28.1%、7.2%。资本密集型和技术密集型行业正成为拉动我国工业经济增长的主导力量，2016年装备制造业对工业经济增长的贡献率达到50%，高技术制造业的贡献率达到21.6%。

新时代的工业化建设还将继续走高质量发展的道路，通过改造传统的生产模式，增强创新能力，催生新兴主导产业，打造核心技术，实现我国工业产业结构的转型升级和绿色高质量发展，占据未来全球制造业的制高点，增强我国综合实力和抵御风险能力。

要保证我国工业化的可持续发展，还要将绿色发展贯穿于高质量发展中。人类在创造出海量物质财富的工业化进程中，造成了难以弥补的生态创伤。工业是我国消耗资源能源和产生污染排放的主要领域，资源能源的瓶颈制约问题日益突出，我国环境的承载力已经达到上限，依靠高消耗、粗放型的经济发展模式难以为继。人民群众对于空气、水质、环境等生态产品的质量需求的呼声越来越高，良好的生态环境对于人类的健康而言越来越珍贵。为满足人民群众对优质环境资源的需求，绿色发展、循环发展和低碳发展将是新时代工业化的实现路径，全面推行绿色制造，使绿色发展与绿色制造作为工业发展的一种新理念，走一条科学处理人与自然关系可持续发展的工业化道路。

二、高等工程科技人才需求的特征

我国要实现制造业的转型升级，实体经济与数字经济的融合发展，产业的高质量和绿色发展，都离不开大批德才兼备高层次工程科技人才的培养。高等工程科技人才是增强国家综合实力，提高抵御潜在外部风险，推进创新发展的宝贵资源。立足中华民族伟大复兴的战略全局和世界百年未有之大变局，高等工程科技人才的能力与素质面临新的挑战和新的要求。在稳步提升高等工程科技人才数量的同时，将立德树人、创新实践能力的培养作为主线，保证高质量，培养一批担当新时代发展重任的各领域领军人才、工程技术人才。新时代高等工程科技人才必须具备以下特征：创新精神、实践能力、学习能力、解决问题的能力等。

随着我国经济社会的发展，对高等工程科技人才的需求趋于多样化。社会各界对高等工程科技人才的需要不再局限于传统的学术型、专业型人才，而是需要具备多种素质的高端人才。新时代行业、产业的发展，对高等工程科技人才提出了更高的要求，多样化就是其中之一。人才需求的多样性是指在社会分工下，行业、企业分工细化、岗位细分，需要大批具备职业素养的专业人才，这些专业人才的需求体现出多样化，随着新技术、新产业的不断出现，对人才的需求出现跨学科、多样化的态势。

高等工程科技人才在知识结构、专业素质和综合能力上既有一般特征，也有多样化体现。在知识结构上，高等工程科技人才的一般特征体现在其专业知识的整体性和适应性上。知识的整体性是从总体上高等工程科技人才掌握的知识应当形成一个完整的构架，具备某一领域及相关领域的专门知识，为后期进行技术创新、方法改进打下基础。知识的适应性，主要表现在高等工程科技人才个体知识结构的动态性，即在学习、接收相关领域新知识后，更新自身知识体系，建立起新的知识结构或调整各知识要素之间的关系。

高等工程科技人才的多样性体现在个人知识、能力上的“厚基础、宽口径”，体现在自身的核心竞争力上。“厚基础”就是具备扎实的理论基础，拥有多领域、多方面的专业知识，建立起完整、合理的知识体系，打下厚实的基础条件。“宽口径”有两个维度，从横向看，高等工程科技人才拥有多领域、专业的知识；从纵向时间维度看，高等工程科技人才的知识结构的形成是经历了长时间的积累，并随着时间的推移不断更新知识库。在信息化、数字化迅猛发展，多学科交叉、多领域融合的背景下，高等工程科技人才要紧跟发展要求，不断扩充自身知识储备，提升核心竞争力。

在专业素质方面，行业、企业对高等工程科技人才的需求也呈现出多样化的特点。一是招收人才的类型变得宽泛。比如一家传统的重型机械制造企业，不仅会招聘机械工程学科的人才，也会招聘管理学、计算机、电气、语言等学科的人才。对于学术型的高等工程科技人才，其专业素质是其掌握的专业理论知识和自身形成的学术研究方法。这类人才在进行学术研究时，可以准确把握项目的研究方向，能够在预期的时间取得学术成果。对于应用型的高等工程科技人才，专业素质更多地体现在其掌握扎实的理论基础并经过实践训练后，形成的从事专业领域的技能及解决问题的能力。随着经济社会的发展，对交叉学科、复合型人才的需求也越来越多。比如 IT 行业的高等工程科技人才，既要有扎实的计算机专业技能，诸如程序设计、网络技术、网站设计、美术设计、安全、系统规划等，又能够准确分析客户需求，了解企业管理流程、管理需求及消费者心理。

行业、企业对高等工程科技人才的综合能力方面的要求也多样化。高等工程科技人才具备的综合能力是全方位的，包括自我学习能力、实践创新能力、社会适应能力、整合能力和团队合作能力。自我学习能力是在工作中能主动学习先进科学技术，不断更新、完善自身的知识结构体系。实践创新能力是在具体工作中结合理论知识，进行技术创新，提高生产效率或节约成本。社会适应能力表现在适应工作环境、工作集体，在遇到工作难题时，能正确面对，并能很好地处理人际关系，展现良好的协作能力。整合能力是在工作中，面对不同观点、不同知识体系时的兼容并包能力。团队合作能力是与团队成员协作，高效完成工作任务的能力。

三、高等工程科技人才规模与经济增长

高等工程科技人才规模与经济增长呈现正相关关系。工程科技人才是推动产业发展、推动技术进步的重要力量。高等工程科技人才通过技术革新，创造了更先进的生产技术，大大提高了生产力和生产效率，从而促进了经济的增长。从衡量经济增长最直观的指标国内生产总值（GDP）与高等工程科

技人才来源的研究生毕业生数看，两者呈现正相关关系（见图 2-1）。2003—2017 年，研究生毕业生的增长速度高于国内生产总值的增长速度，为我国经济的增长提供了可靠的人力资源保障。根据李立国、黄海军对 1996—2009 年相关数据的研究表明，研究生教育对经济增长的弹性系数为 0.018，即在其他条件保持不变的情况下，研究生毕业人数占地区人口比例每增长 1 个百分点，GDP 将相应增长 0.018 个百分点。该时期内研究生毕业生年增长率为 25.82%，将研究生教育的弹性系数乘以其年均增长率，可以得到我国研究生教育年均拉动 GDP 增长 0.46 个百分点，在考虑 GDP 年均增长率 11.32% 的基础上，可以得出我国研究生教育对 GDP 增长的年均贡献率为 4.11%。进一步说明了高等工程科技人才对经济发展的积极作用。

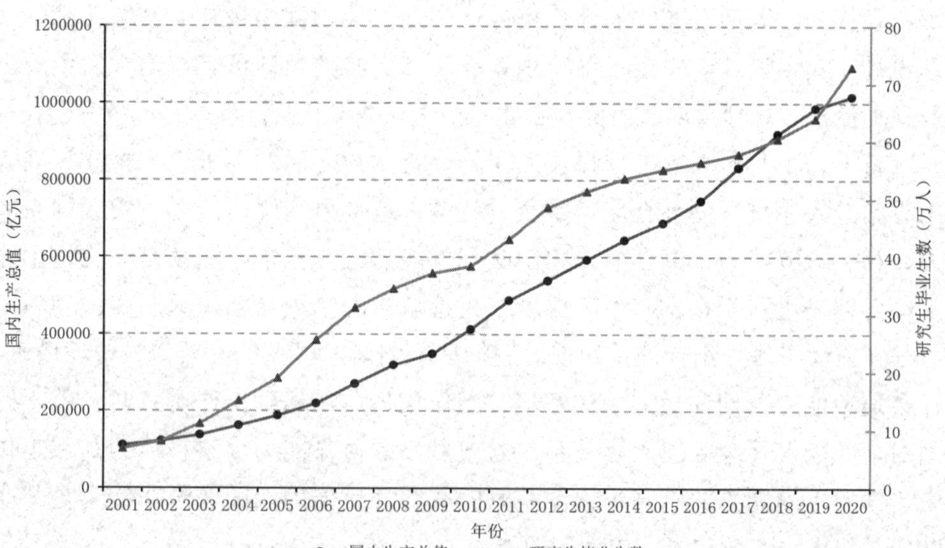

图 2-1　2001—2020 年国内生产总值及研究生毕业生数

数据来源：国家统计局

最新发布的《中华人民共和国国民经济和社会发展第十四个五年规划和2035 年远景目标纲要》提出推动制造业优化升级，实施智能制造和绿色制造工程，发展服务型制造新模式，推动制造业高端化智能化绿色化，培育先进制造业集群，改造提升传统产业，实施增强制造业核心竞争力和技术改造专项。重点推动高端新材料、重大技术装备、智能制造与机器人技术、航空发动机及燃气轮机、北斗产业化应用、新能源汽车和智能（网联）汽车、高端医疗装备和创新药、农业机械装备领域制造业核心竞争力的提升。

集成电路、航空航天、船舶与海洋工程装备、机器人、先进轨道交通装备、先进电力装备、工程机械、高端数控机床、医药及医疗设备等先进制造业，石化、钢铁、有色、建材等原材料产业，轻工、纺织、化工、造纸等重点行业将需要大批高等工程科技人才。行业特色高校应当抓住机遇按照远景目标要求，调整学科设置、培养方向及培养目标，为国家经济的发展提供强有力的人才支撑。

第四节　新时代高等工程科技人才的基本素质

教育质量标准具有极其重要的作用，它承载和体现着一个国家的教育方针、教育目的和人才培养目标，是检验人才培养质量的重要依据。2035 年远景目标的提出，制造业优化升级以及新兴产业的发展，都对高等工程科技人才培养提出了新的需求。培养高等工程科技人才的研究生教育要主动适应经济社会发展需求，提高培养质量，为国家供给符合标准的高层次人才。

一、质量、标准的内涵

“质量”概念的内涵一直随着社会科学技术的进步和经济的发展在不断延伸、扩展，经历了符合性质量、适用性质量、顾客及相关方满意的质量的发展过程。按 ISO9000：2000 标准，“质量”的定义是：“一组固有特性满足要求的程度”。这里的“特性”是“可区分的特征”，它可以是固有的或赋予的、定性的或定量的，也可以有各种类别。“要求”是指“明示的、通常隐含的，或必须履行的需求或期望”。

“标准”据《辞海》解释是“衡量事物的准则”。国际标准化组织（ISO）的标准化原理委员会（STACO）对“标准”的定义是：“标准是由一个公认的机构制定和批准的文件。它对活动或活动的结果规定了规则、导则或特殊值，供共同和反复使用，以实现在预定领域内最佳秩序的效果。”

建立新时代高等工程科技人才质量标准，是推进工程教育发展的重要举措。质量标准的设置不仅能够成为衡量高等工程科技人才教育质量优劣的标尺，也能成为行业特色高校治理的有效手段。质量与质量标准源于工商界，社会上有人把学校视作企业，利益相关者（包括政府、行业、企业、家庭、学生等）用衡量“产品”——学校培养的各类人才质量的指标和方法衡量教育的质量。

无标准不质量，离开了标准，质量建设就失去了基础，标准是评价的依据，引导着教育发展的方向。但是质量标准来源于工商界，其本身固有的市场化取向必然导致学校办学行为的功利化，用质量标准进行教育评价自然成了左右高校办学的指挥棒。

2020 年 10 月，中共中央、国务院印发《深化新时代教育评价改革总体方案》，这是新中国成立以来第一个关于教育评价系统改革的文件，是指导新时代教育评价改革的纲领性文件。文件指出“教育评价事关教育发展方向，有什么样的评价指挥棒，就有什么样的办学导向”，破立并举，对我国高等教育质量标准建设提出了新的要求，并提出到 2035 年，基本形成富有时代特征、彰显中国特色、体现世界水平的教育评价体系。

质量标准作为一种价值、一种权力的体现，党对新时代高等教育的主张和要求无疑影响着教育的性质和走向。新时代行业特色高校教育质量评价，将更加突出人才培养的中心地位，突出培养一流人才、产出一流成果、主动服务国家需求，争创世界一流。

建立质量标准的基本前提在尽可能完整、逻辑自洽的信息、数据基础上，对数据、信息进行科学、公开、透明的采集。教育活动本身是极其复杂的，教育质量的概念也随着社会的发展、大众的认知水平逐渐演化。同样，新时代高等工程科技人才质量标准的建立也是极其复杂的，在考虑以人为本的基础上，遵循教育基本规律，质量标准只能是“教育的”标准，而非“商品”的标准，它要同时关注教育质量中可检测、可观察的一面和教育活动中那些无法检测和观察的一面。

新时代高等工程科技人才质量标准，最终体现在人才身上，可以理解为通过教育活动，培养出的具备人格、知识、能力素质的高等工程科技人才满足利益相关方（国家、行业、企业等）要求的程度。基于此定义，此处对高等工程科技人才质量标准作一些探讨。

二、高等工程科技人才具备的基本素质

新时代高等工程科技人才具备的基本素质可以从人格、知识和能力三个

维度进行讨论。首先是人格维度，主要涉及政治素养、职业道德、身心健康、国际视野等方面。新时代的高等工程科技人才必须具备过硬的政治素养，要着眼于担当民族复兴大任，做社会主义建设者和接班人，衷心拥护信任以习近平同志为核心的党中央，高度认同党中央治国理政的大政方针，明辨涉及中西方价值观念的重大是非问题，厚植爱国主义情怀。遵守社会公德，恪守职业道德，养成良好的个人生活习惯，保持本人身心健康。

其次是知识维度，包括对学科基础知识以及相关学科综合专业知识的理解、综合、运用等。随着科学技术的迅猛发展，新知识的产生及原有知识的迭代速度在不断加快，高等工程科技人才必须具备终身学习的能力，深入探究本学科的基础理论，广泛吸收相关学科的研究成果，不断提升自身知识储备与运用水平。

最后是能力维度，包括创新能力、实践能力、自学能力、团队合作能力、社会适应能力、整合能力等。在具体的工程实践中，需要工程科技人才充分展现各项能力，创新性地完成各项跨领域、跨国界，多人协作并具有挑战性的工作任务。

高等工程科技人才具备的基本素质，最终体现在其胜任力上。胜任力是指担任某一特定的任务角色需要具备的个人深层次特征的总和，这些特征可以是所承担角色需要的专业知识、技能，也可以是价值观和动机等。

冰山模型是描述胜任力特征的基础模型，它把胜任力形象地比喻为一座漂浮在水面上的冰山，外显部分是显性特征，如专业知识、科研水平、职业技能等，这些特征可以通过证书或考核等方式测量，可以经过努力或通过培训等得以增强、提升，易于改变；内隐部分是隐性特征，如价值观、创新精神、使命感、意识和动机等，这些特征具有明显的个体属性，难以测量，不易改变，但对个人的行为表现和职业素质起着关键作用。在冰山模型中，通常能直观地获得显性特征，但不易发现隐性特征，且两者通常不具备等效性。隐藏在水面下的个人素质，往往能体现出个人的核心能力，也是评价高等工程科技人才长期发展潜力的关键因素。

将三个维度的基本素质映射到冰山模型上（见图 2-2），可以清晰地看出决定新时代高等工程科技人才质量标准的全体因素和关键因素。

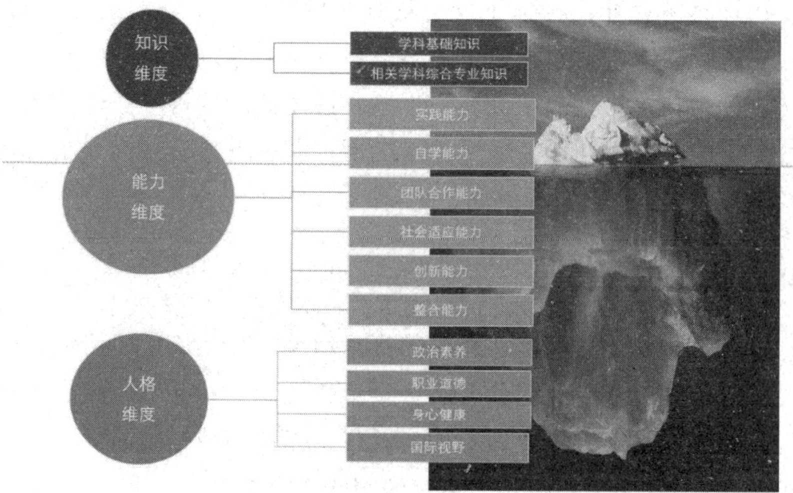

图 2-2　高等工程科技人才基本素质示意图

二、新时代对高等工程科技人才的要求

当前，我国正面临着百年未有之大变局，在制造业及其他领域还存在多项核心技术、关键环节被“卡脖子”，随着我国经济社会进入创新转型关键期，创新型工程科技人才结构性不足的矛盾更加凸显，迫切需要世界级科技大师和领军人才、尖子人才。从实现中华民族伟大复兴战略全局看，我国在“十四五”及更长时期的发展对加快科技创新的要求更为迫切。建设制造强国、传统制造业优化转型升级、产业迈向中高端等方面的人才十分紧缺。航空航天、海洋装备、轨道交通装备、新能源汽车、电子信息等产业面临着各类高素质人才短缺的局面。创新型、复合型、应用型人才是各行各业所急需的。具体而言，高等工程科技人才需具备以下能力。

（一）政治素养

政治素养是新时代高等工程科技人才应首先具备的基本素质。立德树人是我国一贯秉持的教育方针，促进高等工程科技人才的德行成长，既是人才全面发展的重要组成部分，又是人才全面发展的根本保障。热爱祖国、拥护党的领导，弘扬社会主旋律，传播正能量是具有良好政治素质的基本体现。只有具备了过硬的政治素质，才能坚定对马克思主义、共产主义的信仰，承担起社会主义建设者和接班人的重大使命担当。过硬的政治素养，还可以让高等工程科技人才明辨是非，经受考验，主动遵守社会公德、行为规范，抵制学术不端等行为，具备较强的心理承受能力。

（二）职业道德

职业道德指的是与职业活动密切相关的行为道德。它不仅是职业活动中职业行为的要求，也是这项职业对社会所必须承担的责任和义务。高校在培养高等工程科技人才时，不仅仅要教会他们胜任工作的专业技能，更要培养他们在从业过程中坚守工程伦理，树立良好的职业道德素质。

无论是制造业的转型升级，还是新兴产业的蓬勃发展，都要求行业企业及高等工程科技人才时刻铭记职业道德，用产品的品牌和质量参与激烈的国际、国内市场竞争。

（三）身心健康

从人的全面发展角度看，身心健康是基础，没有强健的体魄，健康的心理，个人的生活质量将不可避免地下降，学业、事业发展也会受到阻碍。培养担当民族复兴大任的时代新人、德智体美劳全面发展的社会主义建设者和接班人，高等工程科技人才的身心健康教育不可忽视。

（四）国际视野

当前，我国面临的国际形势极为复杂，一些国家对我们进行技术封锁，妄图阻碍我国现代化建设的征程。打破技术壁垒，攻克“卡脖子”难题，充分参与世界科技竞争，急需通晓国际规则、国际标准的高等工程科技人才。要提升国际影响力，参与大型国际科技合作计划，在相关领域争取足够的话语权，为世界发展提供中国智慧、中国方案，也离不开频繁、深入的国际交流。高校也应当主动培养研究生的国际交流能力，通过开设海外课程、境外学术交流、境外联合培养等方式，拓展研究生的国际视野。

（五）知识结构

合理的知识结构是具有理性和最优化的知识体系，既有深厚的学科专业知识，同时也能满足职业发展的实际需要。构成知识结构的所有要素具有聚合性、层次性和关联性，个体可以根据实际情况不断调整知识结构的组成部分。高等工程科技人才的知识结构强调“厚基础”和“宽口径”。“厚基础”一方面要求高等工程科技人才掌握基本的一般性知识，或具体的学科专业基础知识，另一方面还要求具有工程管理、工程科技等各方面的扎实技术，为他们通过自学等途径习得新知识、适应不同工程实践需要打下坚实基础。“宽口径”，就是高等工程科技人才可以适应不同的工程环境与工程规模。

（六）实践能力

实践能力是指有目的地改变自然和社会客体的能力，即在理论知识的指导下应用于实际的能力，也就是分析问题、解决问题的能力。研究生要进入工程科技领域，必须通过工程实践将专业理论知识内化为可应用的专业技能。

实践能力是运用知识、技能解决实际问题的能力，实践能力形成的本源是主体参与式的活动。实践能力不是由书本传授得到的，而是由大量生活经验和实践活动练习得到的。高水平的工程科技人才其核心是创造力，创造力来源于创新精神和实践能力。

我国产业升级转型，意味着航空航天、海洋装备、轨道交通、新能源汽车、电子信息等领域对高等工程科技人才提出了更高的实践要求。高校对研究生实践能力的培养，可以让他们以较快的速度进入生产一线，有效减少企业的培训成本和生产风险。

（七）自学能力

自学能力是不在任何人指导下，自己独立、有效地获得和应用知识、技能，完成学习任务的一种能力。自学能力是一种综合能力，是理论与实践的结合体，它包含两个层面的含义：一是知识与技能的获得；二是知识与技能的应用。

自学能力不仅体现在对学校要求的课程知识的学习，也体现在工作后职业、社会等各种环境下的知识、技能的学习。自学能力的构成要素有：（1）获得知识的能力，包括独立阅读、识记、理解的能力，独立分析、概括的能力；（2）应用知识、技能的能力，包括举一反三的能力、综合应用的能力和创新创造的能力。自学能力的核心在于思维，思维贯穿于自我学习的全过程，需要人才在进行知识获取与习得过程中不断进行反思与评价。

当今多学科融合的行业越来越多，物理、化学、生物、电子、计算机、建筑等多学科交叉在工程领域越来越明显。随着大数据、人工智能、物联网等技术的发展，进一步促进了各学科的交叉融合。作为新时代的高等工程科技人才，必须具备自学能力，学习掌握新兴技术，并将其应用于工程领域的创新实践中去。

（八）团队合作能力

现代工程科学越来越具有集成性、交叉性和复杂性等特点，目前的工程项目有着复杂化和多元化的发展趋势，对有组织的团队活动要求越来越高。实现我国制造业的转型升级，对于项目产品的机理、材料、结构、工艺等方面都会产生或多或少的变革，这使产品的设计制造过程必须采用新的模式。靠以往个人经验单打独斗已不能满足需要，单凭某个高等工程科技人才的个人专业知识已经无法应对产品的复杂，现在要求具有各方面理论知识和实践经验的高等工程科技人才协调各方需求及利益以达到预定目标，在这个过程中促进知识的共享、集成与转化。

作为高等工程科技人才，处理问题时应该综合考虑各方面因素，将项目作为一个整体系统看待，而不应局限于自己工作范围内的狭窄领域，过于计较局部得失，这样才可能实现整体最优化和协调的目标。团队环境对工程科技人才的发展至关重要，德才兼备的高水平学科带头人，知识、能力、经验结构合理的团队，以及内部公平合理的利益分配机制、自由民主的学术氛围都对工程人才的发展至关重要，人才的成长与团队发展之间有明显的协同共享效应。

（九）社会适应能力

社会适应能力是指人为了在社会更好生存而进行的心理、生理及行为上的各种适应性改变，与社会达到和谐状态的一种执行适应能力。高等工程科技人才的社会适应能力一方面体现在其适应社会大环境，通过社会交往与周围个体、组织进行交流并且建立关系的能力；另一方面体现在其适应职业环境，能以较为舒适的心理状态从事职业工作，并且较好地执行职业任务。

（十）创新能力

身处“两个大局”，我国对加快科技创新提出了更为迫切的要求，打破发展瓶颈，实现中华民族的伟大复兴，需要大批负有创新精神的高等工程科技人才。

提升创新能力是高等工程科技人才培养的关键。工程把科学发现、技术发明和产业发展联系在了一起，对产业革命、经济发展和社会进步产生了强大的影响。工程科技创新，首先要有提出、发现和总结问题的能力。在从事设计或分析研究时，要善于发现任何存在的问题，认真分析，系统总结，形成完整的主题，这些问题往往会成为创新突破点。

工程科技创新是实现我国制造业转型升级、新兴产业快速发展的关键性环节，是创新活动的主战场。工程是造物的过程和结果，它需要依靠工程科技人才的持续创新。工程具有系统性、复杂性、集成性和组织性的特点，因此工程追求对所采用的各类技术和使用的各类资源在组织协调过程中的集成优化。工程的集成创新具体表现在两方面：一是技术要素方面，工程创新需要对交叉学科及各领域技术进行选择与集成优化；二是在工程创新活动中，在一定边界条件下，对经济因素、社会因素、管理因素的优化与集成。

在具体的工程项目中，对人才的创新素质要求不同，总体来说对从事系统开发设计的人员创新能力要求要高于从事生产性活动的技术人员。所以要营造有利于创新能力成长的环境和氛围，促进各层次创新人才的发展成长，同时重视杰出创新人才的选拔和培养。当今国际竞争归根到底是人才的竞争，其核心是顶尖人才的竞争。事实上，决定一个企业国际地位的，往往是其开发团队中的少数几个顶尖人才，实现从“0”到“1”的重大突破，也往往需要顶尖人才的创新活动。

（十一）整合能力

整合能力是指高等工程科技人才整合人力、经济和时间资源的能力。整合能力涉及识别、整合、协调等多个层次，是对各类资源的优化配置再利用。如今工程越来越趋于复杂化、大型化，对于工程科技人才，尤其是从事工程管理领域的人才，其整合能力对于工程的协调与管理，确保工程的正常运作尤为重要。

培养具有扎实专业功底、宽泛合理知识结构、独立设计能力及项目管理能力的专业复合型人才，努力提升我国高等工程科技人才整合能力，是亟待行业特色高校认识和解决的问题。

参考文献

[1] 赵海峰 . 高等工程人才研究 [M]. 北京：科学出版社，2017.

[2] 百度百科 . 工程 [EB/OL].[2021-02-15]. https://baike.baidu.com/item/%E5%B7%A5%E7%A8%8B/890231?fr=aladdin.

[3] 百度百科 . 标准 [EB/OL].[2021-02-15]. https://baike.baidu.com/item/%E6%A0%87%E5%87%86/219665?fr=aladdin.

[4] 汉典 . 科学 [EB/OL].[2021-02-15]. http://www.zdic.net/hans/%E7%A7%91%E5%AD%A6.

[5] 汉典 . 技术 [EB/OL].[2021-02-15].http://www.zdic.net/hans/%E6%8A%80%E6%9C%AF.

[6] 汉典 . 人才 [EB/OL].[2021-02-15].http://www.zdic.net/hans/%E4%BA%BA%E6%89%8D.

[7] 新华社 . 中共中央办公厅 国务院办公厅印发《关于深化项目评审、人才评价、机构评估改革的意见》[EB/OL].（2018-07-03）[2021-02-15].http://

www.gov.cn/zhengce/2018-07/03/content_5303251.htm.

[8] 徐小洲，阚阅，冯建超 . 面向 2035 ：我国教育对外开放的战略构想 [J]. 中国高教研究，2020，318（2）：49-55.

[9] 王广州，王军 . 中国人口老龄化趋势的经济社会影响及公共政策应对 [J]. China Economist，2021，16（1）：78-107.

[10] 袁富华，张平，楠玉 . 城市化中人口质量提升与数量增长的再平衡——补偿性增长假说 [J]. 经济学家，2020，254（2）：117-128.

[11] 李宏，惠仲阳，陈晓怡，等 . 美国、英国等国家科技创新政策要点分析 [J]. 北京教育（高教），2020，903（9）：58-63.

[12] 程如烟 . 基础研究国外政策动向浅析 [J]. 全球科技经济瞭望，2020，35（11）：1-5，58.

[13] 马国春 . 拜登上台后美国对华科技政策走向研判 [J]. 创新科技，2020，20（11）：1-8.

[14] 贾晖 .“十四五”期间，数字经济与实体经济怎么融合 [J]. 廉政瞭望，2021，543（4）：42-43.

[15] 吴静，王晓明 . 推动数字经济与实体经济融合健康发展 [N]. 中国经济时报，2021-02-09（4）.

[16] 张云勇 . 发展数字经济 要把握好四个关系 [N]. 人民政协报，2021-03-06（22）.

[17] 新华社 . 中共中央 国务院印发《深化新时代教育评价改革总体方案》[EB/OL].（2020-10-13）[2021-02-16]. http://www.gov.cn/zhengce/2020-10/13/content_5551032.htm.

[18] 朱洪洲，胡川，余倩 . 工科研究生导师胜任力评价模型构建——以重庆交通大学为例 [J]. 重庆交通大学学报（社会科学版），2020，20（5）：105-112.

[19] 国兆亮 . 我国高等教育质量标准的基本认识与框架设计 [J]. 现代教育管理，2020，369（12）：72-78.

[20] 杜瑞军 . 标准之思——对高等教育质量内涵的审视 [J]. 上海教育评估研究，2021，10（1）：12-16.

第三章

燕山大学高等工程科技人才培养实践

第一节　学位与研究生教育概况

燕山大学源于哈尔滨工业大学，始建于 1920 年。1958 年，哈尔滨工业大学响应国家号召，将重型机械及相关专业迁至工业重镇齐齐哈尔市富拉尔基区，组建了哈尔滨工业大学富拉尔基分校，分校先是定名为哈尔滨工业大学富拉尔基重型机械学院，后改名为哈尔滨工业大学重型机械学院。1960 年独立办学，定名为东北重型机械学院，成为原机械工业部直属高校。1978 年被确定为全国重点高等院校。1985—1997 年学校整体南迁至秦皇岛市。1997 年经原国家教委批准，更名为燕山大学。1998 年，由原机械工业部划转到河北省，实行中央与地方共建，以河北省管理为主。2000 年，河北轻工业管理学校并入燕山大学。

1961 年，燕山大学首次招收轧钢机械及工艺专业段振勇、徐守国等 5 名研究生，揭开高端工程科技人才培养的序幕。1978 年恢复招收培养硕士研究生，是全国首批硕士研究生学位授权单位。1983 年获得博士学位授予权。目前，研究生学位授权门类包括经济学、法学、文学、理学、工学、管理学和艺术学。学校现有博士后流动站 11 个，14 个博士学位授权一级学科，1 个博士专业学位授权类别，30 个硕士学位授权一级学科，17 个硕士专业学位授权类别。截至 2020 年硕士研究生导师 1 178 人，博士研究生导师 331 人，校外导师 1 399 人。杰出导师有中国科学院院士 1 人，国家“千人计划”入选者 5 人，国家“万人计划”入选者 3 人，长江学者奖励计划特聘教授 8 人，国家杰出青年科学基金获奖者 9 人。研究生在校生人数 9 704 人，其中博士研究生 1 034 人、硕士研究生 8 408 人、在职人员攻读硕士学位研究生 136 人、留学研究生 126 人。

燕山大学现有机械工程一级学科国家重点学科（覆盖 4 个二级学科）、材料学二级学科国家重点学科、5 个国防特色学科、16 个河北省重点学科，河北省世界一流学科建设项目学科 3 个，河北省国家一流学科建设项目学科 4

个。工程学、材料科学、化学、计算机科学等 4 个学科进入 ESI 排名全球前 1%。在全国第四轮学科评估中，8 个学科获得 B 类以上评估结果，其中机械工程为 A- 类，全国排名前 10%，材料科学与工程为 B+，全国排名前 20%。

燕山大学拥有“亚稳材料制备技术与科学”国家重点实验室、“冷轧板带装备及工艺”国家工程技术研究中心、“先进制造成形技术及装备”国家地方联合工程研究中心、“极端条件下机械结构和材料科学”国防重点学科实验室、国际科技合作基地、国家技术转移示范机构、1 个省部共建协同创新中心、3 个河北省协同创新中心以及 38 个省部级重点实验室、科技部国家创新人才培养示范基地、人社部国家级专业技术人员继续教育基地、社会科学研究基地。燕山大学还设有国家大学科技园，建成研究生校外实践基地 188 个，校内实践模块 96 个。

燕山大学在重型机械成套设备、亚稳材料科学与技术、并联机器人理论与技术、流体传动与电液伺服控制技术、工业自动化控制理论与技术、精密塑性成型技术、大型锻件锻造工艺与热处理技术、极端条件下机械结构与材料科学等研究领域具有国际先进水平。2000—2020 年，获得国家科技奖励 19 项，其中国家科技进步一等奖 2 项、二等奖 9 项、国家技术发明二等奖 4 项、国家自然科学二等奖 4 项，承担“973”项目、“863”项目、国家重点研发计划、国家自然科学基金和国家社会科学基金项目 970 项。2013 年和 2014 年，学校连续有 2 项科研成果入选“中国科学十大进展”和“中国高校十大科技进展”。

燕山大学研究生获全国优秀博士学位论文 2 篇、全国优秀博士学位论文提名论文 8 篇，河北省优秀博士学位论文 78 篇、优秀硕士学位论文 231 篇。近几年，研究生发表各类高水平学术论文 6 079 篇，发明专利 1 027 项、实用新型专利 296 项，登记软件著作权 171 项，获得各类创新竞赛、科研奖励 169 项。

第二节　规模与结构

一、学位授权

燕山大学目前拥有 14 个博士学位授权一级学科、1 个博士专业学位授权类别，30 个硕士学位授权一级学科、17 个硕士专业学位授权类别，授权学科门类涉及经济学、法学、教育学、文学、理学、工学、管理学和艺术学。工学门类学位授权点最多（见图 3-1），有 10 个博士学位授权一级学科、16 个硕士学位授权一级学科，1 个博士专业学位授权类别、6 个硕士专业学位授权类别。

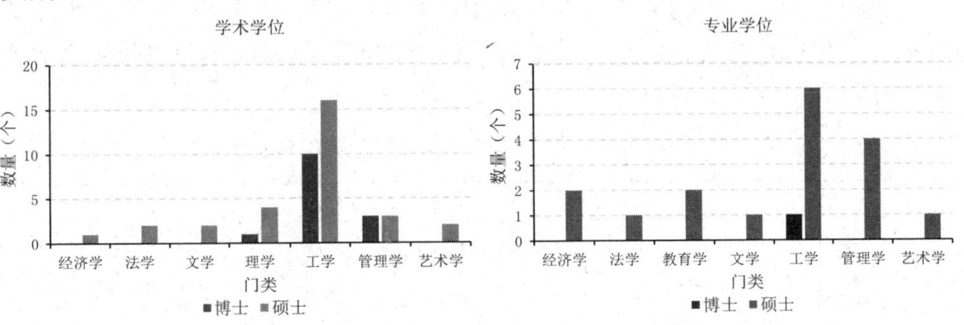

图 3-1　燕山大学各学科门类学位授权点数量

二、研究生招生

（一）研究生招生的总体规模和结构

2020 年燕山大学共招收研究生 3 458 人，其中博士研究生 239 人，占 6.91%，硕士研究生 3 219 人，占 93.09%。

招收的博士研究生中，学术学位博士 205 人，占 85.77%，专业学位博士 34 人，占 14.23%。招收的硕士研究生中，学术学位硕士 1 507 人，占 46.82%，专业学位硕士 1 712 人，占 53.18%（见表 3-1）。专业学位研究生招生人数已经超过学术学位研究生。

表 3-1　2020 年燕山大学研究生招生的规模和结构

类别	博士研究生		硕士研究生		合计	
	人数	比重 / %	人数	比重 / %	人数	比重 / %
学术学位	205	85.77	1 507	46.82	1 712	49.51
专业学位	34	14.23	1 712	53.18	1 746	50.49
合计	239	100.00	3 219	100.00	3 458	100.00

（二）学术学位研究生招生规模和结构

2020 年燕山大学共招收学术学位研究生 1 712 人，其中学术学位博士研究生 205 人，占 11.97%，学术学位硕士研究生 1 507 人，占 88.03%。

1. 学术学位研究生分学科招生情况

2020 年招收的学术学位研究生中，机械工程学科招生人数最多，占 18.93%，其次是材料科学与工程学科，占 15.83%，这两个学科的招生人数超过总数的三分之一（见表 3-2）。

表 3-2　2020 年燕山大学学术学位研究生分学科招生情况

学科名称	博士研究生		硕士研究生		合计	
	人数	比重 / %	人数	比重 / %	人数	比重 / %
应用经济学			28	1.86	28	1.64
法学			17	1.13	17	0.99
马克思主义理论			44	2.92	44	2.57
中国语言文学			16	1.06	16	0.93
外国语言文学			29	1.92	29	1.69
数学			33	2.19	33	1.93
物理学	6	2.93	50	3.32	56	3.27
化学			30	1.99	30	1.75
统计学			4	0.27	4	0.23
力学	5	2.44	30	1.99	35	2.04

（续表）

学科名称	博士研究生		硕士研究生		合计	
	人数	比重 / %	人数	比重 / %	人数	比重 / %
机械工程	57	27.80	267	17.72	324	18.93
光学工程	5	2.44	22	1.46	27	1.58
仪器科学与技术	6	2.93	42	2.79	48	2.80
材料科学与工程	53	25.85	218	14.47	271	15.83
动力工程及工程热物理			25	1.66	25	1.46
电气工程	7	3.41	63	4.18	70	4.09
电子科学与技术	7	3.41	39	2.59	46	2.69
信息与通信工程			40	2.65	40	2.34
控制科学与工程	18	8.78	124	8.23	142	8.29
计算机科学与技术	9	4.39	86	5.71	95	5.55
土木工程			25	1.66	25	1.46
化学工程与技术	10	4.88	62	4.11	72	4.21
石油与天然气工程			1	0.07	1	0.06
船舶与海洋工程			7	0.46	7	0.41
环境科学与工程			28	1.86	28	1.64
管理科学与工程	8	3.90	38	2.52	46	2.69
工商管理	7	3.41	55	3.65	62	3.62
公共管理	7	3.41	38	2.52	45	2.63
音乐与舞蹈学			13	0.86	13	0.76
设计学			33	2.19	33	1.93
合计	205	100.00	1507	100.00	1712	100.00

2. 学术学位研究生分地区招生情况

2020 年，招收的学术学位研究生中，河北省生源最多，有 798 人，占全部的 46.51%，其次是河南、山东、山西、黑龙江和辽宁省生源，以上几个省份生源的学术学位研究生占招生总数的近 80%。浙江、贵州、云南、福建、新疆、广东、广西、海南和青海每个省份生源的人数不足 10 人。河北、河南、山东和山西四省生源的学术学位博士研究生占总数的 75%（见图 3-2）。

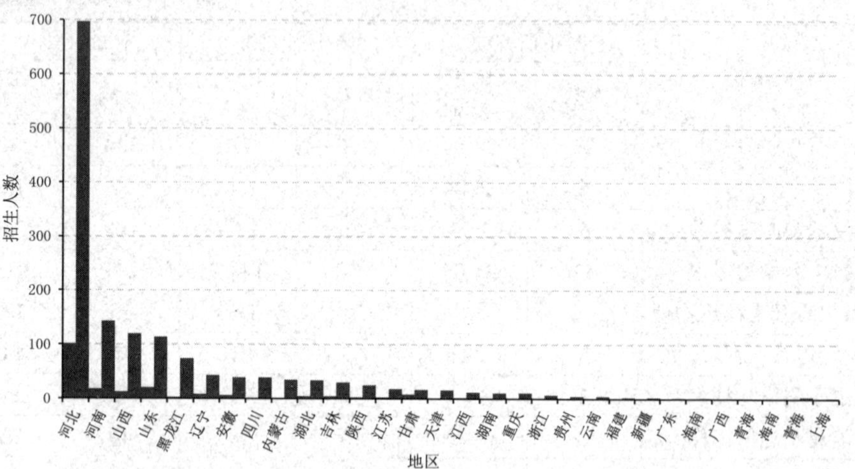

图 3-2 2020 年燕山大学学术学位研究生招生的地区分布情况

（三）专业学位研究生招生规模和结构

2020 年燕山大学共招收专业学位研究生 1 746 人，其中专业学位博士研究生 34 人，占 1.95%，学术学位硕士研究生 1 712 人，占 98.05%。

1. 专业学位研究生分类别招生情况

2020 年招收的专业学位研究生中，机械、电子信息类别招生人数最多，分别占 24.97 %、24.86%，其次是材料与化工、工商管理、能源动力和公共管理，这 6 个类别的招生人数占总数的近 80%（见表 3-3）。

表 3-3 2020 年燕山大学专业学位研究生分类别招生情况

类别名称	博士研究生		硕士研究生		合计	
	人数	比重 / %	人数	比重 / %	人数	比重 / %
金融			20	1.17	20	1.15
应用统计			21	1.23	21	1.20
法律			25	1.46	25	1.43
体育			22	1.29	22	1.26
汉语国际教育			27	1.58	27	1.55
翻译			35	2.04	35	2.00
电子信息			434	25.35	434	24.86
机械	34	100.00	402	23.48	436	24.97

（续表）

类别名称	博士研究生		硕士研究生		合计	
	人数	比重 / %	人数	比重 / %	人数	比重 / %
材料与化工			158	9.23	158	9.05
资源与环境			8	0.47	8	0.46
能源动力			110	6.43	110	6.30
土木水利			66	3.86	66	3.78
工商管理			145	8.47	145	8.30
公共管理			107	6.25	107	6.13
会计			32	1.87	32	1.83
工程管理			46	2.69	46	2.63
艺术			54	3.15	54	3.09
合计	34	100.00	1712	100.00	1746	100.00

2. 专业学位研究生分地区招生情况

2020 年，招收的专业学位研究生中，河北省生源最多，有 876 人，占全部的 50.17%，其次是山东、山西、河南、黑龙江和辽宁省生源，以上几个省份生源的专业学位研究生占招生总数的近 80%。福建、新疆、广西、贵州、云南、广东、宁夏、北京和海南每个省（市）生源的人数在 5 人及以下。河北、河南和山西三省生源的专业学位博士研究生占总数的 55.89%，其余 15 人分散在其他省份（见图 3-3）。

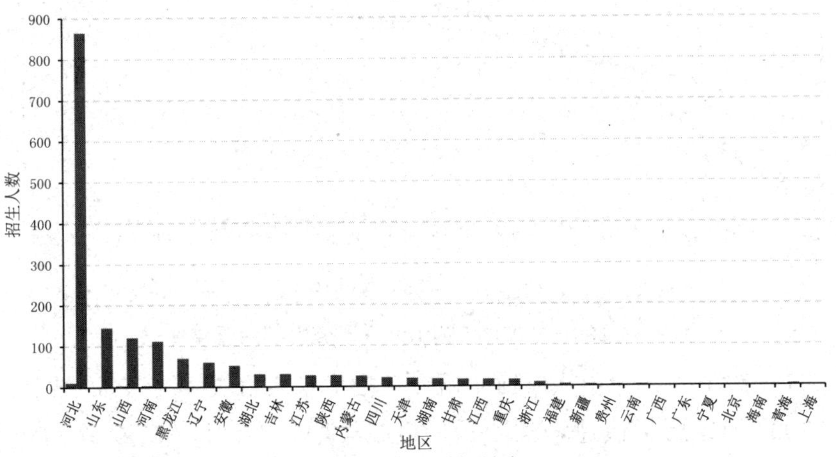

图 3-3　2020 年燕山大学专业学位研究生招生的地区分布情况

从燕山大学2020年研究生招生情况看，生源多集中在河北省及周边省份，生源范围覆盖我国多数省份。

（四）发展变化

1. 研究生招生的规模变化

2001—2020年，燕山大学研究生招生平均年增长率14.41%。2001—2005年间年增长率较高，年均增长率达到40.30%，2003年最高达到51.76%，2005年研究生招生人数超过1 000；2006—2011年，进入持续增长期，年均增长率9.32%，2011年研究生招生人数超过2 000；2012年至今，进入稳步发展期，年均增长率6.29%，2020年研究生招生人数超过3 000，整体规模趋于稳定（见图3-4）。硕士研究生的规模变化与整体相同，博士研究生的招生规模变化较小，年均增长率较低。

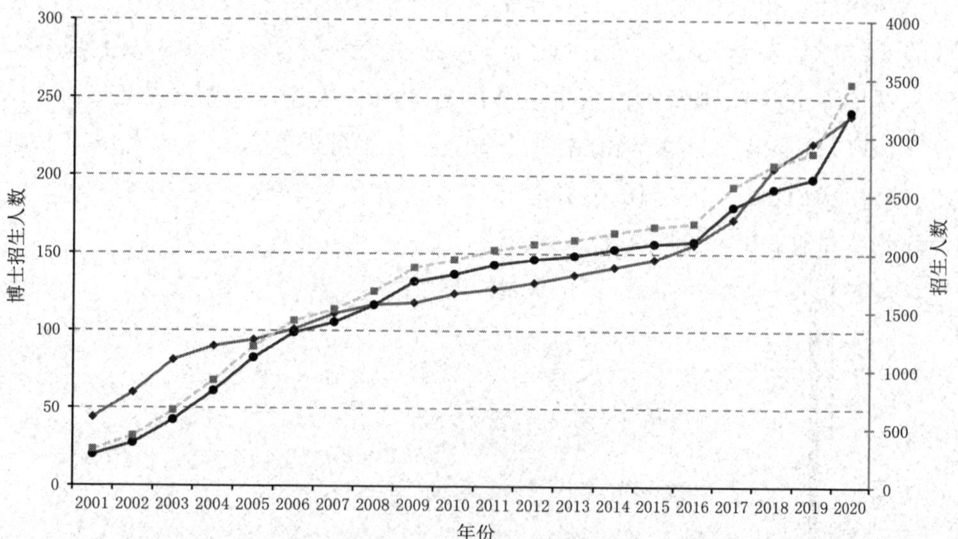

图3-4 2001—2020年燕山大学研究生招生规模变化

2001—2020年，燕山大学博士研究生招生年均增长率6.77%（见图3-5）。2002—2007年经历了快速增长阶段，最高年增长率达到36.36%，2006年突破百人大关；2008—2016年间，进入缓慢增长期，年均增长3.87%；2017、

2018 年又有了较高的增长，年均增长均略超 10%，2018 年，博士招生人数突破 200 人大关，同年开始招收专业学位博士研究生；最近几年的招生数量基本趋稳，只有小幅增长。近几年专业学位博士研究生招生增长迅速，呈逐年增长的态势。

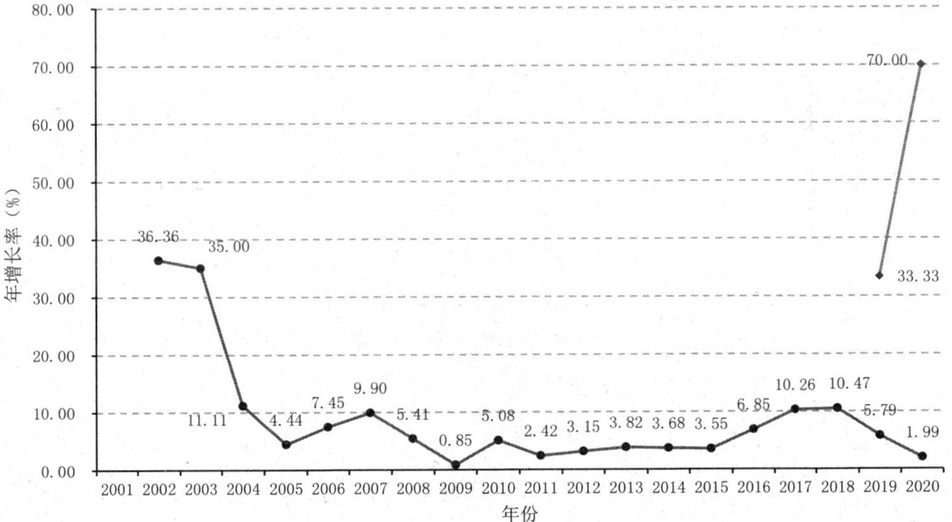

图 3-5　2001—2020 年燕山大学博士研究生招生规模增长率

2001—2020 年，燕山大学硕士研究生招生年均增长率 14.27%（见图 3-6）。2002—2006 年学术学位硕士研究生招生年增长率均超过 20%，最高达到 54.52%；2007—2009 年，学术学位硕士研究生招生年均增长率降至 10% 以下，2009 年开始招收专业学位硕士研究生；2010—2018 年，学术学位硕士研究生招生年增长率基本进入负增长，与此同时专业学位硕士研究生招生年增长率快速攀升，2009 年首次招生 132 人，2010 年规模迅速扩大，年增长率达到最高点 131.82%，期间年均增长率达 29.75%，2018 年专业学位硕士研究生招生人数首次超过学术学位硕士研究生；2019—2020 年，学术学位硕士研究生招生恢复增长，年均增长率 10.22%，专业学位硕士研究生招生规模持续扩大。

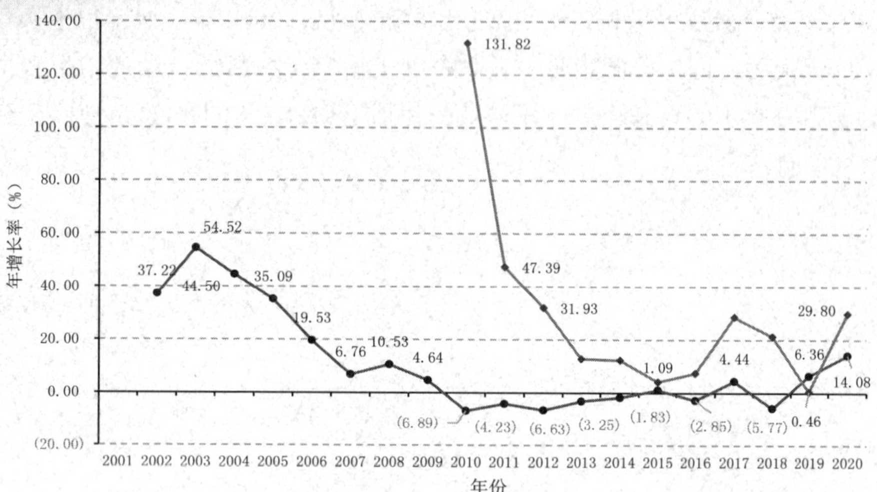

图 3-6　2001—2020 年燕山大学硕士研究生招生规模增长率

2. 研究生招生的层次结构变化

从历年燕山大学博士、硕士研究生招生人数看，2005 年以前，硕博比在 10∶1 以下，此后直至 2017 年，硕博比一直处于上升状态，并基本保持在 14∶1。2018 年以后，硕博比稍有降低，基本在 12∶1。总体上看，燕山大学研究生招生的层次结构差异明显（见图 3-7）。

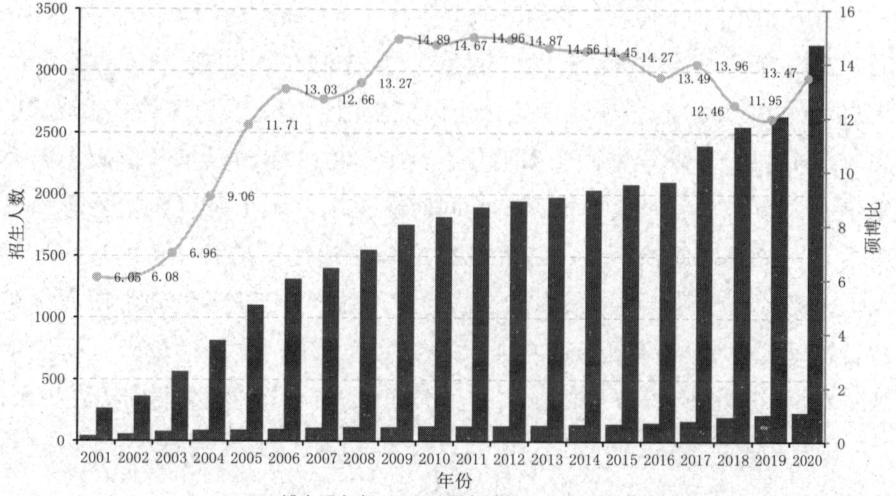

图 3-7　2001—2020 年燕山大学研究生招生层次结构变化情况

3. 研究生招生分学科、类别的规模变化

从博士研究生各学科 2001—2020 年招生规模变化情况看（见图 3-8），机械工程、材料科学与工程学科招生数量多，且逐年增长；控制科学与工程、计算机科学与技术和管理科学与工程学科招生数量相对较多，规模稳定，其余学科的招生规模较小，规模变化不大。

各学科历年招生人数的差异，选用统计中常用的离散系数来衡量，离散系数可以克服自身水平不一致的干扰，可以较好地衡量各学科历年招生人数的差异情况。材料科学与工程、机械工程、计算机科学与技术、工商管理、仪器科学与技术和物理学学科的历年招生人数差异不大，离散系数均在 0.3 左右，各学科差异不大；相较之下，控制科学与工程、管理科学与工程、化学工程与技术、电子科学与技术、电气工程、理学、光学工程和软件工程学科离散系数超过 0.3，各学科历年招生人数差异较大（见图 3-9）。

专业学位博士自 2018 年开始招生，且只有 1 个机械类别，不作具体分析。

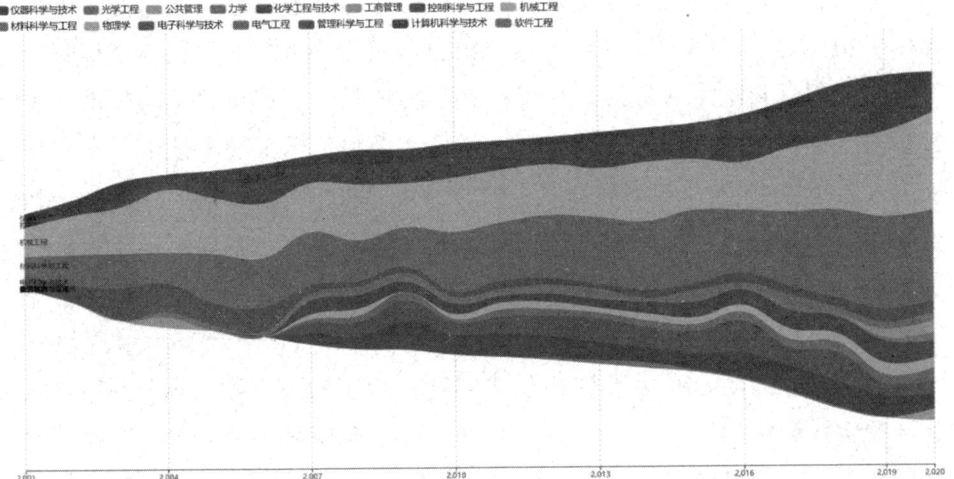

图 3-8　2001—2020 年燕山大学学术学位博士研究生各学科招生规模总体变化情况

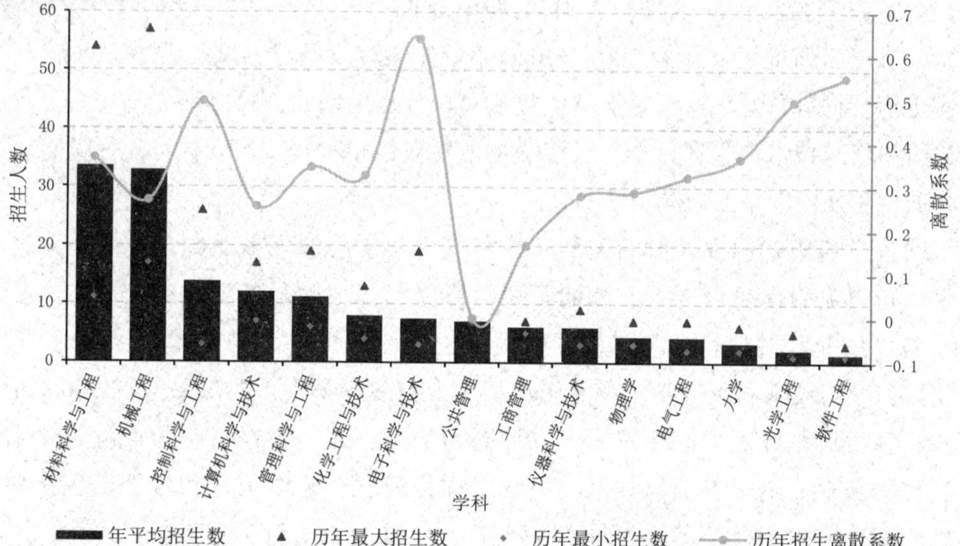

图 3-9 2001—2020 年燕山大学学术学位博士研究生各学科招生规模变化比较

学术学位硕士研究生 2009 年各学科招生人数达到最大值（见图 3-10），2010—2019 年，整体规模有所下降，2020 年又有小幅增长。机械工程和材料科学与工程学科招生人数最多，逐年有小幅增长；计算机科学与技术、控制科学与工程、工商管理、公共管理、电气工程和化学工程与技术各学科年均招生人数超过 50 人，年增长幅度不大；公共管理和工商管理学科 2006—2009 年间招生人数最多，此后招生规模基本减至高峰值的一半以下；计算机科学与技术和外国语言文学学科招生人数也有所减少。

机械工程、材料科学与工程、电气工程、化学工程与技术、马克思主义理论、哲学、力学、光学工程和美术学学科历年招生人数离散系数在 0.4 左右，各学科历年招生人数差异不大；仪器科学与技术、设计学、环境科学与工程、软件工程和政治学学科，历年招生人数离散系数小于 0.3，各学科历年招生人数差异小；工商管理、外国语言文学、化学、石油与天然气工程和交通运输工程学科，历年招生人数离散系数大于 0.5，各学科历年招生人数差异较大（见图 3-11）。

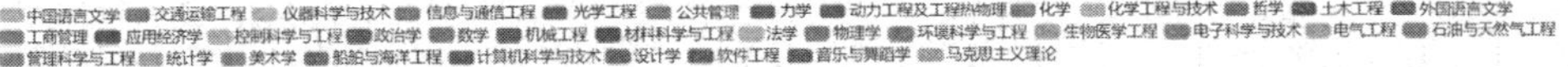

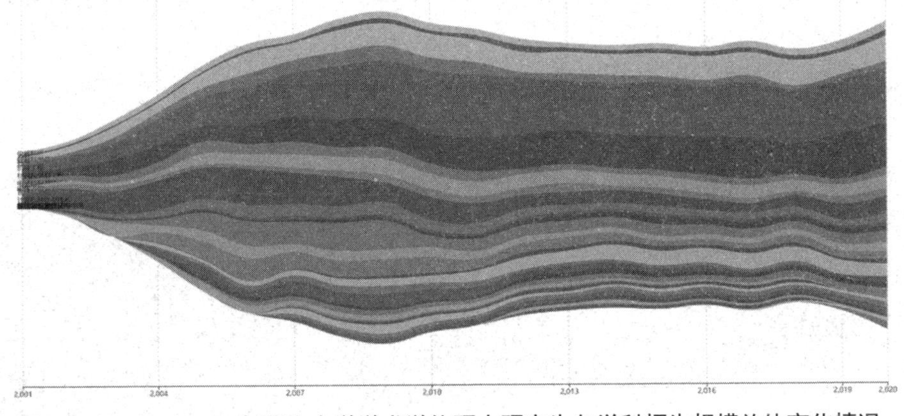

图 3-10　2001—2020 年燕山大学学术学位硕士研究生各学科招生规模总体变化情况

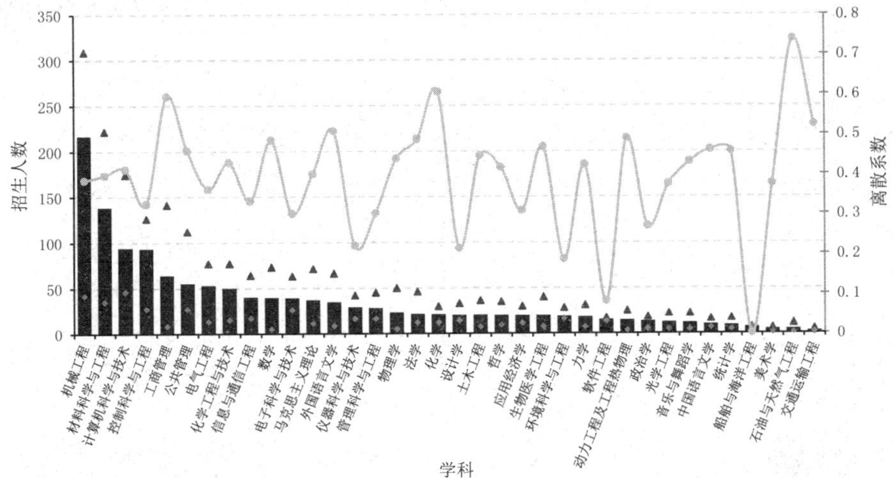

图 3-11　2001—2020 年燕山大学学术学位硕士研究生各学科招生规模变化比较

专业学位硕士研究生各类别招生人数均呈现逐年递增态势（见图 3-12），机械和电子信息类别年增长幅度最大；工商管理、公共管理、材料与化工、艺术和能源动力类别的招生人数较多；材料与化工和能源动力类别的年增长幅度较大。

艺术、工程管理、会计、法律和资源与环境类别，历年招生人数离散系数小于 0.4，各类别历年招生人数差异不大；电子信息、机械、公共管理、材料与化工、能源动力、土木水利、汉语国际教育、应用统计和旅游管理类别，历年招生人数离散系数大于 0.5，各类别历年招生人数差异较大（见图 3-13）。

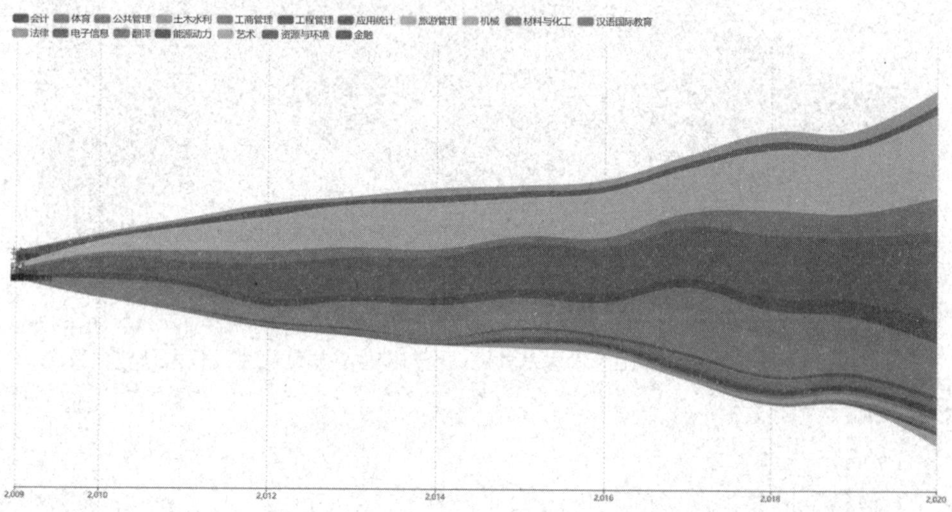

图 3-12　2001—2020 年燕山大学专业学位硕士研究生各类别招生规模总体变化情况

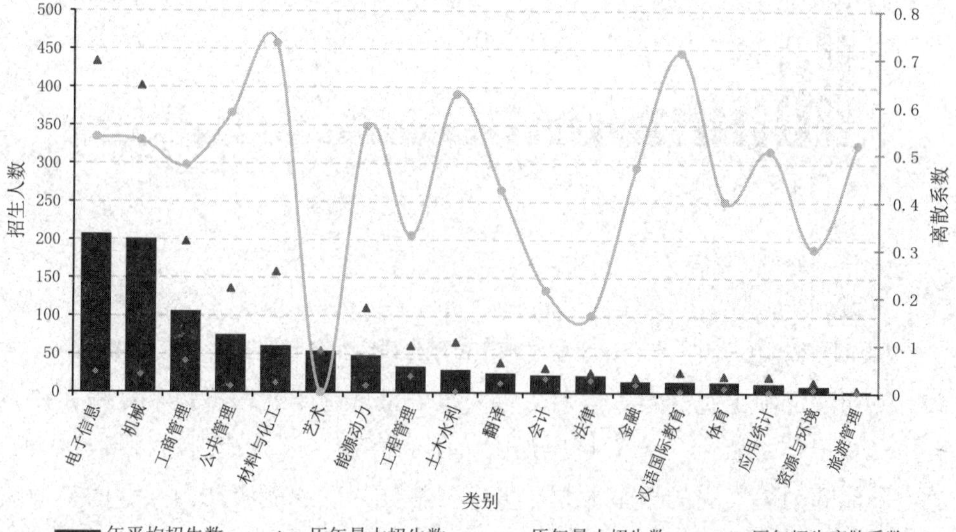

图 3-13　2001—2020 年燕山大学专业学位硕士研究生各类别招生规模变化比较

三、在校生

2020 年，燕山大学有博士研究生 1 034 人，硕士研究生 8 408 人，在职人员攻读硕士学位 136 人，留学研究生 126 人。本部分中博士、硕士研究生相关情况，不包括在职人员攻读硕士学位及留学研究生。

（一）在校研究生总体规模和结构

在校博士研究生中，学术学位博士研究生 965 人，占 93.33%；专业学位博士研究生 69 人，占 6.67%。在校硕士研究生中，学术学位硕士研究生 4 022，占 47.84%；专业学位硕士研究生 4 386，占 52.16%（见表 3-4）。

表 3-4　2020 年燕山大学在校研究生规模和结构

类别	博士研究生		硕士研究生		合计	
	人数	比重 / %	人数	比重 / %	人数	比重 / %
学术学位	965	93.33	4 022	47.84	4 987	52.82
专业学位	69	6.67	4 386	52.16	4 455	47.18
合计	1 034	100.00	8 408	100.00	9 442	100.00

（二）在校学术学位研究生规模和结构

2020 年燕山大学共有在校学术学位研究生 4 987 人，其中博士研究生 965 人，占 19.35%；硕士研究生 4 987 人，占 80.65%。

1. 在校学术学位研究生分学科情况

在校学术学位研究生中，机械工程学科人数最多，占 20.13%；其次是材料科学与工程学科，占 16.10%；再次是控制科学与工程和计算机科学与技术学科，分别占 9.56%、5.82%；以上四个学科在校生人数占在校学术学位研究生总数的 51.61%。

在校学术学位博士研究生中，材料科学与工程和机械工程学科人数最多，分别占 24.46%、23.42%；其次是控制科学与工程，占 12.75%；以上三个学科在校生人数占在校学术学位博士研究生总数的 60.63%。化学工程与技术、电气工程、工商管理、物理学、仪器科学与技术、电子科学与技术、公共管理、力学、光学工程和软件工程学科，在校生人数占在校学术学位博士研究生总数的比例均在 5% 以下。

在校学术学位硕士研究生中，机械工程学科人数最多，占 19.34%；其次是材料科学与工程学科，占 14.10%；再次是控制科学与工程、计算机科学与技术、化学工程与技术和电气工程学科，占 23.47%；以上学科在校生人数占在校学术学位硕士研究生总数的 56.91%。力学、土木工程、设计学、应用经济学、环境科学与工程、光学工程、外国语言文学、动力工程及工程热物理、法学、化学、音乐与舞蹈学、中国语言文学、软件工程、统计学、哲学、政治学、船舶与海洋工程、生物医学工程、美术学和石油与天然气工程学科，在校生人数占在校学术学位硕士研究生总数的比例均在 2% 以下（见表 3-5）。

表 3-5　2020 年燕山大学学术学位研究生分学科在校生情况

学科名称	博士研究生		硕士研究生		合计		硕博比
	人数	比重/%	人数	比重/%	人数	比重/%	
哲学			16	0.40	16	0.32	
应用经济学			67	1.67	67	1.34	
法学			47	1.17	47	0.94	
政治学			16	0.40	16	0.32	
马克思主义理论			104	2.59	104	2.09	
中国语言文学			33	0.82	33	0.66	
外国语言文学			56	1.39	56	1.12	
数学			85	2.11	85	1.70	
物理学	26	2.69	120	2.98	146	2.93	4.62
化学			42	1.04	42	0.84	
统计学			17	0.42	17	0.34	
力学	23	2.38	76	1.89	99	1.99	3.30
机械工程	226	23.42	778	19.34	1004	20.13	3.44
光学工程	15	1.55	43	1.07	58	1.16	2.87
仪器科学与技术	34	3.52	112	2.78	146	2.93	3.29
材料科学与工程	236	24.46	567	14.10	803	16.10	2.40
动力工程及工程热物理			54	1.34	54	1.08	
电气工程	30	3.11	172	4.28	202	4.05	5.73
电子科学与技术	32	3.32	94	2.34	126	2.53	2.94
信息与通信工程			109	2.71	109	2.19	

（续表）

学科名称	博士研究生		硕士研究生		合计		硕博比
	人数	比重/%	人数	比重/%	人数	比重/%	
控制科学与工程	123	12.75	354	8.80	477	9.56	2.88
计算机科学与技术	71	7.36	219	5.45	290	5.82	3.08
土木工程			76	1.89	76	1.52	
化学工程与技术	45	4.66	199	4.95	244	4.89	4.42
石油与天然气工程			3	0.07	3	0.06	
船舶与海洋工程			7	0.17	7	0.14	
环境科学与工程			61	1.52	61	1.22	
生物医学工程			7	0.17	7	0.14	
软件工程	4	0.41	16	0.40	20	0.40	4.00
管理科学与工程	67	6.94	93	2.31	160	3.21	1.39
工商管理	22	2.28	145	3.61	167	3.35	6.59
公共管理	11	1.14	113	2.81	124	2.49	10.27
音乐与舞蹈学			40	0.99	40	0.80	
美术学			5	0.12	5	0.10	
设计学			76	1.89	76	1.52	
总计	965	100.00	4 022	100.00	4 987	100.00	4.17

在校学术学位研究生总体硕博比为4.17∶1，硕博比最小的是管理科学与工程学科，为1.39∶1，硕博比最大的是公共管理学科，为10.27∶1。工商管理、电气工程、物理学和化学工程与技术学科硕博比高于总体硕博比，软件工程、机械工程、力学、仪器科学与技术、计算机科学与技术、电子科学与技术、控制科学与工程、光学工程和材料科学与工程学科硕博比低于总体硕博比（见图3-14）。

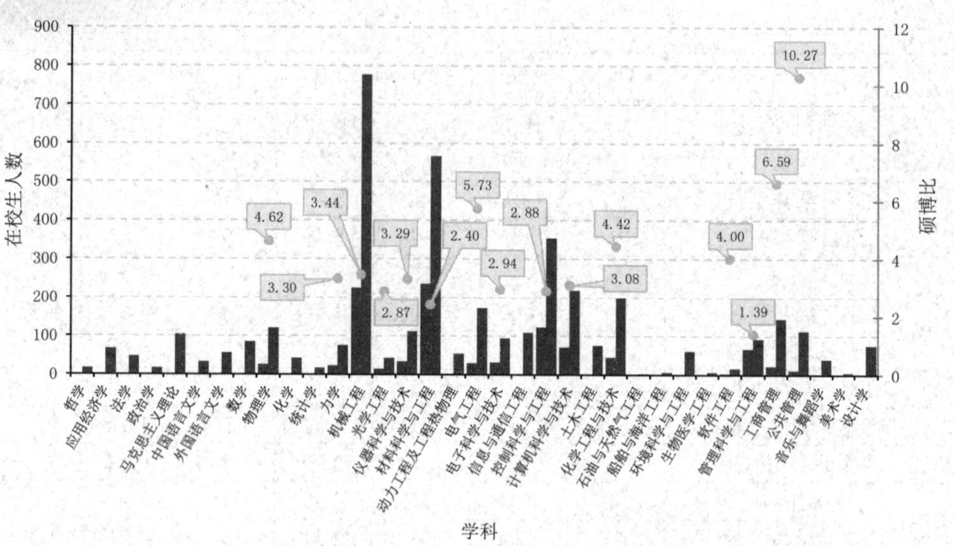

图 3-14　2020 年燕山大学学术学位研究生分学科在校生情况

2. 在校学术学位研究生分地区情况

2020 年，在校学术学位研究生人数最多的五个省依次是河北、河南、山东、山西和黑龙江，在校生人数均超过 200 人，其中河北省在校生人数最多，达 2 377 人，占 47.66%。在校人数在 11 人以下的省（市）有云南、福建、广西、宁夏、海南、新疆、青海和上海。在校生人数最少的上海，仅有 2 人，只占 0.04%。

在校学术学位博士研究生人数最多的是河北省，接近 500 人，占 50.67%；其次是山东、河南、黑龙江、山西、吉林和辽宁，占比分别在 10% 至 4% 之间。江西、四川、天津、湖南、浙江、广西、福建、重庆、贵州、云南和宁夏的在校生人数在 10 人以下。

在校学术学位硕士研究生人数最多的仍然是河北省，接近 2 000 人，占 46.94%；其次是河南、山东、山西和黑龙江，占比分别在 10% 至 4% 之间。云南、福建、宁夏、海南、广西、新疆、青海和上海的在校生人数在 10 人以下（见图 3-15）。

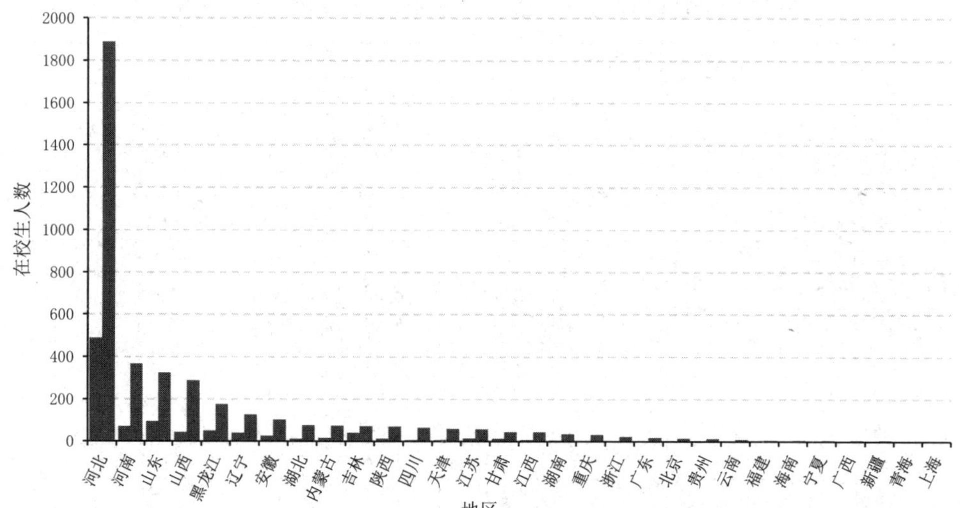

图 3-15　2020 年燕山大学学术学位在校研究生的地区分布情况

（三）在校专业学位研究生规模和结构

2020 年燕山大学共有在校专业学位研究生 4 455 人，其中博士研究生 69 人，占 1.55%；硕士研究生 4 386 人，占 98.45%。

1. 在校专业学位研究生分类别情况

在校专业学位研究生中，机械类别人数最多，占 24.13%；其次是电子信息类别，占 23.30%；第三位的是工商管理类别，占 11.11%；以上三个类别在校生人数占在校专业学位研究生总数的 58.54%（见表 3-6）。

在校专业学位博士研究生中，仅有机械类别，在校生有 69 人。

在校专业学位硕士研究生中，电子信息类别人数最多，占 23.67%；其次是机械类别，占 22.94%；第三位是工商管理类别，占 11.29%；以上三个类别在校生人数占在校专业学位研究生总数的 57.90%。会计、法律、汉语国际教育、体育、艺术、应用统计、金融、资源与环境和旅游管理类别，在校生人数占在校专业学位硕士研究生总数的比例均在 2% 以下（见图 3-16）。

在校专业学位研究生总体硕博比为 63.57∶1，机械类别的硕博比为 14.58∶1。

表 3-6　2020 年燕山大学专业学位研究生分类别在校生情况

类别	博士研究生		硕士研究生		合计		硕博比
	人数	比重 / %	人数	比重 / %	人数	比重 / %	
电子信息			1 038	23.67	1 038	23.30	
机械	69	100.00	1 006	22.94	1 075	24.13	14.58
工商管理			495	11.29	495	11.11	
公共管理			394	8.98	394	8.84	
材料与化工			378	8.62	378	8.48	
能源动力			254	5.79	254	5.70	
土木水利			167	3.81	167	3.75	
工程管理			117	2.67	117	2.63	
翻译			111	2.53	111	2.49	
会计			77	1.76	77	1.73	
法律			69	1.57	69	1.55	
汉语国际教育			58	1.32	58	1.30	
体育			54	1.23	54	1.21	
艺术			54	1.23	54	1.21	
应用统计			52	1.19	52	1.17	
金融			29	0.66	29	0.65	
资源与环境			28	0.64	28	0.63	
旅游管理			5	0.11	5	0.11	
总计	69	100.00	4 386	100.00	4 455	100.00	63.57

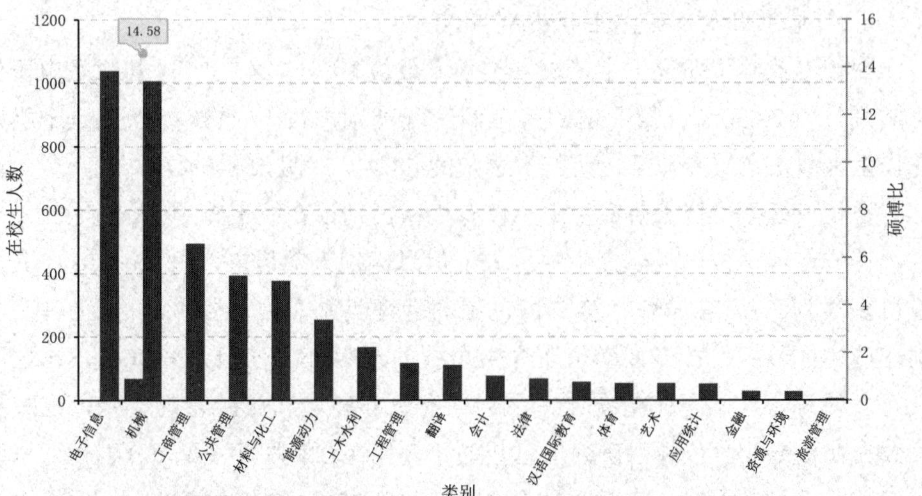

图 3-16　2020 年燕山大学专业学位在校研究生分类别情况

2. 在校专业学位研究生分地区情况

2020 年，在校专业学位研究生人数最多的四个省依次是河北、山东、河南和山西，在校生人数均超过 200 人，其中河北省在校生人数最多，达 2 357 人，占 53.36%。在校人数在 10 人以下的省（市）有北京、广东、云南、新疆、广西、贵州、宁夏、海南、上海和青海。在校生人数最少的上海和青海，仅有 2 人，只占 0.04%。

在校专业学位博士研究生人数最多的是河北省，有 20 人，占 28.99%；其次是山西和河南，占比分别超过 10%。山东、辽宁、湖北、陕西、内蒙古、黑龙江、江苏、吉林、湖南、浙江、广西和四川的在校生人数在 5 人以下。

在校专业学位硕士研究生人数最多的仍然是河北省，人数超过 2000 人，占 53.74%；其次是山东、河南和山西，人数超过 200 人，占比分别在 10% 至 5% 之间。广东、云南、新疆、贵州、宁夏、广西、海南、上海和青海的在校生人数在 7 人以下（见图 3-17）。

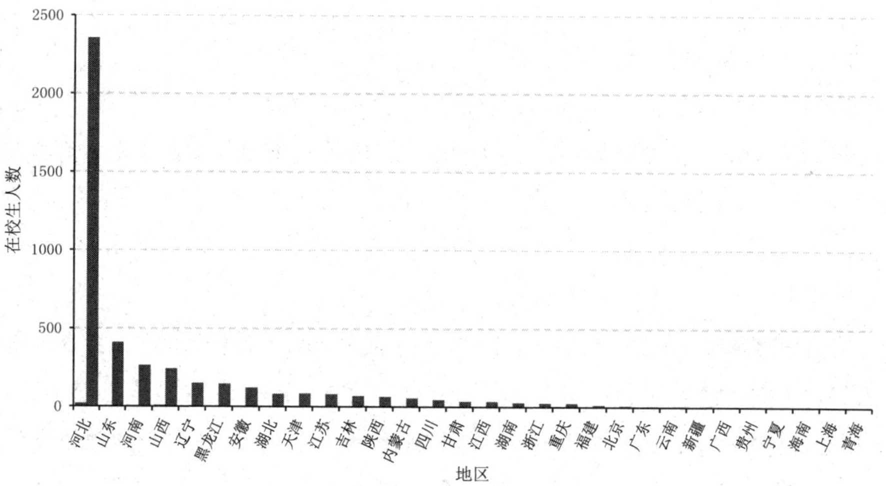

图 3-17　2020 年燕山大学专业学位在校研究生地区分布情况

四、学业完成情况

（一）毕业研究生规模

2020年，燕山大学共毕业研究生2 165人，其中博士109人，硕士2 056人，学术学位研究生1 205人，占55.66%，专业学位研究生960人，占44.34%(见表3-7)。

表3-7　2020年燕山大学毕业研究生总体情况

类别	博士研究生		硕士研究生		合计	
	人数	比重 / %	人数	比重 / %	人数	比重 / %
学术学位	109	100	1 096	53.31	1 205	55.66
专业学位			960	46.69	960	44.34
合计	109	100	2 056	100.00	2 165	100.00

（二）毕业研究生学科、类别结构

1. 学术学位研究生

2020年毕业的学术学位研究生中，机械工程学科人数最多，占20%，其次是材料科学与工程学科，占12.95%，再次是控制科学与工程学科，占8.88%，化学工程与技术学科占6.31%。占比小于1%的学科有法学、生物医学工程、设计学、外国语言文学、中国语言文学、统计学、美术学和石油与天然气工程。

毕业的学术学位博士研究生中，材料科学与工程学科人数最多，占24.77%，其次是机械工程学科，占16.51%，再次是控制科学与工程学科，占14.68%；化学工程与技术、计算机科学与技术、管理科学与工程和物理学学科，分别占9.17 %、8.26 %、6.42 %和5.50%；力学、电气工程、仪器科学与技术、电子科学与技术、工商管理、公共管理和软件工程学科，总共占14.68%。

毕业的学术学位硕士研究生中，机械工程学科人数最多，占20.35%，其次是材料科学与工程学科，占11.77%，再次是控制科学与工程和化学工程与技术学科，分别占8.30%、6.02%；外国语言文学、中国语言文学、统计学、美术学和石油与天然气工程学科，占比均小于 1%（见表 3-8）。

毕业的学术学位研究生总体硕博比为 10.06∶1，硕博比最小的是管理科学与工程学科，为 2.57∶1，其次是物理学、力学和材料科学与工程学科，硕博比小于 5∶1；计算机科学与技术、控制科学与工程、化学工程与技术和仪器科学与技术学科的硕博比介于 5∶1 ～ 10∶1；机械工程、电子科学与技术、软件工程和电气工程学科硕博比介于 12∶1 ～ 18∶1；公共管理和工商管理学科硕博比最高，分别为 25∶1、40∶1（见图 3-18）。

表 3-8　2020 年燕山大学各学科毕业学术学位研究生情况

学科名称	博士研究生		硕士研究生		合计		硕博比
	人数	比重 / %	人数	比重 / %	人数	比重 / %	
哲学			15	1.37	15	1.24	
应用经济学			19	1.73	19	1.58	
法学			11	1.00	11	0.91	
政治学			14	1.28	14	1.16	
马克思主义理论			26	2.37	26	2.16	
中国语言文学			6	0.55	6	0.50	
外国语言文学			9	0.82	9	0.75	
数学			34	3.10	34	2.82	
物理学	6	5.50	20	1.82	26	2.16	3.33
统计学			5	0.46	5	0.41	
力学	5	4.59	22	2.01	27	2.24	4.40
机械工程	18	16.51	223	20.35	241	20.00	12.39
光学工程			13	1.19	13	1.08	
仪器科学与技术	3	2.75	27	2.46	30	2.49	9.00
材料科学与工程	27	24.77	129	11.77	156	12.95	4.78
动力工程及工程热物理			20	1.82	20	1.66	
电气工程	3	2.75	53	4.84	56	4.65	17.67
电子科学与技术	2	1.83	25	2.28	27	2.24	12.50
信息与通信工程			26	2.37	26	2.16	
控制科学与工程	16	14.68	91	8.30	107	8.88	5.69
计算机科学与技术	9	8.26	47	4.29	56	4.65	5.22
土木工程			31	2.83	31	2.57	
化学工程与技术	10	9.17	66	6.02	76	6.31	6.60

（续表）

学科名称	博士研究生		硕士研究生		合计		硕博比
	人数	比重/%	人数	比重/%	人数	比重/%	
石油与天然气工程			1	0.09	1	0.08	
环境科学与工程			23	2.10	23	1.91	
生物医学工程			11	1.00	11	0.91	
软件工程	1	0.92	13	1.19	14	1.16	13.00
管理科学与工程	7	6.42	18	1.64	25	2.07	2.57
工商管理	1	0.92	40	3.65	41	3.40	40.00
公共管理	1	0.92	25	2.28	26	2.16	25.00
音乐与舞蹈学			17	1.55	17	1.41	
美术学			5	0.46	5	0.41	
设计学			11	1.00	11	0.91	
总计	109	100.00	1 096	100.00	1 205	100.00	10.06

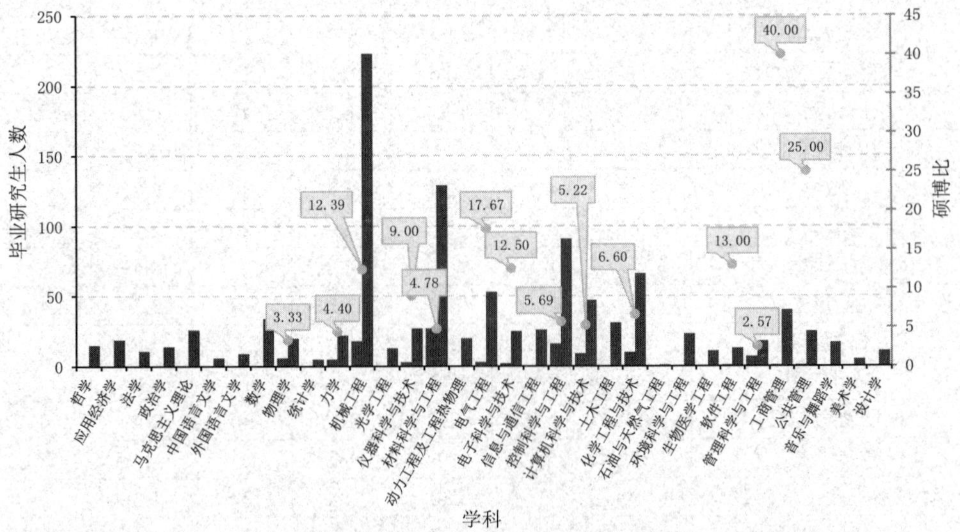

图 3-18　2020 年燕山大学各学科毕业学术学位研究生情况

2. 专业学位研究生

2020 年毕业的专业学位研究生中只有硕士研究生，电子信息类别人数最多，占 22.29%，其次是机械类别，占 20.73%，再次是工商管理及公共管理类别，分别占 16.15%、11.25%；汉语国际教育和旅游管理类别人数最少，只有

1 人（见表 3-9）。

表 3-9　2020 年燕山大学各类别毕业专业学位研究生情况

类别名称	人数	比重 / %
应用统计	18	1.88
法律	15	1.56
体育	13	1.35
汉语国际教育	1	0.10
翻译	39	4.06
电子信息	214	22.29
机械	199	20.73
材料与化工	60	6.25
资源与环境	13	1.35
能源动力	37	3.85
土木水利	34	3.54
工商管理	155	16.15
公共管理	108	11.25
会计	24	2.50
旅游管理	1	0.10
工程管理	29	3.02
合计	960	100.00

（三）毕业研究生地区分布情况

1. 总体情况

2020 年，毕业研究生人数最多的是河北省，占 57.88%，其次三个省依次是山东、山西和河南，毕业人数均超过 100 人（见表 3-10）。毕业人数在 10 人以下的省（市）有北京、广东、云南、福建、贵州、新疆、青海和宁夏（见图 3-19）。

表 3-10　2020 年燕山大学毕业研究生分地区情况

地区	博士研究生		硕士研究生		合计	
	人数	比重 / %	人数	比重 / %	人数	比重 / %
北京			6	0.29	6	0.28
天津			22	1.07	22	1.02
河北	59	54.13	1 194	58.07	1 253	57.88

（续表）

地区	博士研究生		硕士研究生		合计	
	人数	比重 / %	人数	比重 / %	人数	比重 / %
山西	3	2.75	132	6.42	135	6.24
内蒙古	2	1.83	20	0.97	22	1.02
辽宁	1	0.92	69	3.36	70	3.23
吉林	3	2.75	28	1.36	31	1.43
黑龙江	9	8.26	75	3.65	84	3.88
江苏	3	2.75	24	1.17	27	1.25
浙江	3	2.75	13	0.63	16	0.74
安徽	1	0.92	47	2.29	48	2.22
福建			4	0.19	4	0.18
江西	1	0.92	16	0.78	17	0.79
山东	9	8.26	161	7.83	170	7.85
河南	9	8.26	114	5.54	123	5.68
湖北	4	3.67	38	1.85	42	1.94
湖南	1	0.92	10	0.49	11	0.51
广东			6	0.29	6	0.28
重庆			10	0.49	10	0.46
四川			16	0.78	16	0.74
贵州			4	0.19	4	0.18
云南			5	0.24	5	0.23
陕西			15	0.73	15	0.69
甘肃	1	0.92	20	0.97	21	0.97
青海			2	0.10	2	0.09
宁夏			1	0.05	1	0.05
新疆			4	0.19	4	0.18
合计	109	100.00	2 056	100.00	2 165	100.00

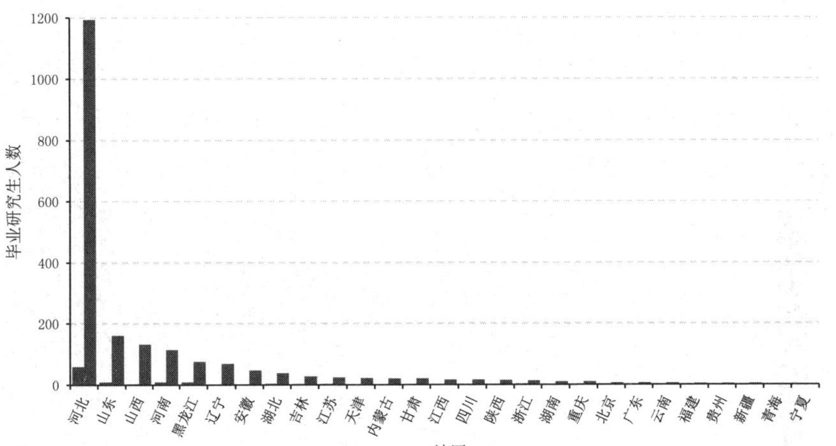

图 3-19　2020 年燕山大学毕业研究生分地区情况

2. 博士研究生

毕业博士研究生人数最多的是河北省，接近 60 人，占 54.13%；其次是山东、河南和黑龙江，占比在 10% 以内。湖北、山西、吉林、江苏、浙江、内蒙古、辽宁、安徽、江西、湖南和甘肃的毕业生人数在 5 人以下（见图 3-20）。

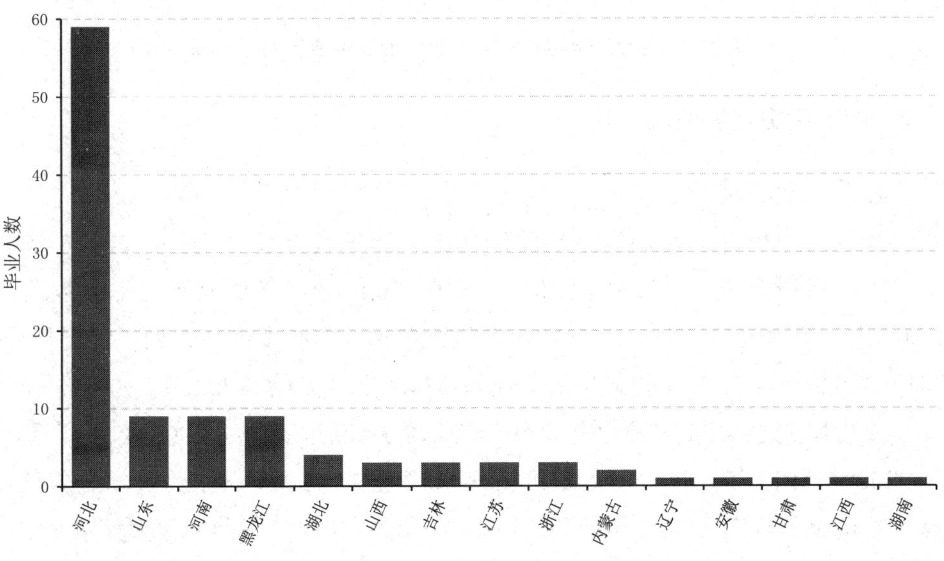

图 3-20　2020 年燕山大学毕业博士研究生分地区情况

3. 硕士研究生

毕业硕士研究生人数最多的仍然是河北省，超过 1 000 人，占 58.07%；其次是山东、山西和河南，占比分别在 8% 至 5% 之间。北京、广东、云南、福建、贵州、新疆、青海和宁夏的毕业硕士研究生人数在 7 人以下（见图 3-21）。

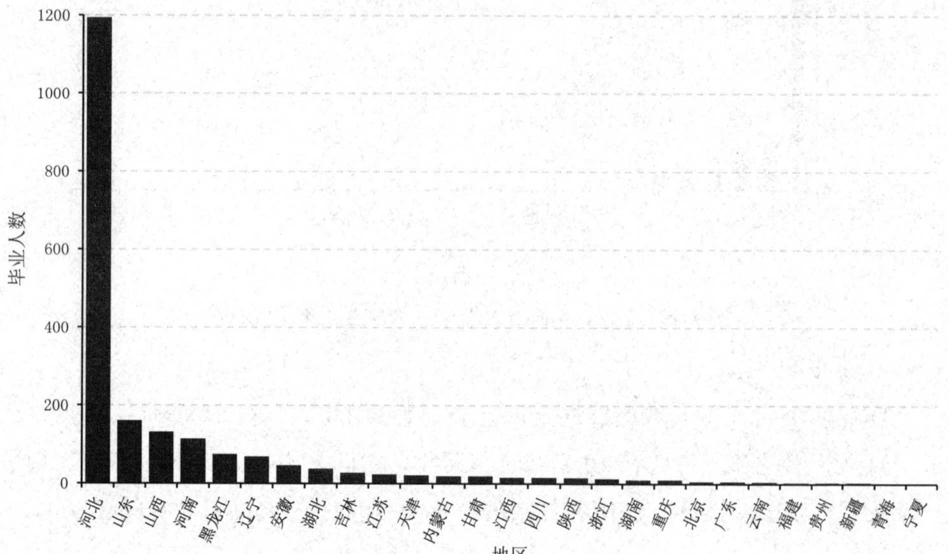

图 3-21　2020 年燕山大学毕业硕士研究生分地区情况

（四）历史发展情况

1. 总体规模变化

2002—2020 年，燕山大学毕业研究生平均年增长率 19.29%。2002—2006 年，年毕业研究生人数多数在 500 人以下；2008 年，年毕业研究生人数超过 1 000 人；2009—2016 年，年毕业研究生人数由 1 300 多人增长到 1 900 多人；2017—2020 年，年毕业研究生人数超过 2 000 人（见图 3-22）。

博士研究生 2002—2007 年，年毕业人数未超过 45 人；2008 年突升至 80 人；2009—2013 年，年毕业人数维持在 90 人左右；2014—2020 年，年毕业人数基本超过 100 人，2015 年低于 100 人，2017、2018 年毕业人数达到 130 人，此后又回落至 110 人左右。

博士研究生年毕业人数占总数的比例平均为 6.64%，故硕士研究生的规模变化趋势与整体相同。

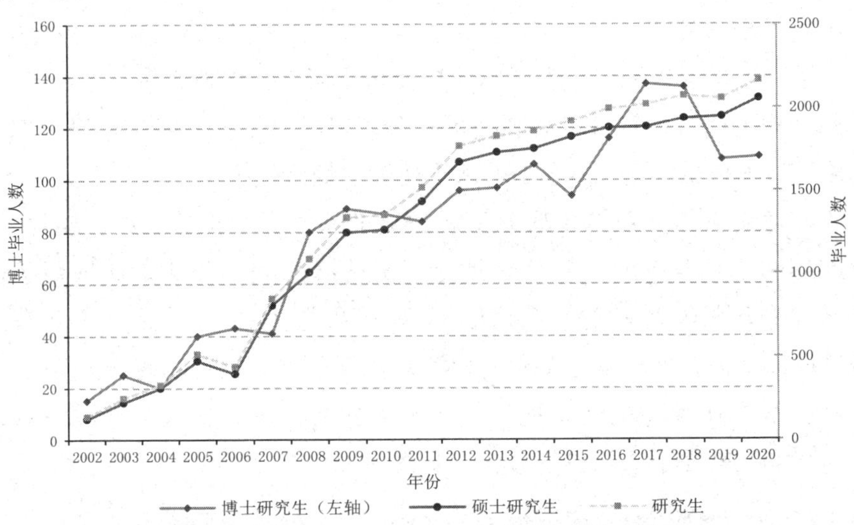

图 3-22　2002—2020 年燕山大学毕业研究生情况

2. 毕业研究生的层次结构变化

从历年燕山大学博士、硕士毕业研究生人数看，年平均硕博比为 15∶1。2010 年以前，绝大多数年份硕博比低于 15∶1；2011 年以后，除 2017、2018 年，硕博比均超过 15∶1。相较近几年招生硕博比基本保持在 14∶1 以下，毕业生硕博比较高，博士研究生年毕业增长率过低（见图 3-23）。

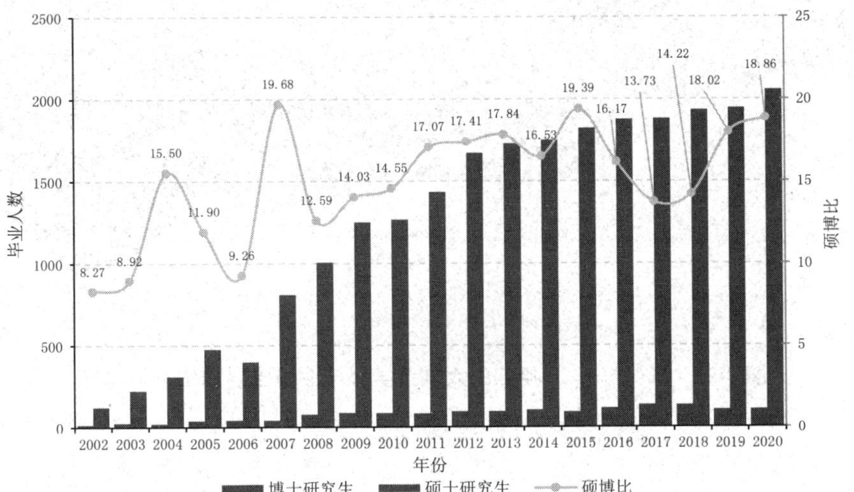

图 3-23　2002—2020 年燕山大学毕业研究生层次结构变化情况

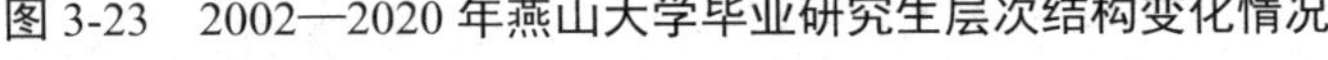

3. 毕业博士研究生分学科规模变化

从博士研究生各学科 2002—2020 年毕业规模变化情况看（见图 3-24），材料科学与工程、机械工程学科每年毕业博士研究生数量最多，且逐年增长；控制科学与工程、计算机科学与技术和管理科学与工程学科每年毕业博士研究生数量基本趋稳，其余学科毕业博士研究生数量较少。

从各学科历年毕业博士研究生人数离散系数看，机械工程、软件工程、光学工程和物理学学科历年毕业博士研究生人数差异不大，离散系数低于 0.5，各学科历年毕业人数差异不大；化学工程与技术、控制科学与工程、仪器科学与技术、管理科学与工程、力学、材料科学与工程、电子科学与技术、计算机科学与技术和电气工程学科历年毕业博士研究生人数离散系数超过 0.5，各学科历年毕业人数差异较大（见图 3-25）。

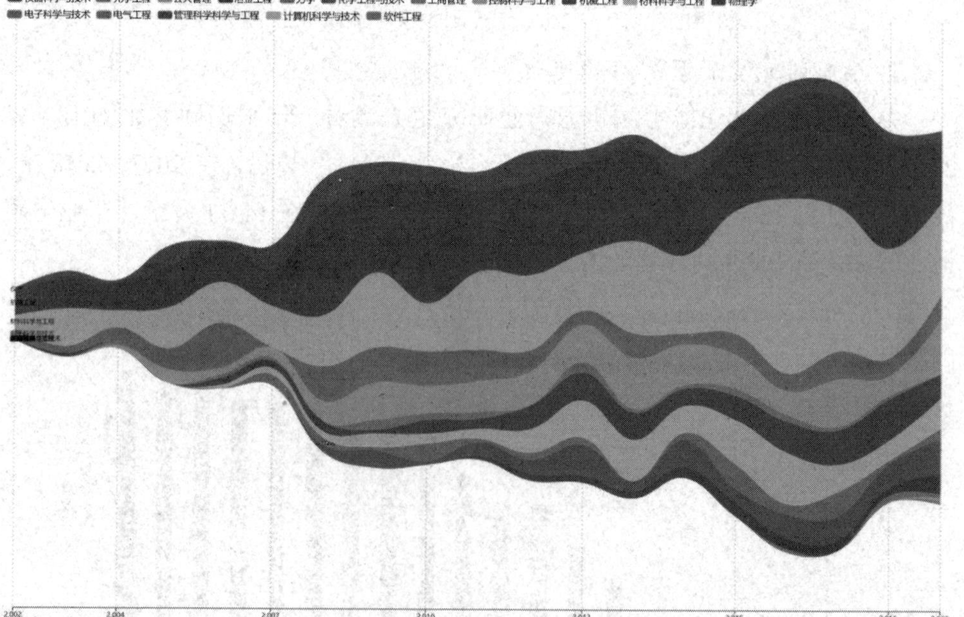

图 3-24　2002—2020 年燕山大学各学科毕业博士研究生总体情况

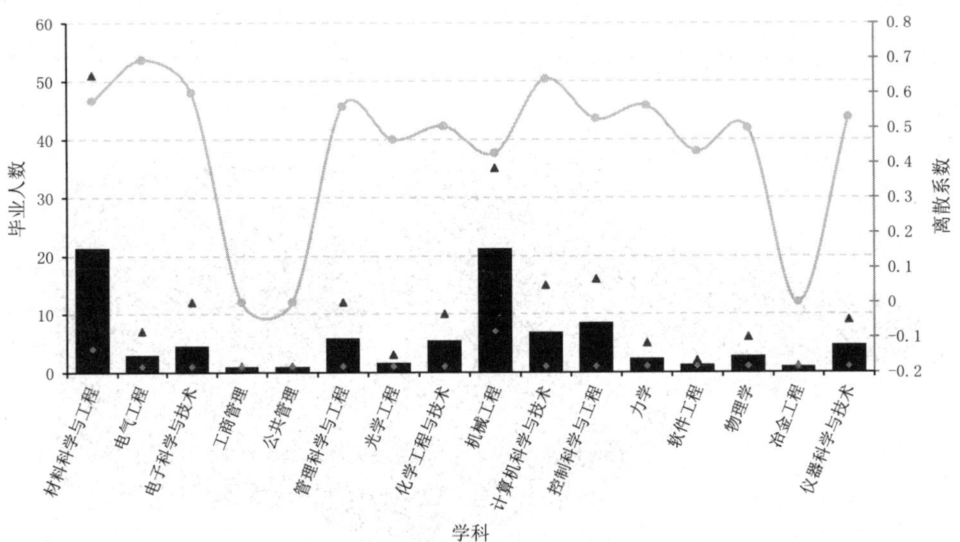

图 3-25　2002—2020 年燕山大学各学科毕业博士研究生变化情况

4. 毕业学术学位硕士研究生分学科规模变化

2007 年以后，毕业学术学位硕士研究生人数大幅增加，至 2012 年毕业人数达到最大值，2013—2020 年，毕业学术学位硕士研究生整体规模减小（见图 3-26）。

从各学科历年毕业学术学位硕士研究生人数离散系数看，环境科学与工程、设计学、软件工程和应用经济学学科，离散系数小于 0.3，历年毕业人数差异小；美术学、政治学、物理学、管理科学与工程、电子科学与技术、仪器科学与技术、哲学、控制科学与工程、外国语言文学、统计学、马克思主义理论、信息与通信工程、光学工程、化学工程与技术、计算机科学与技术、材料科学与工程和电气工程学科，离散系数介于 0.3 ～ 0.5，历年毕业人数差异明显；音乐与舞蹈学、机械工程、动力工程及工程热物理、土木工程、力学、公共管理、交通运输工程、生物医学工程、数学、法学、工商管理和石油与天然气工程学科，离散系数超过 0.5，历年毕业人数差异较大（见图 3-27）。

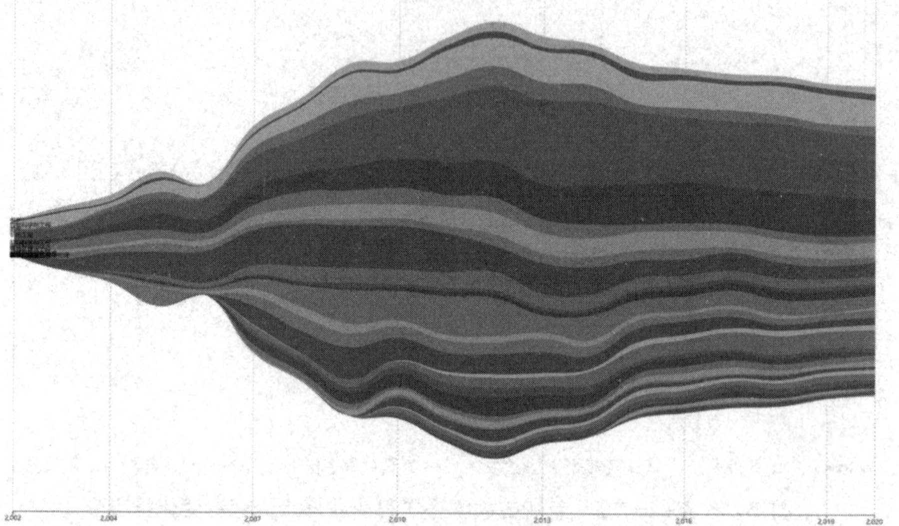

图 3-26　2002—2020 年燕山大学各学科毕业学术学位硕士研究生总体情况

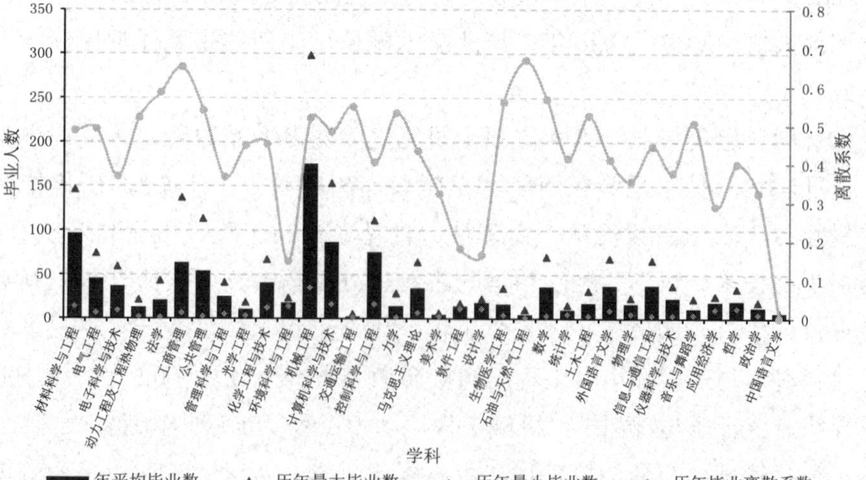

图 3-27　2002—2020 年燕山大学各学科毕业学术学位硕士研究生变化情况

5. 毕业专业学位硕士研究生分类别规模变化

燕山大学自 2009 年开始招收专业学位硕士研究生，自 2012 年以来，各类别毕业研究生人数均呈现逐年递增态势（见图 3-28）。

会计、法律、能源动力和工程管理类别，历年毕业人数离散系数小于0.4，各类别历年毕业人数差异不大；体育、资源与环境、翻译、材料与化工、电子信息和机械类别，离散系数介于0.4～0.5，历年毕业人数差异明显；工商管理、土木水利、旅游管理、公共管理和应用统计类别，离散系数大于0.5，历年毕业人数差异较大（见图3-29）。

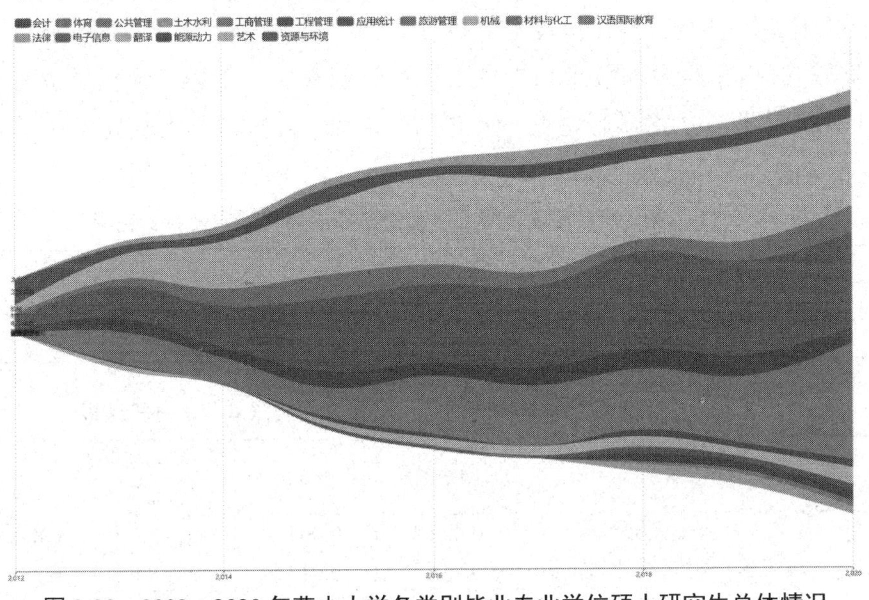

图3-28　2002—2020年燕山大学各类别毕业专业学位硕士研究生总体情况

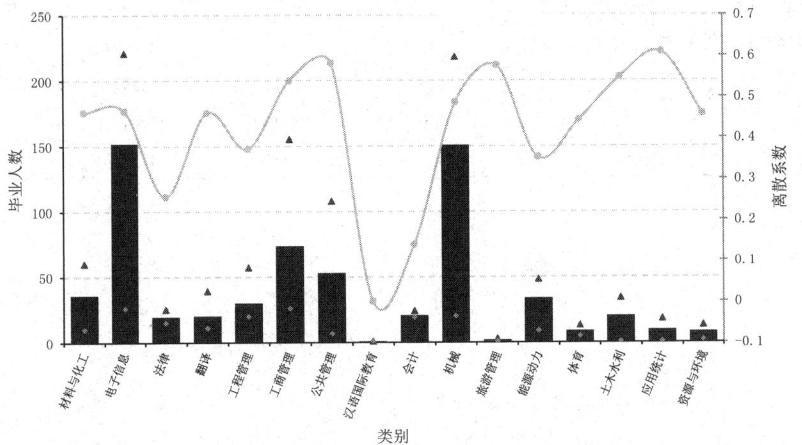

图3-29　2002—2020年燕山大学各类别毕业专业学位硕士研究生变化情况

6. 各学科博士研究生在校学习年限差异

在校学习年限指研究生毕业时间与入学时间的年份差值。从 2002—2020 年各学科博士研究生在校学习年限方差分析结果看，各学科间的博士研究生在校学习年限有差异（见表 3-11）。通过进一步分析，控制科学与工程和机械工程、材料科学与工程、管理科学与工程学科博士研究生在校学习年限有差异，机械工程与电子科学与技术学科有差异，材料科学与工程与电子科学与技术学科、电子科学与技术与电气工程和管理科学与工程、管理科学与工程与计算机科学与技术学科之间均有差异（见表 3-12）。博士研究生在学年限 4 ～ 6 年的居多（见图 3-30）。

表 3-11　燕山大学各学科博士研究生在校学习年限方差分析结果

	自由度	平方和	均方	*F*	Sig.
组间	15	92.18	6.15	4.44	2.89E-08
组内	1 507	2 086.91	1.38		

表 3-12　燕山大学各学科博士研究生在校学习年限差异性分析结果

学科名称		平均值差值	*p*-adj	95% 置信区间	
				下限	上限
控制科学与工程	机械工程	0.452 5	0.007 4	0.061 7	0.843 4
	材料科学与工程	0.433 2	0.013 9	0.042 6	0.823 8
	管理科学与工程	0.871	0.001	0.325 2	1.416 7
机械工程	电子科学与技术	−0.582 1	0.004 4	−1.068 7	−0.095 4
材料科学与工程	电子科学与技术	−0.562 8	0.007 4	−1.049 2	−0.076 3
电子科学与技术	电气工程	0.816 7	0.031 4	0.032 6	1.600 8
	管理科学与工程	1.000 5	0.001	0.382 6	1.618 5
管理科学与工程	计算机科学与技术	−0.782 1	0.001	−1.367 1	−0.197 1

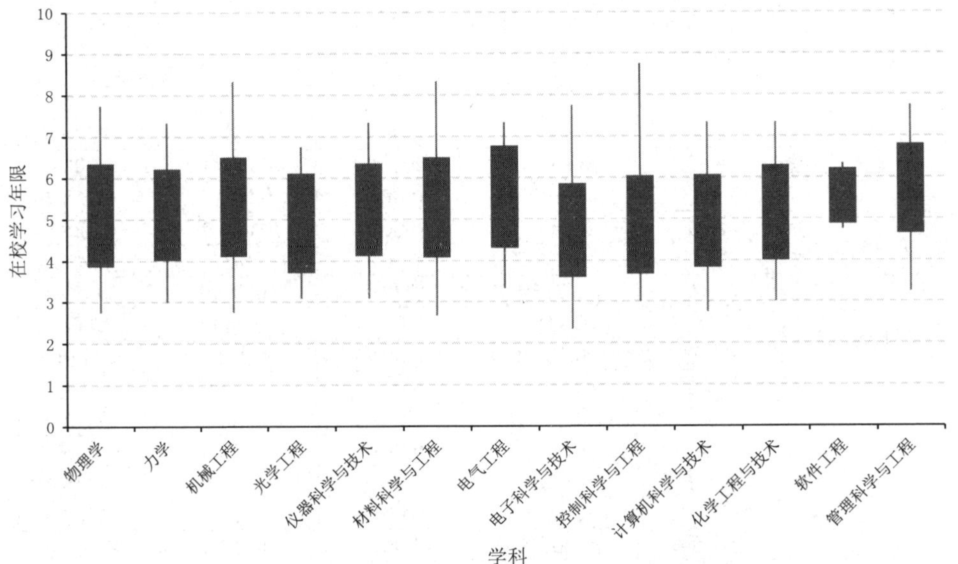

图 3-30　燕山大学各学科博士研究生在校学习年限差异情况

7. 各学科（类别）硕士研究生在校学习年限差异

从各学科学术学位硕士在校学习年限方差分析结果看，各学科间的学术学位硕士研究生在校学习年限有差异（见表 3-13）。通过进一步分析，工学学术学位硕士研究生与文学、法学、理学、管理学、经济学和艺术学学术学位硕士研究生的在校学习年限有显著差异；哲学与工学、理学、管理学和经济学，文学与理学、管理学、经济学和艺术学，法学与理学、管理学、经济学和艺术学，理学与管理学和艺术学，经济学与艺术学之间都有显著差异（见表 3-14）。总体上工学类学术学位硕士研究生在校学习年限较人文社科类学术学位硕士研究生长（见图 3-31）。

表 3-13　燕山大学各学科门类学术学位硕士研究生在校学习年限方差分析结果

	自由度	平方和	均方	F	Sig.
组间	7	163.36	23.34	248.11	0.00
组内	18 705	1 759.38	0.09		

表 3-14　燕山大学各学科门类学术学位硕士研究生在校学习年限差异性分析结果

学科门类		平均值差值	p-adj	95% 置信区间	
				下限	上限
哲学	工学	0.254 1	0.001	0.197 3	0.310 8
	理学	0.135 2	0.001	0.071 7	0.198 8
	管理学	0.099	0.001	0.039 7	0.158 3
	经济学	0.147 5	0.001	0.066 9	0.228 2
工学	文学	−0.298 7	0.001	−0.34	−0.257 3
	法学	−0.275 1	0.001	−0.306 1	−0.244
	理学	−0.118 8	0.001	−0.149 7	−0.088
	管理学	−0.155 1	0.001	−0.175 9	−0.134 3
	经济学	−0.106 6	0.001	−0.165	−0.048 1
	艺术学	−0.197 2	0.001	−0.247 5	−0.146 8
文学	理学	0.179 8	0.001	0.129 6	0.230 1
	管理学	0.143 6	0.001	0.098 8	0.188 4
	经济学	0.192 1	0.001	0.121 4	0.262 8
	艺术学	0.101 5	0.001	0.037 4	0.165 6
法学	理学	0.156 2	0.001	0.114	0.198 4
	管理学	0.12	0.001	0.084 5	0.155 5
	经济学	0.168 5	0.001	0.103 3	0.233 7
	艺术学	0.077 9	0.001 2	0.019 9	0.135 9
理学	管理学	−0.036 2	0.039 9	−0.071 6	−0.000 9
	艺术学	−0.078 3	0.001 1	−0.136 2	−0.020 4
经济学	艺术学	−0.090 6	0.007 7	−0.166 9	−0.014 3

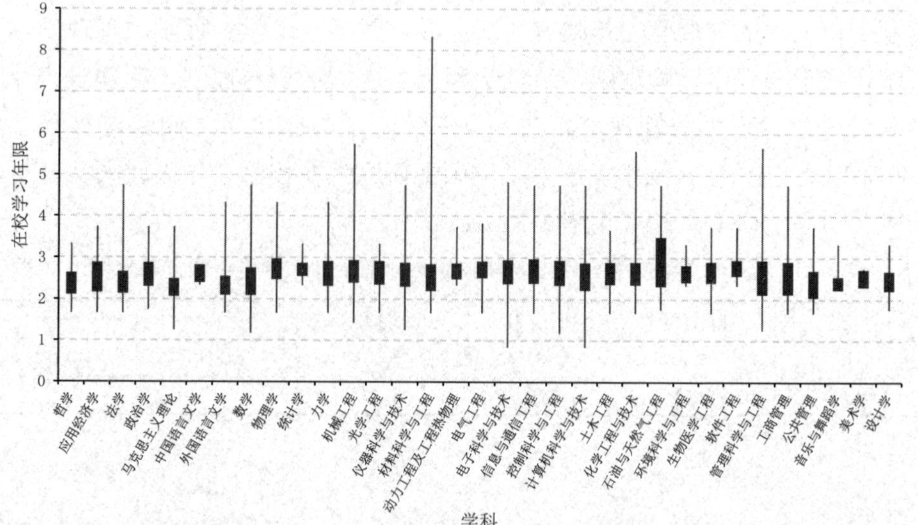

图 3-31　燕山大学各学科学术学位硕士研究生在校学习年限差异情况

从各类别专业学位硕士在校学习年限方差分析结果看，各类别间的专业学位硕士研究生在校学习年限有差异（见表 3-15）。通过进一步分析，工学专业学位硕士研究生与文学、法学、管理学和经济学专业学位硕士研究生的在校学习年限有显著差异；教育学与文学、法学和经济学，文学与法学和管理学，法学与经济学，以及管理学与经济学之间都有显著差异（见表 3-16）。资源与环境类别、工商管理、公共管理和旅游管理类别专业学位硕士研究生在校学习年限区间整体大于其他类别（见图 3-32）。

表 3-15　燕山大学各学科门类专业学位硕士研究生在校学习年限方差分析结果

	自由度	平方和	均方	F	Sig.
组间	5	35.62	7.12	100.86	0.00
组内	5 244	370.38	0.07		

表 3-16　燕山大学各学科门类专业学位硕士研究生在校学习年限差异分析结果

学科门类		平均值差值	p-adj	95% 置信区间	
				下限	上限
工学	文学	−0.420 9	0.001	−0.485 7	−0.356 1
	法学	−0.107 9	0.024 4	−0.207 3	−0.008 4
	管理学	−0.059 1	0.001	−0.083 3	−0.035
	经济学	−0.390 2	0.001	−0.482 3	−0.298 1
教育学	文学	−0.487 8	0.001	−0.644 4	−0.331 1
	法学	−0.174 7	0.048	−0.348 6	−0.000 9
	经济学	−0.457	0.001	−0.626 8	−0.287 3
文学	法学	0.313	0.001	0.195 7	0.430 4
	管理学	0.361 8	0.001	0.295	0.428 6
法学	经济学	−0.282 3	0.001	−0.416 6	−0.148
管理学	经济学	−0.331 1	0.001	−0.424 6	−0.237 6

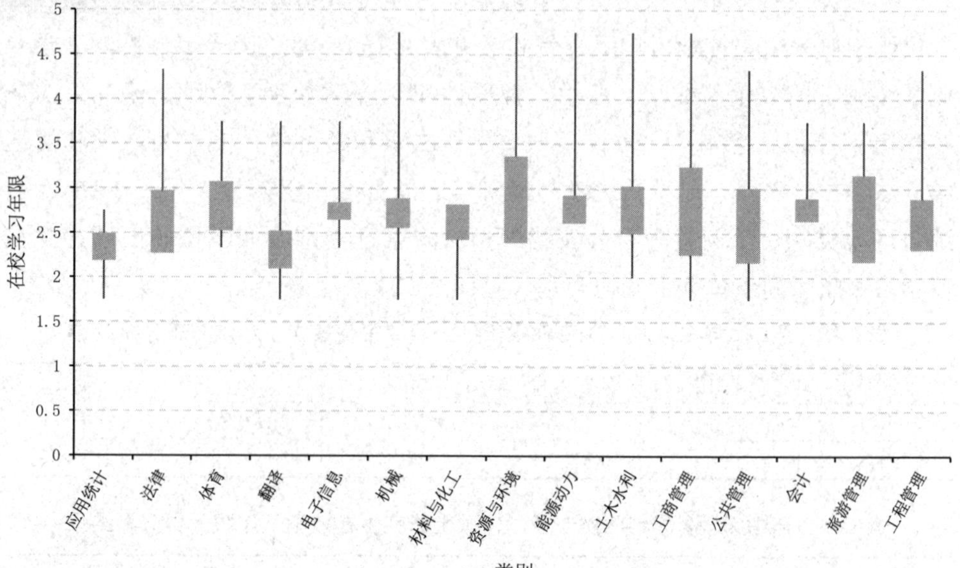

图 3-32　燕山大学各类别专业学位硕士研究生在校学习年限差异情况

第三节　高等工程科技人才培养支撑条件建设

一、构建学科体系

学科是研究生培养的核心载体，是创新驱动的重要平台，学科建设在学校各项工作中始终居于战略性和全局性的地位，也是推动学位与研究生教育高质量发展的关键所在。经过几十年的不断建设，燕山大学形成了以工学为主，文学、理学、经济学、管理学、法学、艺术学等多学科交融发展的学科体系。

（一）获得学位授权

1. 博士学位授权

燕山大学现有 14 个博士学位授权一级学科。博士学位授权覆盖 3 个学科门类，其中工学 10 个、管理学 3 个、理学 1 个。

（1）一级学科

2003 年第九批全国学位授权审核中，燕山大学获批机械工程、材料科学与工程 2 个博士学位授权一级学科；2006 年第十批全国学位授权审核获得仪器科学与技术、控制科学与工程、管理科学与工程和光学工程 4 个博士学位授权一级学科；2011 年第十一批全国学位授权审核获得电气工程、电子科学与技术、计算机科学与技术、化学工程与技术和软件工程 6 个博士学位授权一级学科；2017 年获得物理学、力学和工商管理 3 个博士学位授权一级学科；2019 年通过学科调整，撤销软件工程学科，增列公共管理学科。

（2）二级学科

燕山大学现有 63 个博士学位授权二级学科。1983 年第二批全国学位授权审核中获得机械设计及理论博士学位授权二级学科；1993 年第五批全国学位授权审核中获得材料加工工程博士学位授权二级学科；1996 年第六批全国学位授权审核中获得材料学、测试计量技术及仪器 2 个博士学位授权二级学科。

2001 年第八批全国学位授权审核中获得工程力学、控制理论与控制工程 2 个博士学位授权二级学科；2003 年第九批全国学位授权审核中获得材料物理与化学、车辆工程、检测技术与自动化装置、精密仪器及机械、凝聚态物理、一般力学与力学基础 6 个博士学位授权二级学科；2006 年第十批全国学位授权审核中获得导航、制导与控制、电力电子与电力传动、管理科学与工程、计算机应用技术、理论物理、模式识别与智能控制、系统工程、冶金机械、应用化学 9 个博士学位授权二级学科。

2011 年第十一批全国学位授权审核中通过获得博士学位授权一级学科，覆盖了电磁场与微波技术、机械电子工程、微电子学与固体电子学、物理电子学 4 个二级学科，自主设置了电工理论与新技术、电机与电器、电力系统及其自动化、高电压与绝缘技术、工业催化、化学工程、化学工艺、会计学、计算机软件与理论、计算机系统结构、电子科学与技术、流体传动与控制、软件工程、生物化工、生物医学仪器与工程、网络控制与信息处理、信息管理与电子商务和冶金综合自动化 18 个博士学位授权二级学科。

2018 年一级学科覆盖了等离子体物理、固体力学、光学、光学工程、行政管理、机械制造及其自动化、技术经济及管理、粒子物理与原子核物理、流体力学、旅游管理、企业管理、声学、无线电物理和原子与分子物理 14 个博士学位授权二级学科。

2012 年燕山大学撤销了电路与系统、大型铸锻件材料与制造技术、高分子材料、光信息技术、微机电工程、亚稳材料制备技术与科学、重型装备设计理论及其数字化技术、光纤光学和海洋环境监测技术及仪器 9 个博士学位授权二级学科。

2019 年撤销了运筹与管理博士学位授权二级学科，调整增列了公共政策、教育经济与管理、流体传动及控制、社会保障、社会医学与卫生事业管理和土地资源管理 6 个博士学位授权二级学科。

从历年燕山大学获得博士学位授权学科情况（见图 3-33）看，2006 年、2011 年获得授权的一级学科数最多，分别是 4 个和 5 个；2011 年获得授权的二级学科数量最多，达到23个，2018年获得14个。

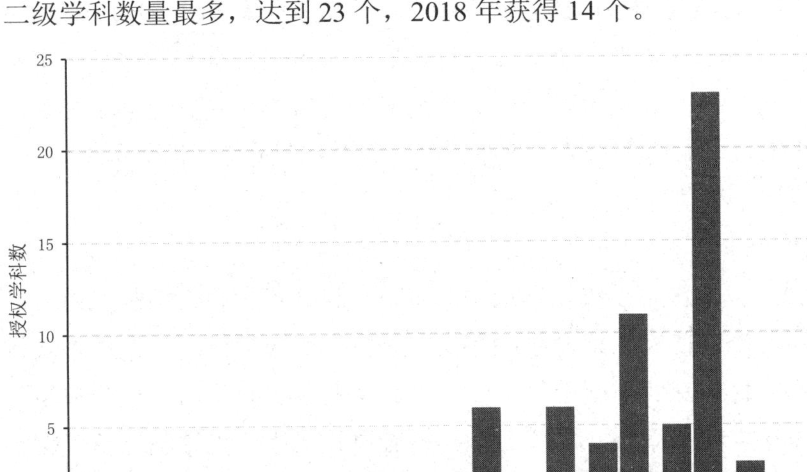

图 3-33 燕山大学历年获得博士学位授权学科情况

2. 硕士学位授权

燕山大学现有30个硕士学位授权一级学科。硕士学位授权覆盖7个学科门类，其中经济学1个、法学2个、文学2个、理学4个、工学16个、管理学3个、艺术学2个。

（1）一级学科

1998年第七批全国学位授权审核中获得管理科学与工程硕士学位授权一级学科；2001年第八批全国学位授权审核中获得光学工程硕士学位授权一级学科；2003年第九批全国学位授权审核中获得材料科学与工程、机械工程、生物医学工程3个硕士学位授权一级学科；2006年第十批全国学位授权审核中获得电气工程、电子科学与技术、工商管理、计算机科学与技术、控制科学与工程、力学、信息与通信工程和仪器科学与技术8个硕士学位授权一级学科。

2011年第十一批全国学位授权审核中获得动力工程及工程热物理、公共管理、化学工程与技术、环境科学与工程、美术学、软件工程、统计学、土木工程、外国语言文学、物理学、艺术学、音乐与舞蹈学、应用经济学、哲学和政治学15个硕士学授权一级学科，撤销艺术学硕士学位授权一级学科。

2016 年动态调整增列中国语言文学硕士学位授权一级学科；2018 年动态调整增列化学、马克思主义理论、设计学、石油与天然气工程和数学 5 个硕士学位授权一级学科；2019 年动态调整增列船舶与海洋工程、法学 2 个硕士学位授权一级学科，撤销美术学、软件工程、生物医学工程、哲学和政治学 5 个硕士学位授权一级学科。

（2）二级学科

1981 年第一批全国学位授权审核中获得机械设计及理论、控制理论与控制工程 2 个硕士学位授权二级学科；1983 年第二批全国学位授权审核中获得材料加工工程、材料学 2 个硕士学位授权二级学科；1986 年第三批全国学位授权审核中获得电路与系统、固体力学、机械电子工程、机械制造及其自动化和计算机应用技术 5 个硕士学位授权二级学科；1990 年第四批全国学位授权审核中获得测试计量技术及仪器硕士学位授权二级学科；1998 年第七批全国学位授权审核中获得电力电子与电力传动、工程力学、管理科学与工程、计算机软件与理论、检测技术与自动化装置和运筹学与控制论 6 个硕士学位授权二级学科。

2001 年第八批全国学位授权审核中获得材料物理与化学、光学工程、计算数学、结构工程、旅游管理、马克思主义基本原理、思想政治教育、通信与信息系统和系统工程 9 个硕士学位授权二级学科。

2003 年第九批全国学位授权审核中获得车辆工程、电工理论与新技术、电力系统及其自动化、概率论与数理统计、光学、行政管理、计算机系统结构、精密仪器及机械、流体机械及工程、逻辑学、模式识别与智能系统、凝聚态物理、企业管理、区域经济学、生物医学工程、信号与信息处理、一般力学与力学基础、英语语言文学、应用化学、油气田开发工程和概率论与数理统计 21 个硕士学位授权二级学科。

2004 年备案大型铸锻件材料与制造技术、高分子材料、流体传动及控制、微机电工程、亚稳材料制备技术与科学和重型装备设计理论及其数字化技术 6 个硕士学位授权二级学科。

2006 年第十批全国学位授权审核中获得光纤光学、光信息技术、海洋环境监测技术及仪器、导航、制导与控制、电磁场与微波技术、电机与电器、俄语语言文学、法律史、法学理论、高电压与绝缘技术、国际法学、化工过程机械、化学工艺、环境工程、环境与资源保护法学、会计学、技术经济及管理、经济法学、军事法学、流体力学、马克思主义哲学、马克思主义中国化研究、民商法学（含劳动法学、社会保障法学）、诉讼法学、外国语言学及应用语言学、微电子学与固体电子学、物理电子学、宪法学与行政法学、刑法学、音乐学、油气井工程、载运工具运用工程、政治学理论、知识产权法学和设计艺术学 35 个硕士学位授权二级学科。

2011 年一级学科覆盖阿拉伯语语言文学、德语语言文学、等离子体物理、电磁场与微波技术、电路与系统、法语语言文学、工程热物理、国防经济学、国际政治、国民经济学、经济统计学、粒子物理与原子核物理、美学、欧洲语言文学、社会医学与卫生事业管理、市政工程、土地资源管理、外交学、微电子学与固体电子学、物理电子学、西班牙语语言文学、亚非语言文学、印度语言文学、原子与分子物理、制冷及低温工程、中共党史、中国哲学、宗教学 28 个硕士学位授权二级学科，自主设置财政学、产业经济学、电子科学与技术、电子政务、动力机械及工程、防灾减灾工程及防护工程、工业催化、公共经济管理、供热、供燃气、通风及空调工程、国际关系、国际贸易学、化学工程、环境科学、教育经济与管理、金融学、科学技术哲学、科学社会主义与国际共产主义运动、劳动经济学、理论物理、流体传动与控制、伦理学、美术学、桥梁与隧道工程、热能工程、日语语言文学、软件工程、社会保障、生物化工、生物医学仪器与工程、声学、数量经济学、统计学、网络控制与信息处理、无线电物理、舞蹈学、信息管理与电子商务、岩土工程、冶金机械、冶金综合自动化、音乐学、运筹与管理和中外政治制度 50 个硕士学位授权二级学科，撤销概率论与数理统计和音乐学 2 个硕士学位授权二级学科，电磁场与微波技术、电路与系统、微电子学与固体电子学和物理电子学 4 个硕士学位授权二级学科升入对应硕士学位授权一级学科。

2016 年一级学科覆盖比较文学与世界文学、汉语言文字学、文艺学、语言学及应用语言学、中国古代文学、中国古典文献学、中国少数民族语言文学和中国现当代文学 8 个硕士学位授权二级学科，撤销载运工具运用工程硕士学位授权二级学科。

2018 年一级学科覆盖分析化学、高分子化学与物理、国外马克思主义研究、基础数学、马克思主义发展史、无机化学、物理化学（含化学物理）、应用数学、油气储运工程、有机化学和中国近现代史基本问题研究 11 个硕士学位授权二级学科，设计艺术学升入对应硕士学位授权一级学科。

2019 年动态调整增设船舶与海洋结构物涉及制造、轮机工程、水声工程 3 个硕士学位授权二级学科，自主设置外国哲学硕士学位授权二级学科，撤销国际关系、国际政治、科学技术哲学、科学社会主义与国际共产主义运动、伦理学、逻辑学、马克思主义哲学、美术学、美学、软件工程、生物医学工程、外国哲学、外交学、政治学理论、中共党史、中国哲学、中外政治制度和宗教学 18 个硕士学位授权二级学科，法律史、法学理论、国际法学、环境与资源保护法学、经济法学、军事法学、民商法学（含劳动法学、社会保障法学）、诉讼法学、宪法学与行政法学、刑法学、知识产权法学 11 个硕士学位授权二级学科升入对应硕士学位授权一级学科。

从历年燕山大学获得硕士学位授权学科情况（见图 3-34）看，2006 年、2011 年获得授权的一级学科数最多，分别是 8 个和 15 个；2011 年获得授权的二级学科数量最多，达到 78 个，2006 年获得 35 个，2003 年获得 21 个。

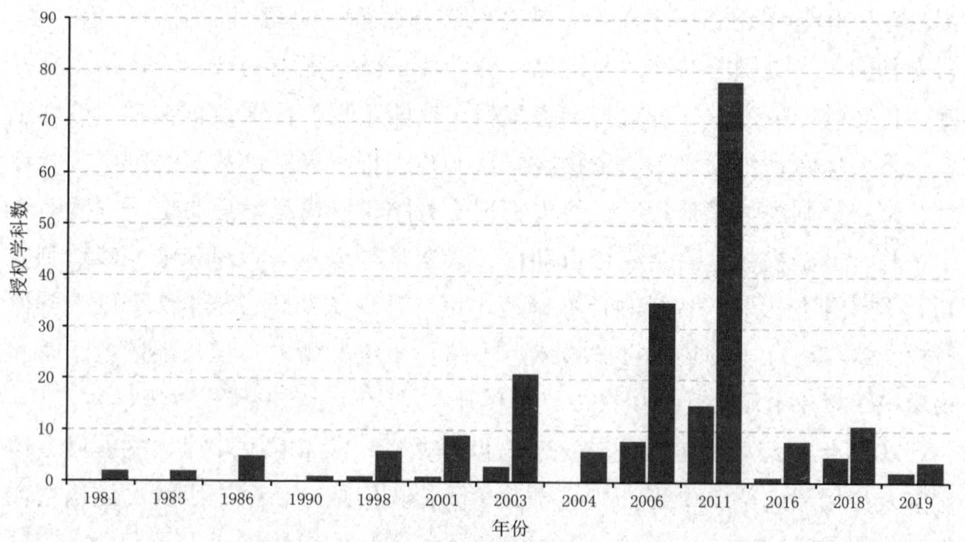

图 3-34　燕山大学历年获得硕士学位授权学科情况

3. 专业学位授权

燕山大学现有 1 个博士专业学位授权类别，17 个硕士专业学位授权类别。

（1）博士专业学位授权

2018 年获得先进制造工程博士专业学位授权，2019 年对应调整为机械博士专业学位授权类别。

（2）硕士专业学位授权

燕山大学现有的 17 个硕士专业学位授权类别，包括工程、工商管理、公共管理、翻译、应用统计、法律、会计、体育、汉语国际教育、金融、电子信息、材料与化工、资源与环境、能源动力、土木水利、工程管理和艺术。

1997 年获得材料工程、机械工程 2 个领域工程硕士学位授权；1999 年获得控制工程领域工程硕士学位授权；2001 年获得电气工程、计算机技术、仪器仪表工程 3 个领域工程硕士学位授权；2002 年获得电子与通信工程领域工程硕士学位授权；2003 年获得工商管理硕士及工业工程、软件工程 2 个领域工程硕士学位授权；2005 年获得公共管理硕士学位授权。

2006 年获得光学工程、建筑与土木工程、物流工程和项目管理 4 个领域工程硕士学位授权；2007 年获得化学工程领域工程硕士学位授权；2008 年获得车辆工程领域工程硕士学位授权；2009 年获得石油与天然气工程领域工程硕士学位授权；2010 年获得法律硕士、翻译硕士、工程管理硕士、旅游管理硕士、应用统计硕士及工业设计工程、生物医学工程 2 个领域工程硕士学位授权。

2014 年获得会计硕士、体育硕士专业学位授权，撤销工程管理硕士专业学位授权类别；2016 年调整增列汉语国际教育硕士专业学位授权，撤销工程硕士项目管理领域；2018 年获得金融硕士专业学位授权；2019 年原相关领域工程硕士调整为材料与化工、电子信息、工程管理、机械、能源动力、土木水利和资源与环境专业学位授权类别，调整增列艺术硕士，撤销旅游管理硕士专业学位授权类别。

从历年燕山大学获得专业学位授权类别（领域）情况（见图 3-35）看，2006 年、2010 年获得授权的专业学位类别（领域）最多，分别是 4 个和 7 个。因国家对原工程硕士专业学位类别对应的领域进行了调整，2019 年因此获得

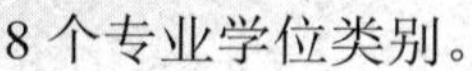

8 个专业学位类别。

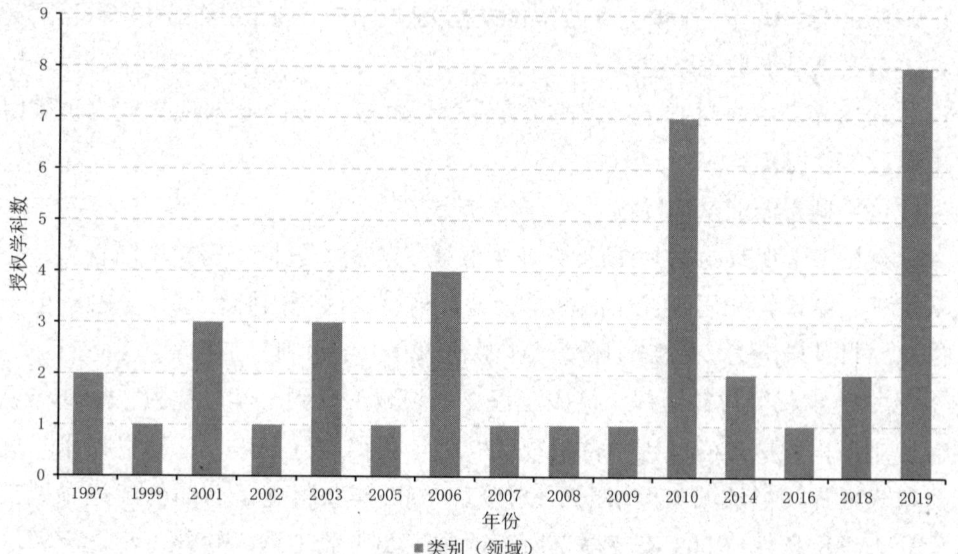

图 3-35　燕山大学历年获得专业学位授权类别（领域）情况

（二）制定学科规划

2016 年燕山大学发布《燕山大学一流大学和一流学科建设方案（试行）》，按照一级学科作了详细的学科规划，经校内相关职能部门联合论证后实施。按照分类、分层原则，将校内所有学科分为“重点建设学科”和“扶持发展学科”，以5年为一个周期进行建设。重点建设学科涵盖所有博士学位授权点，扶持发展学科涵盖其他所有硕士学位授权点。

重点建设学科分三个层次。第一层次建设机械工程、材料科学与工程 2 个“重中之重”学科；第二层次建设控制科学与工程、化学工程与技术、计算机科学与技术、管理科学与工程和电气工程 5 个“重点提升”学科；第三层次建设仪器科学与技术、电子科学与技术、光学工程、软件工程、力学和物理学 6 个“重点培育”学科。

规划中对师资队伍、人才培养、科学研究和国际交流方面预期达到的目标进行了详细描述，以目标为导向建立考评体系，实施绩效管理。建设任务包括高水平课程建设、优质研究生实践基地建设、研究生创新能力提升、研究生学位论文质量、重大标志性科研成果、培育“医工交叉”“智能制造”等科研新方向和增长点、加强哲学社会科学研究和新型高端智库建设、科研成果转化、拓宽国际合作领域、提升国际化水平等方面。并且从完善资源保障、增强信息化技术、完善学校内部治理结构、加强组织领导等方面制定了具体的保障措施。

（三）调整学科结构

2017年，燕山大学根据“扶强撤弱、优化布局、服务需求”的调整原则，通过学科转移、合并、撤销、调增等方式对学科结构布局进行了优化。立足服务国家战略、区域经济社会发展需求以及学校中长期发展规划，从战略上有针对性地对学位授权点进行建设。通过各层面的调查研究，发现学校文科类学科整体实力偏弱，公共管理、哲学、政治学、诉讼法学和中国语言文学5个硕士学位授权点集中在一个文科学院，是学校硕士学位授权点最多的学院。但在第四轮学科评估中，除公共管理结果为C-，中国语言文学没有参评外，其他学科均未进入分档排序，位于全国后30。哲学、政治学专任教师数量均未达到国家2017年制定的学位授权点基本条件。如果继续保持“撒芝麻盐、摊大饼”的建设方式，不仅不能提升实力较弱的学科水平，还会拖垮一些优势学科。

在综合考虑研究生招生情况、师资队伍情况、就业率及学校发展规划等因素后，学校撤销了哲学、政治学两个硕士学位授权一级学科。为提升文科类学科整体水平，学校将软件工程博士学位授权一级学科调整为公共管理博士学位授权一级学科。公共管理学科覆盖行政管理、社会医学与卫生事业管理、教育经济与管理、社会保障、土地资源管理和公共政策学科方向，研究内容覆盖校内多个人文社科学院，对提升学校文科水平有较大促进作用，同时对其他人文社科学院学科发展水平也有明显的拉动效应，学科发展布局得以优化。

2018年6月，燕山大学印发《燕山大学学科优化调整实施方案》，后经河北省教育厅和教育部审核，2019年5月国务院学位委员会第三十五次会议审议批准，学校撤销了软件工程博士学位授权一级学科，生物医学工程、软件工程、哲学、政治学、美术学 5 个硕士学位授权一级学科，软件工程、生物医学工程 2 个工程硕士专业学位授权领域，旅游管理硕士专业学位授权类别。调整增列了公共管理博士学位授权一级学科，艺术硕士专业学位授权类别，法学、船舶与海洋工程 2 个硕士学位授权一级学科。

（四）提升学科水平

1. 重点学科

燕山大学 2001 年获得河北省重点学科 9 个，分别是机械设计与理论、机械电子工程、材料学、材料加工工程、计算机应用技术、测试计量技术及仪器、电路与系统、控制理论与控制工程和光学工程；2005 年获得材料物理与化学和电力电子与电力传动 2 个河北省重点学科；2010 年获得应用化学和管理科学与工程 2 个省级重点学科；2013 年获得凝聚态物理、工程力学和行政管理 3 个省级重点学科。

2005 年获得河北省强势特色学科（群）4 个，分别是机械工程、材料科学与工程、控制科学与工程和信息科学与技术。2007 年获得国家重点一级学科机械工程，覆盖机械制造及其自动化、机械电子工程、机械设计及理论和车辆工程 4 个二级学科，国家重点二级学科材料学。2013 年获得河北省国家重点学科培育项目 3 个，分别是机电工程、材料物理化学和控制工程及信息管理。

2016 年获得军用机械设计及理论、机械电子工程、军用关键材料和控制理论与控制工程 4 个国防特色学科，2017 年增加军用计算机应用技术学科。

2. “双一流”建设

2016 年，根据《河北省人民政府关于统筹推进一流大学和一流学科建设的意见》（冀政发〔2016〕22 号）及省教育厅制定的《一流大学和一流学科建设资金分配方案》，燕山大学被列为河北省重点支持的国家一流大学建设一层次高校，机械工程、材料科学与工程、控制科学与工程 3 个学科获批世界一流学科建设项目，化学工程与技术、计算机科学与技术、管理科学与工程、电气工程 4 个学科获批国家一流学科建设项目。

2020 年 2 月，河北省印发《关于支持燕山大学加快“双一流”建设实现内涵式高质量发展的意见》，支持燕山大学建设高水平学科，秦皇岛市也采取了支持学校发展的二十条措施。学校制订了“双一流”建设实施方案，确定了十项重点任务，包括打造世界一流学科、建设一流师资队伍、打造一流本科生培养高地、构建一流研究生培养体系、提升科技创新能力、做强科技创新平台、推进国际交流与合作、加快科技成果转化、深化人事分配制度改革和确保建设经费投入。

学校瞄准学科前沿，围绕国家战略、区域发展和行业需求，积极谋划交叉学科设立，促进文理渗透、理工交叉、医工结合，建设交叉学科创新团队和科研平台。重点建设“三院、三中心”，即人工智能与机器人、海洋科学与工程、康养产业技术研究院和高压科学、清洁纳米能源和特种运载装备研究中心。通过高水平科研平台建设，提升“从 0 到 1”的基础研究、重大应用基础研究和关键核心技术创新能力，努力产出一批重大原创性成果，解决我国和河北省产业发展“卡脖子”技术问题。

3. 学科水平

燕山大学的工程学、材料科学、化学、计算机科学 4 个学科进入 ESI 排名全球前 1%。2016 年，在全国第四轮学科评估中，学校 8 个学科获得 B 类以上评估结果，其中机械工程为 A 类，全国排名前 10%，材料科学与工程为 B+，全国排名前 20%，学科整体水平居省内前列。相较 2012 年的全国第三轮学科评估（见表 3-17），燕山大学的机械工程、材料科学与工程、控制科学与工程、计算机科学与技术、仪器科学与技术和电子科学与技术 6 个学科位次上升。

表 3-17　燕山大学部分学科全国第三轮、第四轮学科评估位次

学科名称	第四轮（2016 年）		第三轮（2012 年）		位次变化
	参评单位数	位次	参评单位数	位次	
机械工程	189	5 ~ 10	102	13.7	↑
材料科学与工程	172	10 ~ 20	98	23.5	↑
控制科学与工程	162	20 ~ 30	83	32.5	↑
计算机科学与技术	238	20 ~ 30	120	38.3	↑
仪器科学与技术	73	30 ~ 40	33	45.5	↑
软件工程	165	30 ~ 40	106	39.6	→

（续表）

学科名称	第四轮（2016 年）		第三轮（2012 年）		位次变化
	参评单位数	位次	参评单位数	位次	
电子科学与技术	106	40 ～ 50	50	56	↑
土木工程	134	60 ～ 70	69	66.7	→
公共管理	143	60 ～ 70	60	40	↓

二、改革培养模式

（一）培养管理模式变迁

1961 年 10 月，东北重型机械学院（燕山大学前身）首次招收 5 名研究生，揭开了学校培养高等工程科技人才的序幕。学院在“文化大革命”之前只有轧钢、锻压两个专业招收过研究生，其中仅有轧钢专业的 2 名研究生正式毕业。“文化大革命”结束后，学院的科学研究和人才培养工作得到了较快的恢复和发展，自 1978 年恢复研究生招生至 1984 年，学院共招收七届研究生，共 142 人。

1981 年 11 月，国务院批准东北重型机械学院的机械学、冶金机械、工业企业自动化专业具有硕士学位授予权，学院成为经国务院批准的首批具有硕士学位授权点的高校之一。这不仅标志着学院的研究生教育工作取得阶段性成果，也表明学院坚持以重型机械为特色的高级人才培养机制得到了国家研究生教育主管部门的充分肯定。1983 年经国务院批准，东北重型机械学院获得首个博士学位授予权学科——冶金机械。

在这期间，因为研究生人数少，研究生培养工作主要由学院进行管理，实行的是“学院 - 导师 - 研究生”的管理模式。

1984 年，机械工业部批准东北重型机械学院在河北省秦皇岛市建立东北重型机械学院秦皇岛分校，即燕山大学，学校的研究生教育进入一个新的历史机遇期。1985 年，第一批全国统招的 95 名研究生新生报到，学校的研究生培养初具规模。

1985 年学校成立研究生部，这是学校研究生教育史上的一个标志性事件，学校的研究生管理进入了新阶段。至 1996 年，学校共招收研究生 796 人，其中博士 62 人。1997 年学校设立机械工程博士后流动站，同年国务院学位办批准学校在职人员以研究生毕业同等学力申请硕士学位授予权，至 2010 年，学校共招收 2 368 名以同等学力申请硕士学位学员。1997—1999 年学校获得机械工程、材料工程和控制工程 3 个领域工程硕士专业学位授予权，开始培养工程硕士并授予工程硕士专业学位，期间在校工程硕士生达 140 人。2003 年获得工商管理硕士（MBA）学位授予权，同年在机械电子工程和控制理论与控制工程学科招收高校教师在职攻读硕士学位研究生。

1984—2003 年，随着研究生人数的不断增加，学校的研究生培养工作开始实施“科研科 - 导师 - 研究生”或“研究生部 - 导师 - 研究生”的管理体制，基本上是由研究生导师及其所在的教研室“代管”。

2003 年燕山大学研究生学院成立，研究生教育开始实行二级管理制度，2007 年发布修订后的《燕山大学研究生培养校院两级管理暂行办法》。研究生学院在校内是相对独立的研究生教育管理机构，在校党委和学校领导下进行工作，根据工作需要，设立了培养办公室、学位与学科建设办公室、综合办公室和博士后工作办公室。

2010 年，为加强专业学位研究生管理，研究生学院增设专业学位研究生管理办公室。2011 年燕山大学研究生院成立，校院两级管理体制进一步深化。2013 年研究生院成立质量管理办公室，专门负责研究生课程教学、开题、中期考核、答辩等各环节的监督、检查工作。2016 年研究生院进行机构改革，管理更趋向专业化，设立学科建设办公室、学位管理办公室、质量管理办公室、学术学位研究生培养办公室和专业学位研究生培养办公室。因国家政策调整，2016 年起取消在职人员攻读硕士专业学位全国联考，相关工作纳入全国硕士研究生统一考试招生，2000—2016 年间，学校共招收在职攻读硕士专业学位研究生 4 220 人。

截至 2020 年 9 月，学校拥有博士后流动站 11 个，博士学位授权一级学科 14 个，博士专业学位授权类别 1 个，硕士学位授权一级学科 30 个，硕士专业学位授权类别 17 个，研究生学位授权门类包括经济学、法学、文学、理学、工学、管理学和艺术学。研究生导师 1 180 人，其中博士生导师 331 人。在校研究生人数达 9 704 人，其中博士研究生 1 034 人，硕士研究生 8 408 人，在职人员攻读硕士学位研究生 136 人，留学研究生 126 人。

2020 年，学校施行绩效改革，给各学院赋予了更多自主权，研究生院的工作职能也由之前的以管理为主，逐渐转变为监督为主，管理为辅，研究生管理重心进一步下沉。

（二）培养目标不断明确

1957 年 7 月，教育部发文明确“高等学校培养研究生的任务，主要是培养又红又专的、在本门学科方面具有系统而坚实的理论基础、能够独立进行教学和科学研究的高等学校师资”。

1963 年 1 月，教育部召开高等学校研究生工作会议，指出“高等学校培养研究生是为国家培养攀登科学高峰的优秀后备军”，明确研究生的培养目标是：“（1）具有爱国主义和国际主义精神，具有共产主义道德品质，拥护共产党领导，拥护社会主义，愿为社会主义事业服务；通过马列著作、毛泽东著作的学习和一定的生产劳动、实际工作的锻炼，逐步树立无产阶级的阶级观点、劳动观点、群众观点、辩证唯物主义观点；（2）在大学本科毕业的基础上更巩固深入地掌握本专业的基本理论、专门知识和基本技能，熟悉本专业的科学发展趋向；掌握两门外国语；具有独立地进行科学研究工作和相应的教学工作的能力；（3）具有健全的体魄。”

1963 年，学校根据教育部《高等学校培养研究生工作暂行条例（草案）》中的有关规定，陆续制订各专业的培养方案并付诸实施。后因“文化大革命”开始，研究生教育被迫中断，这一时期的研究生以进修形式进行培养。

1. 博士研究生培养目标

1982 年，教育部发布的“教高二号”文件规定，博士研究生是要“培养德智体全面发展，在本学科上掌握坚实宽广的基础理论和系统深入的专门知识，具有独立从事科学研究工作的能力，在科学或专门技术上做了创造性成果的高级专门人才”。

1992 年的研究生培养方案中，博士研究生的培养目标是：“具有创造性的高层次专门人才；较好地掌握马克思主义的基本原理，牢固树立爱国主义、社会主义思想，树立科学世界观、正确人生观和价值观，遵纪守法，品德良好，学风严谨，具有强烈的事业心和献身精神，积极为社会主义现代化建设服务；掌握本门学科坚实宽广的基础理论和系统深入的专业知识，具有独立从事科学研究的能力，并在科学研究和专门技术上做出创造性成果；能用一门外国语熟练地阅读专业文献、资料，并具有一定的外语写作和听说能力；身体健康。”

2000 年博士研究生的培养目标是：“具有创新性的高层次专门人才；坚持德智体全面发展的方针，较好地掌握马克思主义的基本原理和邓小平理论，牢固树立爱国主义、社会主义思想，树立科学世界观、正确人生观和价值观，遵纪守法，品德良好，学风严谨，具有强烈的事业心和献身精神，积极为社会主义现代化建设服务；掌握本门学科坚实宽广的基础理论和系统深入的专业知识，具有独立从事科学研究的能力，并在科学研究和专门技术上做出创造性成果；能用一门外国语熟练地阅读专业文献、资料，并具有一定的外语写作和听说能力；身体健康。”

2004 年目标修订为：“博士研究生培养必须坚持德智体全面发展的方针，应在加强基础理论和专门知识学习的同时，重视综合素质、创新和创业精神等方面的培养。博士研究生应掌握马克思主义的基本理论，热爱祖国，遵纪守法，具有高尚的思想品质和道德素质，具有团结合作和群体精神；掌握坚实宽广的学科基础理论和系统深入的专门知识；具有独立从事科学研究工作的能力，在科学或专门技术上做出创造性的成果；第一外国语要求熟练地阅读本专业的外文资料，并具有一定的写作能力，第二外国语要求有阅读本专业外文资料的初步能力。”

2008 年目标修订为：“博士研究生应达到如下基本要求：（1）树立爱国主义和集体主义思想，掌握马克思主义基本原理，树立科学的世界观与方法论。身心健康，品行优良，学风严谨，具有实事求是、追求新知、勇于创新的科学精神；（2）在本门学科上掌握坚实宽广的基础理论和系统深入的专门知识，具有独立从事科学研究工作的能力，在科学研究或专门技术上做出创造性的成果；（3）有良好的团队合作精神；（4）至少掌握一门外国语，能熟练阅读本专业外文资料，具有撰写学术论文和进行国际学术交流的能力。”

2018 年明确提出博士研究生的培养目标是：“培养德智体美全面发展的

社会主义建设者和接班人。”“具体要求：（1）以社会主义核心价值观为引领，树立正确的世界观人生观价值观，具有坚定理想信念，高尚的道德情操，优良的学术作风，具备高度社会责任感、强烈创新精神、精深专业素养和开阔国际视野；（2）体现学科特色的知识结构、素质能力等方面；（3）应至少掌握一门外国语，能熟练阅读本专业的外文资料，具有撰写学术论文和进行国际学术交流的能力；（4）具有良好的团队合作精神；（5）具有健康的体魄和良好的心理素质。”

2018 年先进制造领域工程博士专业学位研究生的培养目标明确为：“培养紧密结合我国经济社会和科技发展需求，面向行业（企业）工程实际，具有高度社会责任感的高层次工程技术人才。具体要求：（1）以新时代中国特色社会主义思想为引领，树立正确的世界观人生观价值观，具有坚定理想信念，高尚的道德情操，优良的学术作风，具备高度社会责任感、强烈创新精神、精深专业素养和开阔国际视野；（2）在相关工程领域掌握坚实宽广的理论基础和系统深入的专门知识，具备解决复杂工程技术问题、进行工程技术创新、组织工程技术研究开发工作等能力；（3）应至少掌握一门外国语，能熟练阅读本专业的外文资料，具有撰写学术论文和进行国际学术交流的能力；（4）具有良好的团队合作精神；（5）具有健康的体魄和良好的心理素质。”

2. 硕士研究生培养目标

1978 年，燕山大学恢复招收研究生，迄今为止，已多次对研究生培养方案进行修订、调整。在 1992 年修订的研究生培养方案中，硕士研究生的培养目标是：“认真学习马克思主义、毛泽东思想的基本原理，拥护中国共产党领导，自觉遵守国家法律和社会公德，具有开拓进取的精神，积极为社会主义现代化建设服务；在本学科领域内掌握坚实的基础理论和系统的专门知识及必要的技能，具有从事科学研究和独立担负专门技术工作的能力，能用一门外语比较熟练地阅读专业文献、资料和撰写论文摘要；具有健康体魄，能完成学习任务和胜任所担负的工作。”

2000 年修订为：“坚持德智体全面发展，能适应社会主义现代化建设需要的专门人才；认真学习马克思主义、毛泽东思想和邓小平理论，热爱社会主义祖国，拥护中国共产党领导，自觉遵守国家法律和社会公德，具有开拓进取的精神，积极为社会主义现代化建设服务；在本学科领域内掌握坚实的基础理论和系统的专门知识及必要的技能，具有从事科学研究和独立担负专门技术工作的能力，能用一门外语比较熟练地阅读专业文献、资料和撰写论文摘要；具有健康体魄，能完成学习任务和胜任所担负的工作。”

2004 年修订为：“硕士研究生培养必须坚持德智体全面发展的方针，应在加强基础理论和专门知识学习的同时，重视综合素质、创新和创业精神、提高分析和解决问题能力等方面的培养。硕士研究生应掌握马克思主义的基本理论，热爱祖国，遵纪守法，具有高尚的思想品质和道德素质，具有团结合作和群体精神；在本门学科上掌握坚实的基础理论和系统的专门知识，能比较熟练地阅读本专业的外文资料，具有从事科学研究工作或独立担负专门技术工作的能力；具有健康的体格。”

2008 年修订为：“（1）树立爱国主义和集体主义思想，掌握马克思主义基本原理，树立科学的世界观与方法论。身心健康，品行优良，具有良好的敬业精神和科学道德；（2）能够适应科学进步及社会发展的需要，在本门学科上掌握坚实的基础理论和系统的专门知识，掌握本学科的现代实验方法和技能，具有从事科学研究或独立担负专门技术工作的能力；（3）有良好的合作精神。”

2009 年，全日制工程硕士研究生的培养目标明确为：“工程硕士专业学位是与工程领域任职资格相联系的专业性学位，培养应用型、复合式高层次工程技术和工程管理人才。具体要求为：（1）拥护党的基本路线和方针政策，热爱祖国，遵纪守法，具有良好的职业道德和敬业精神，具有科学严谨和求真务实的学习态度和工作作风，身心健康；（2）掌握所从事领域的基础理论、先进技术方法和手段，在领域的某一方向具有独立从事工程设计、工程实施，工程研究、工程开发、工程管理等能力；（3）掌握一门外国语。”

2018 年硕士研究生的培养目标明确为：“培养德智体美全面发展的社会主义建设者和接班人。具体要求：（1）以社会主义核心价值观为引领，树立正确的世界观人生观价值观，具有坚定理想信念，高尚的道德情操，优良的学术作风，具备高度社会责任感、强烈创新精神、精深专业素养和开阔国际视野；（2）体现学科特色的知识结构、素质能力等方面；（3）应掌握一门外国语，能熟练阅读本专业的外文资料、撰写学术论文；（4）具有良好的团队合作精神；（5）具有健康的体魄和良好的心理素质。”

（三）研究生课程

1. 课程体系

1981 年之前，因国家尚未实行学位制度，学校将研究生课程分为必修课与选修课。在这一时期，研究生人数少，学校没有对课程作统一安排，研究生的学习主要由导师指导，研究生有较大的课程学习自由度。

随着燕山大学研究生招生规模不断扩大，特别是 1985 年起开始招收研究生班，研究生在校人数大大增加，为了保证培养质量，学校对课程设置进行了规范要求。必修课要体现本学科专业最重要的基础理论和国内外发展方向；选修课要扩大知识面，突出专业基础理论和系统专门知识。在教学计划安排及管理上，马克思主义理论、第一外国语和公共数学课等必修课由研究生学院统一安排好后发布至各院系，选修课则根据培养方案和研究生具体情况在导师指导下选修，由院系安排具体上课时间。

（1）2001 年培养方案

2001 年燕山大学博士研究生培养方案规定，课程设置分为学位课和非学位课两类（见表 3-18），除政治课、外国语课外，其他课程约 20 学时 1 学分。学位课包括马克思主义理论课（3 学分）、第一外国语（5 学分）、第二外国语（3 学分，一外为英语者二外可选修，其他为必修），按一级学科设置的 1 ～ 2 门基础理论课（3 ～ 4 学分）和 1 门专业理论课（2 ～ 3 学分）。非学位课是根据研究方向需要和扩大研究生知识面设置的课程，可设置为必修课或选修课，每门课程不超过 2 学分。

博士研究生在学习期间要求参加相当于 40 学时教学工作量的教学实践（1 学分），具体要求和安排由教研室和导师共同决定。完成文献总结及选题报告（1 学分），要求不少于 8 000 字，并由专业组织有关专家考评小组进行考评。

博士研究生的课程学习一般在第一学期内完成，学位课需考试，其中马克思主义理论课和外语课的考试按原国家教委有关规定进行，专业理论课程考试一般采用笔试加口试的方式进行，其内容的广度应与该课程规定的内容覆盖范围相同，并有足够的深度。

表 3-18　2001 年机械电子工程学科博士培养方案课程设置

课程类别	课程名称	课程编码	学时	学分	学期	考核方式	备注
学位课	现代科技革命与马克思主义	0302051111	60	2	1	考试	
	第一外国语	0502001102	144	5	1	考试	
	第二外国语	0502001103	100	3	1	考试	
	小波理论	0811011208	30	1.5	1	考试	任选 2 ～ 3 门
	模糊数学	0701021106	30	1.5	1	考试	
	智能控制	0812011107	30	1.5	1	考试	
	拓扑学	0701021107	30	1.5	1	考试	
	流形	0701021108	30	1.5	1	考试	
	近代液压伺服理论专题	0802021104	40	2	1	考试	任选 1 门
	机器人学专题	0802021105	40	2	1	考试	
	虚拟制造专题	0802021106	40	2	1	考试	
非学位课	近代伺服控制理论	0802021201	40	2	1	考查	
	近代测试理论	0802021202	30	1.5	1	考查	
	信号处理	0802021203	30	1.5	1	考查	
	并联机器人最新进展	0802021204	30	1.5	1	考查	
	高等机构设计	0802021205	30	1.5	1	考查	
	有限元理论	0802021206	40	2	1	考查	
	现代集成制造系统	0802021207	40	2	1	考查	

硕士研究生申请学位时必须审查其专业主干课程，主干课程包括公共学位课（第一外语、政治理论课）、一级学科公共学位课、二级学科的专业学位课。除公共学位课外，其他课程 20 学分为 1 学分，且每门学位课不超过 3 学分、非学位课不超过 2 学分。学位课程是必修课，包括思想政治课（3 学分）、外语（5 学分）、3 ～ 4 门一级学科公共学位课（6 ～ 8 学分）、2 ～ 3 门二级学科专业学位课（4 ～ 6 学分），学位课课程一般控制在 22 学分以内。非学位课包括全校公共选修课及各学科（专业）选修课，设置 6 ～ 10 门，12 ～ 20 学分，要求有不少于 3 ～ 6 学分的跨二级或一级学科选修的非学位课程。各学科培养方案所列课程总学分不超过 48 学分（见表 3-19）。

硕士研究生除课程学习之外，还必须参加相当于 20 学时教学工作量的工作实践（1 学分），形式可以是本科生的课程讲授和辅导、实验和实习的指导、课程设计和毕业论文的协助指导等，也可以是工厂或实验室的实际技术工作。学术活动（1 学分），形式可以是学术会议、学术讲座、其他研究生开题报告等，要求 5 次以上，每次写 500 字以上的小结。还要完成外文文献综述（1 学分，要求撰写 6 000 字）、开题报告（1 学分）、课题中期检查（1 学分）、论文发表（1 学分）。

表 3-19　2001 年机械电子工程学科硕士培养方案课程设置

课程类别	课程名称	课程编码	学时	学分	学期	考核方式	备注
学位课	第一外国语	0502002101	216	5	1、2	考试	
	自然辩证法	0302052102	54	2	1	考试	
	科学社会主义理论与实践	0302052103	36	1	2	考试	
	现代控制理论	0802022101	60	3	2	考试	任选2门
	机械电子学	0802022102	40	2	2	考试	
	计算机控制技术	0802022103	40	2	2	考试	
	泛函分析	0701022102	40	2	1	考试	任选3门
	矩阵分析	0701022103	40	2	1	考试	
	随机过程	0701052201	40	2	1	考试	
	数值分析	0701052101	40	2	2	考试	
非学位课	液压伺服控制理论	0802022201	40	2	1	考试	
	机器人基础	0802022202	40	2	1	考试	
	机电控制系统的原理与设计	0802022203	40	2	1	考试	
	V-C++ 程序设计	0802012208	30	1.5	2	考查	
	机电系统仿真	0802022204	40	2	2	考查	
	计算机数据采集与处理	0802022205	40	2	2	考查	
	计算流体动力学	0802022206	40	2	2	考查	
	液压系统可靠性设计	0802022207	40	2	2	考查	
	高等机构学	0802022208	40	2	2	考查	
	管道动力学	0802022209	40	2	2	考查	
	空间机构及并联机器人	0802022210	40	2	2	考查	
	多机器人系统理论	0802022211	30	1.5	2	考查	
	分析力学多刚体动力学	0801022203	40	2	1	考查	
	机器人性能与评价	0802022212	30	2	2	考查	
	CPLD 设计	0802022213	30	1.5	2	考查	
	第二外国语		100	3	2	考查	
	中国传统文化		20	1	1	考查	4选2

（续表）

课程类别	课程名称	课程编码	学时	学分	学期	考核方式	备注
非学位课	管理学原理		20	1	1	考查	4选2
	证券学		20	1	2	考查	
	微观经济学		20	1	2	考查	

（2）2009年培养方案

培养方案中规定学位课包括公共基础课（外语课、马克思主义思想政治课）、专业基础课（数学、力学等）和专业核心课；非学位课包括公共选修课和专业选修课。

非学位课中可以设置跨学科课程，在全校范围内打通，供各学科研究生跨学科、专业选修，硕士研究生跨一级学科选课原则上不超过3门。还可以设置补修课，主要针对缺少本学科本科层次专业基础的硕士研究生，根据研究方向补修本科相关专业主干课程，不计入学分。

必修环节包括学科前沿专题（10学时，1学分），结合学科前沿，以开设系列专题讲座的方式进行，由多名教师讲授；学术活动（1学分），研究生参加由学校、学院及学科组织的校内外专家学者的学术报告，或由教育部等主办、各高校承办的全国博士生学术论坛、学术年会及全国研究生暑期学校等；教学实践（1学分，对硕士研究生不作要求），博士研究生必须参加一定的教学实践活动，活动内容、活动安排和考核由各学院和各学科制定。

博士研究生全部课程一般按0.5学年设置，硕士研究生全部课程一般按1学年设置，鼓励开设高新技术课程和交叉学科等研究方法类课程，以及各种适应经济发展需要的、面向实际应用领域的实际应用课程。除外语、马克思主义思想政治课和必修环节外，其他课程16学时1学分，每门专业选修课一般不得超过32学时。

每个学科博士研究生培养方案（见表3-20）设置的非学位课原则上不超过12+（n−1）×3学分（n为同一个培养方案下学校招生的二级学科数量）；硕士研究生培养方案（见表3-21）非学位课原则上不超过22+（m−1）×4学分（m为同一个培养方案下学校招生的二级学科数量）。

表 3-20　2009 年仪器科学与技术学科博士培养方案课程设置

类别		课程名称	学时 课内 / 实验	学分	开课 时间	考核 方式	备注
学位课	公共基础课程	第一外国语（语种）	144/0	3	1	考试	
		现代科学技术革命与马克思主义	60/0	2	1	考试	
	专业基础课程	近代应用数学	32	2	1	考试	
	核心课程	测量信息论	32	2	1	考试	
非学位课	公共选修课程	具体课程可见研究生公共课列表					
		第二外国语	90	2	2	考查	
	专业选修课程	信息光学基础	24	1.5	1	考查	
		神经网络与模式识别	24	1.5	1	考查	
		数据融合技术基础	24	1.5	1	考查	
		光纤光子理论及应用	24	1.5	1	考查	
非学位课	专业选修课程	故障诊断与信号处理	24	1.5	1	考查	
		符号化测量理论及其应用	24	1.5	1	考查	
		图像处理技术	24	1.5	1	考查	
		智能检测技术	24	1.5	1	考查	
		多分辨分析及混沌理论在工程上的应用	24	1.5	1	考查	
必修环节		学科前沿专题	10	1		考查	
		学术活动		1		考查	
		教学实践		1		考查	

表 3-21　2009 年会计学学科硕士培养方案课程设置

类别		课程名称	学时 课内 / 实验	学分	开课 时间	考核 方式	备注
学位课	公共基础课程	第一外国语（语种）	144/0	3	1、2	考试	
		自然辩证法	54/0	2	1	考试	
		科学社会主义理论与实践	36/0	1	2	考试	
	专业基础课程	管理经济学	32	2	1	考试	
		高级管理学	32	2	1	考试	
		应用统计学	24	1.5	1	考试	
	核心课程	会计理论研究	32	2.0	1	考试	
		高级财务管理	40	2.5	2	考试	
非学位课	公共选修课程	具体课程可见研究生公共课列表					
		第二外国语	90	2	2	考查	

（续表）

类别		课程名称	学时 课内 / 实验	学分	开课 时间	考核 方式	备注
非学位课	专业选修课程	信息光学基础	24	1.5	1	考查	
		神经网络与模式识别	24	1.5	1	考查	
		数据融合技术基础	24	1.5	1	考查	
		光纤光子理论及应用	24	1.5	1	考查	
	专业选修课程	高级会计专题	24	1.5	1	考试	
		高级管理会计	24	1.5	2	考试	
		审计理论研究	24	1.5	1	考试	
		国际财务管理	24	1.5	1	考试	
		财务分析	32	2	1	考试	
		资本运作	24	1.5	2	考试	
	专业选修课程	实证研究方法及软件应用	32/16	2	2	考试	
		计量经济学	32/6	2	1	考试	
		会计信息系统	32	2	2	考试	
		企业财务风险管理	24	1.5	2	考试	
		高级成本管理	24	1.5	2	考试	
补修课程		会计学原理	56			考试	
		中级财务会计（上、下）	112			考试	
		财务管理	56			考试	
必修环节		学科前沿专题	10	1		考查	
		学术活动		1		考查	

硕士研究生（第一外语非英语研究生和外国语言文学学科研究生除外）必须参加非英语专业硕士研究生学位英语考试，通过后方可申请学位。同时，硕士研究生实行公共英语免修制度，满足一定条件的可以申请免修，但不免非英语专业硕士研究生学位英语考试。

（3）2012 年培养方案

培养方案课程设置规定研究生课程分学位课和非学位课，学位课包括公共学位课、学科基础课和学科专业课，非学位课包括学科选修课和公共选修课。公共学位课是国家要求开设的公共外语课和政治理论课，为必修课程；学科基础课是体现一级学科基础知识和基本理论的课程，为必修课程；学科专业课是体现二级学科理论知识和研究方法的课程，为限选课程；学科选修课体现二级学科或研究方向，为本学科研究生提供选修的专业课程，为选修课程；公共选修课是面向全体研究生的人文、管理、法律及工具类课程，能够拓宽研究生视野，提高研究生综合素质能力，为选修课程。

博士研究生（见表 3-22）学位课中的学科基础课和学科专业课学分上限不超过 4+（M−1）×2（M 为二级学科数量）；非学位课中的学科选修课为自学辅导课程，由任课教师与研究生以研讨的方法进行学习，学分上限不超过 10+（N−1）×2（N 为本学科的自然班数，按 30 名研究生 1 个自然班计算）。

硕士研究生（见表 3-23）学位课中的学科基础课可从研究生校级公共课列表中选择（如数学、力学、控制等课程），也可以根据学科需要自主设置，学科基础课和学科专业课学分上限不超过 10+（M−1）×2（M 为二级学科数量）；非学位课中的学科选修课学分上限不超过 16+（N−1）×2（N 为本学科的自然班数，按 30 名研究生 1 个自然班计算）。

专业学位研究生的课程分为学位课、非学位课、实践教学和必修环节。学位课包括公共学位课和专业学位课，公共学位课有公共外语课（3 学分）和政治理论课（2 学分），专业学位课有专业基础课和专业主干课 13 ～ 15 学分。专业基础课又分为共享和非共享两类，共享的专业基础课是体现本专业类别（领域）基础知识的课程，如公共工程数学课、经济与管理学基础课、法律基础课和工具基础课等；非共享的专业基础课是体现本专业类别（领域）基本理论的课程。专业主干课是体现专业类别（领域）理论知识和研究方法的课程。

非学位课包括专业选修课（10 ～ 16 学分）和公共选修课（2 ～ 4 学分）。实践教学是专业学位研究生培养的重要环节，主要是指专业实践，0.5 ～ 1 年，6 ～ 10 学分，采用集中实践与分段实践相结合的方式进行。实践教学主要针对全日制专业学位研究生，对非全日制的不作要求。

专业学位研究生（见表 3-24）的必修环节与学术学位研究生一样，包括前沿专题讲座（10 学时，1 学分）、英语科技论文写作（16 学时，1 学分）及学术活动（计 1 学分）。其中的学术活动对非全日制专业学位研究生不作要求。

2012 年燕山大学大规模修订研究生培养方案及课程设置，以学院为单位按一级学科、专业学位类别和工程领域设置研究生培养方案。在培养方案修订过程中，听取了行业、用人单位、校友等多方面的意见和建议，使本次研究生培养方案修订更加科学、合理，具有了广泛的社会需求基础。从学校学科特色出发，以培养目标为导向，梳理、归纳了各学科课程知识体系结构，根据特定职业领域的特点，对专业学位研究生的专业知识、职业精神、团队合作能力和解决实际问题能力等方面提出了具体要求。对学校一级学科下的现有二级学科进行浓缩凝练，规划论证了各学科的研究方向，使其能够科学规范、宽窄适度、相对稳定，充分体现学科特色，并且面向国家、地方和社会发展需求领域。

学术学位研究生的课程设置，重视基础理论知识和科学研究方法课程的设置，加大了前沿性、实践性课程的比重，增加了实验教学内容。为提高研究生创新实践能力，部分学科结合专业实际，开设了 30 ～ 40 学时的实践性课程。专业学位研究生的课程设置，以“职业能力”为导向进行设计，通过征求企事业单位等校外专家的意见和建议，积极利用职业经验和行业思维对课程设置进行充实、改进。课程内容突出技术性与应用性、理论性与实践性的紧密结合，重点培养研究生解决实际问题的能力。推进研究生双语教学，在培养方案专业课程中设置双语教学课程，为提高研究生英语交流和写作能力，开设了由本学科专业教师讲授的科技英语写作课程。

对研究生的教学模式也进行了一定的改革，倡导由知识传承型转为问题探究型的授课方法，更新课程内容、增强课程吸引力。开展课程团队教学，鼓励由多名任课教师共同承担某门课程的教学任务。专业学位研究生教学过程中还运用了团队学习、案例分析、现场研究和模拟训练等方法。

表 3-22　2012 年机械工程学科博士培养方案课程设置

类别		课程名称	学时		学分	开课学期	考核方式	备注
			总学时	实验				
学位课	公共学位课	第一外国语	48	0	2	一	考试	必修
		中国马克思主义与当代	36	0	2	一	考试	
	学科基础课	近代应用数学	32	0	2	一	考试	必修
	学科专业课	现代工程与力学	32	0	2	一	考试	限选2学分
		现代液压伺服理论	32	0	2	一	考试	
		机器人数学导论	32	0	2	一	考试	
		现代设计方法	32	0	2	一	考试	
		制造摩擦学	32	0	2	一	考试	
		板材成形理论	32	0	2	一	考试	
		现代车辆控制与制造新技术	32	0	2	一	考试	

（续表）

类别		课程名称	学时 课内 / 实验		学分	开课时间	考核方式	备注
非学位课	专业选修课	现代流控技术	24	0	1.5	一	考查	选修
		机器人学专题	24	0	1.5	一	考查	
		塑性成形理论与仿真技术	24	0	1.5	一	考查	
		加工机器人设计与应用	24	0	1.5	一	考查	
		非线性振动力学	24	0	1.5	一	考查	
		大锻件工艺与装备	24	0	1.5	一	考查	
		汽车车身现代设计方法	16	0	1	一	考查	
必修环节		见研究生校级公共课列表						选修
		英语科技论文写作	16	0	1	一	考查	必修
		学科前沿专题	10	0	1	一	考查	
		学术活动	16	0	1	四	考查	

表 3-23　2012 年计算机科学与技术学科硕士培养方案课程设置

类别		课程名称	学时		学分	开课学期	考核方式	备注
			总学时	实验				
学位课	公共学位课	第一外国语	80	0	3	一、二	考试	必修
		中国特色社会主义理论与实践研究	36	0	2	一	考试	
	学科基础课	矩阵分析	32	0	2	一	考试	必修
		数理统计	32	0	2	一	考试	
		计算复杂性理论	32	0	2	一	考试	
	学科专业课	最优化算法及应用（双语）	32	0	2	一	考试	限选
		面向对象系统分析与设计	32	0	2	一	考试	
		并行处理及体系结构	32	0	2	一	考试	
非学位课	专业选修课	数据库新技术	32	0	2	二	考试	选修
		多媒体与虚拟现实技术	24	0	1.5	二	考试	
		云计算	32	8	2	一	考试	
		数据挖掘与知识发现	24	0	1.5	二	考试	
		人机交互技术	24	0	1.5	一	考试	
		嵌入式系统设计	24	0	1.5	二	考试	
		网络协议分析与性能评价	24	0	1.5	二	考试	
		网络安全	24	0	1.5	二	考试	
		网络计算技术	24	0	1.5	一	考试	
		计算机智能控制	24	0	1.5	一	考试	

（续表）

类别		课程名称	学时		学分	开课学期	考核方式	备注
			总学时	实验				
非学位课	公共选修课	自然辩证法概论	18	0	1	二	考试	二选一必修
		马克思主义与社会科学方法论	18	0	1	二	考试	
		公共选修课校级选修课（见学校研究生校级公共课列表）					考查	选修
		科学技术史	24	0	1.5	二	考查	任选一必修
		英语外教口语	24	0	1	一、二	考查	
		文献检索	16		1	一	考查	
必修环节		英语科技论文写作	16	0	1	二	考查	必修
		学科前沿专题	10	0	1	二	考查	
		学术活动	6	0	1	三	考查	

表 3-24　2012 年电子与通信工程领域工程硕士培养方案课程设置

类别		课程名称	学时		学分	开课学期	考核方式	备注
			总学时	实验				
学位课	公共学位课	第一外国语	80	0	3	一、二	考试	必修
		中国特色社会主义理论与实践研究	36	0	2	一	考试	
	专业基础课	随机过程	32	0	2	一	考试	必修
		矩阵分析	32	0	2	一	考试	
		管理学	24	0	1.5	二	考试	
学位课	专业基础课	经济法	24	0	1.5	一	考试	限选
		知识产权	16	0	1	二	考试	
		文献检索	16	0	1	一	考试	
		现代信号处理（硕）	32	0	2	一	考试	
	专业主干课	信息论与编码（双语）	32	0	2	一	考试	选修
		现代数字通信	32	0	2	一	考试	
非学位课	专业选修课	数字图像处理（信）	32	0	2	一	考查	
		模式识别及应用	32	0	2	二	考查	
		宽带综合业务网	32	0	2	一	考查	
		现代通信系统仿真（实践）	32	18	2	二	考查	
		通信网性能分析	32	0	2	二	考查	
		雷达信号处理	32	0	2	二	考查	
		现代交换技术实训（实践）	32	32	2	二	考查	
		微弱信号检测	32	0	2	二	考查	

（续表）

类别		课程名称	学时		学分	开课学期	考核方式	备注
			总学时	实验				
非学位课	公共选修课	自然辩证法概论	18	0	1	二	考试	二选一必修
		选修课	18	0	1	二	考试	
		小波分析及其应用	32	0	2	一	考查	选修
		现代数学导论	32	0	2	一	考查	任选一必修
		应用泛函分析	32	0	2	一	考查	
实践教学		企业、公司等实习	半年	0	6	三、四	考查	
必修环节		英语科技论文写作	16	0	1	一	考查	必修
		学科前沿专题	10	0	1	二	考查	
		学术活动	6	0	1	三	考查	

（4）2015 年培养方案

本次培养方案修订学术学位研究生课程分学位课、非学位课和其他培养环节，学位课包括公共学位课、学科基础课和学科专业课，非学位课包括学科选修课和公共选修课。对各类课程的范围作了明确规定：①公共学位课是国家要求开设的公共外语课和政治理论课，为必修课程；②学科基础课是体现本一级学科基础知识和基本理论的课程，为必修课程；③学科专业课是体现二级学科理论知识和研究方法的课程，为限选课程；④学科选修课是体现二级学科或培养方向，为本学科研究生提供选修的专业课程，为选修课程；⑤公共选修课是面向所有研究生的人文、管理、法律及工具类课程，能够拓宽研究生视野，提高研究生综合素质能力，为选修课程；⑥其他培养环节包括专题讲座（学科前沿 10 学时，心理健康教育专题 4 学时，科学道德与学风建设专题 2 学时，创业指导专题 2 学时），英语科技论文写作（16 学时，1 学分）以及学术活动。

博士研究生的课程安排在 0.5 学年内完成，硕士研究生的课程安排一般为 1 年，部分学科在 0.75 学年内完成。除公共学位课外，其余课程均为 16 学时 1 学分。

博士研究生（见表 3-25）学位课中的学科基础课和学科专业课总学分不超过 8+（M−1）×2（M 为本一级学科下二级学科数量）；非学位课中的学科选修课总学分不超过 14+（N−1）×2（N 为本学科近 3 年平均自然班数，按 30 人 1 个自然班记）。

硕士研究生（见表 3-26）学位课中的学科基础课和学科专业课总学分不

超过 10+（M−1）×2（M 为本一级学科下二级学科数量）；非学位课中的学科选修课总学分不超过 16+（N−1）×2（N 为本学科近 3 年平均自然班数，按 30 人 1 个自然班记）。

专业学位硕士研究生（见表 3-27）课程结构分学位课、非学位课和实践环节。学位课包括公共学位课和专业学位课，非学位课包括专业技术课和职业素养课。学位课中的专业基础课和专业核心课学分大于等于 10 学分。非学位课中的专业技术课学分 10 ～ 16 学分；实践应用课（2 学分），包括专业实验课、工程应用课，以校外导师通过课堂教学、企业现场教学或联合授课等教学方式开设；职业素养课，包括专题讲座（技术前沿 10 学时，心理健康教育专题 4 学时，科学道德与学风建设专题 2 学时，创新创业指导 2 学时）1 学分，科技论文写作 1 学分，人文、管理、法律等职业素养课程 5 ～ 8 学分。

专业学位硕士研究生课程安排一般为 1 年，部分类别（领域）可根据情况在 0.75 年内完成。全日制专业学位硕士在学期间，进行不少于半年的实践教学，应届本科毕业生考取全日制专业学位硕士的实践教学时间不少于 1 年。实践教学可以灵活选择下列形式进行：①组织选派研究生进入签订协议的校外实践基地进行专业实践；②校内导师结合自身承担的企事业单位科研课题，安排研究生到单位进行专业实践；③利用现有校内教学科研资源，在学院实验室、工程训练中心等校内实践基地进行模块化专业实践；④由研究生自行联系实践单位，经导师、学院审核同意后，进行专业实践。

在本次培养方案修订中，各学院按照一级学科、专业学位类别或工程领域，分别成立研究生培养指导委员会，专业学位研究生培养指导委员会中吸收了一定比例的行（企）业专家，指导委员会负责制定培养标准和方案、建设课程体系、开展质量评价等。对一级学科内的硕士、博士阶段课程作了统筹安排，科学衔接了硕士、博士层次课程设置、教学内容，有效避免重复或简单延伸。努力构建与国际接轨的研究生培养课程体系，参考国际国内高水平同类型大学的培养方案设置课程。探索部分研究生课程全英语授课，各学科博士培养方案中设置不少于 2 门全英语教学课程，各学科类别（领域）硕士培养方案中设置不少于 1 门全英语教学课程。

研究生培养指导委员会加强了课程审查和论证，从课程的目标定位、适用对象、课程内容、教学设计、考核方式、师资力量、预期教学效果等方面进行全面审查和论证。课程设置按照一级学科、专业学位类别或工程领域进行，专业学位研究生按全日制研究生和非全日制分别设置，学术学位研究生课程设置以研究生能力培养为核心、以创新能力培养为重点，拓宽知识基础，培育人文素养，避免内容重复，避免因人设课，近3年停开的课程不再列入课程体系中。专业学位研究生增加了研究方法类、研讨类和实践类课程。各类课程要求撰写教学大纲，对课程各教学单元的教学目标、教学内容、教学方法及考核形式等做翔实安排。

表3-25　2015年控制科学与工程学科博士培养方案课程设置

课程类别		课程名称	学时		学分	开课学期	考核方式	开课学院	备注
			总学时	实验					
学位课	公共学位课	第一外国语	48	0	2	一	考试	外国语学院	必修
		中国马克思主义与当代	36	0	2	一	考试	马克思主义学院	
	学科基础课	鲁棒控制理论与应用	32	0	2	一	考试	电气学院	必修
	学科专业课	现代过程参数检测技术	32	0	2	一	考试	电气学院	限选
		模式识别与智能系统理论	32	0	2	一	考试	电气学院	
		轧制过程自动化	32	0	2	一	考试	电气学院	
		自适应逆控制	32	0	2	一	考试	电气学院	
		复杂网络系统的建模与优化（英语）	32	0	2	一	考试	电气学院	
非学位课	学科选修课	采样控制系统理论	32	0	2	一	考查	电气学院	选修
		机器人鲁棒控制	32	0	2	一	考查	电气学院	
		现代信号与信息处理技术（英语）	32	0	2	一	考查	电气学院	
		伺服控制理论与系统	32	0	2	一	考查	电气学院	
		先进过程控制	16	0	1	一	考查	电气学院	
		导航制导专题	16	0	1	一	考查	电气学院	
	公共选修课	小波分析及其应用	32	0	2	一	考试	电气学院	选修
		英语外教口语	24	0	1	一	考试	国际教育学院	选修
		第二外国语（英、日、俄、德、法）	32	0	1	一	考试	外国语学院	选修

（续表）

课程类别	课程名称	学时		学分	开课学期	考核方式	开课学院	备注
		总学时	实验					
其他培养环节	专题讲座	18	0	1	一	考查	电气学院	必修
	学术活动	16	0	1	一	考查	电气学院	

说明：专题讲座由四部分组成：学科前沿专题，10 学时；心理健康教育专题，4 学时；科学道德与学风建设专题，2 学时；创业指导专题，2 学时。

表 3-26　2015 年环境科学与工程学科硕士培养方案课程设置

课程类别		课程名称	学时		学分	开课学期	考核方式	开课学院	备注
			总学时	实验					
学位课	公共学位课	第一外国语	80	0	3	一、二	考试	外国语学院	必修
		中国特色社会主义理论与实践研究	36	0	2	一	考试	马克思主义学院	
	学科基础课	数值分析	32	0	2	一	考试	理学院	必修
		环境工程学	32	0	2	一	考试	环化学院	
	学科专业课	现代环境分析与测试技术	32	0	2	一	考试	环化学院	限选
		污水处理原理与新技术	32	0	2	一	考试	环化学院	
		环境电化学原理及应用	32	0	2	二	考试	环化学院	
非学位课	学科选修课	膜分离水处理技术与应用	24	0	1.5	一	考查	环化学院	选修
		环境微生物技术	24	0	1.5	一	考查	环化学院	
		新型分离技术（双语）	24	0	1.5	一	考查	环化学院	
		废水生物处理数学建模	24	0	1.5	一	考查	环化学院	
		海洋资源化学	16	0	1	二	考查	环化学院	
		试验设计与数据分析（英语）	24	0	1.5	二	考试	环化学院	
非学位课	学科选修课	气溶胶动力学	24	0	1.5	二	考查	环化学院	
		数值计算仿真在环境科学与工程中的应用	24	0	1.5	二	考查	环化学院	
		大气污染控制工程设计与实践	24	0	1.5	二	考试	环化学院	
		清洁生产	24	0	1.5	一	考查	环化学院	
	公共选修课	自然辩证法概论	18	0	1	二	考试	马克思主义学院	二选一必修
		马克思主义与社会科学方法论	18	0	1	二	考试	马克思主义学院	
		人文选修课			1				必修

（续表）

类别		课程名称	学时		学分	开课学期	考核方式	开课学院	备注
			总学时	实验					
非学位课	公共选修课	英语外教口语	24	0	1	一	考试	国际教育学院	选修
		第二外国语（英、日、俄、德、法）	32	0	1	一	考试	外国语学院	选修
其他培养环节		英语科技论文写作	16	0	1	二	考查	环化学院	必修
		专题讲座	18	0	1	二	考查	环化学院	
		学术活动	6	0	1	二	考查	环化学院	

表 3-27　2015 年电气工程领域全日制工程硕士培养方案课程设置

课程类别		课程名称	学时		学分	学期	考核	开课学院	备注
			总学时	实验					
学位课	公共学位课	第一外国语	80	0	3	一、二	考试	外语学院	必修
		中国特色社会主义理论与实践研究	36	0	2	一	考试	马克思学院	
	专业学位课	数值分析	32	0	2	一	考试	理学院	必修
		矩阵分析	32	0	2	一	考试	理学院	
		现代电力电子技术	32	0	2	一	考试	电气工程学院	
		现代电力系统分析	32	0	2	一	考试	电气工程学院	
		现代电机控制技术	32	0	2	一	考试	电气工程学院	
	专业技术课	电能质量控制器专题	24	0	1.5	二	考查	电气工程学院	限选
		光伏发电及并网技术专题（英语）	16	0	1	二	考查	电气工程学院	
		风力发电技术专题	16	0	1	二	考查	电气工程学院	
非学位课	专业技术课	实用开关电源分析与设计	24	0	1.5	一	考查	电气工程学院	选修
		变频器工程应用与设计	16	0	1	二	考查	电气工程学院	
		电力系统信号处理技术	16	0	1.0	一	考查	电气工程学院	
		微电网运行与控制（英语授课）	16	0	1.0	一	考查	电气工程学院	
		嵌入式系统及其应用	16	0	1.0	二	考查	电气工程学院	

（续表）

类别		课程名称	学时		学分	开课学期	考核方式	开课学院	备注
			总学时	实验					
非学位课	专业技术课	直流输电与灵活交流输电技术	24	0	1.5	二	考查	电气工程学院	选修
		电力系统经济运行	16	0	1.0	二	考查	电气工程学院	
		继电保护理论与工程	16	0	1.0	一	考查	电气工程学院	
		电能质量分析	16	0	1.0	一	考查	电气工程学院	
		电力电子系统设计与试验（实践应用课）	32	26	2.0	二	考查	电气工程学院	
		电力系统运行虚拟仿真培训（实践应用课）	16	16	1.0	二	考查	电气工程学院	
		嵌入式系统开发综合训练（实践应用课）	16	16	1.0	二	考查	电气工程学院	
	职业素养课	学科前沿专题	10	0	1	二	考查	电气工程学院	
		心理健康教育专题	4	0		一	考查	研究生院	
		科学道德与学风建设专题	2	0		一	考查	研究生院	
		创业指导专题	2	0		一	考查	研究生院	
		英语科技论文写作	16	0	1	二	考查	研究生院	
		自然辩证法概论	18	0	1	二	考查	马克思学院	
		马克思主义与社会科学方法论	18	0	1	二	考查	马克思学院	
		经济法	24	0	1.5	二	考查	文法学院	
		知识产权	24	0	1.5	二	考查	文法学院	
		文献检索	16	0	1	一	考查	图书馆	
实践教学		校内实践	6个月		6	三	考查	电气工程学院	必修
		校外实践							

（5）2018年培养方案

本次研究生培养方案修订，课程设置结构基本与2015年相同，学术学位研究生强调以培养研究生的创新能力、科学研究能力为目标，加强科学方法训练，注重学术素养培养。学科可以灵活设置研究方法类、研讨类、实践类课程，可以使用国内外优质教学资源，包括课程、教材等。首次采用“互联网+教育”的课堂教学方式开设了工程类别研究生的工程伦理课。此外硕士研究生的课程可以安排在 0.5 ～ 1 学年完成，其他培养环节中增加了“学科要求的其他培养内容”，学科可以根据实际情况设置文献综述、学术讲座、实践环节、学术研究与论文写作等项目。不再设置各类课程的学分上限，学科可以按需设置课程。招收英文授课留学研究生的学科设置满足留学研究生培养要求的全英语教学课程，为加强研究生交流，该类课程多数与中方研究生一同开设，执行同一教学标准。

专业学位研究生强调课程设置根据社会经济和科技发展需要，突出“以职业需求为导向、以实践能力培养为重点”的特点，满足研究生所具备的知识能力结构和职业素养要求。课程教学以培养研究生解决实际问题的能力为目标，运用案例分析、现场研究模拟训练等方法，夯实研究生的工程基础、提高专业技能和综合素养。实践教学体现“集中与分段相结合”“校内与校外相结合”“实践与论文相结合”的原则，学院可以自行确定具体形式。

2017 年，燕山大学发布《燕山大学研究生教务管理规定》，规定学科培养方案一般每 3 年进行修订，学科每年也可以对课程设置进行调整，从制度上保证了研究生培养方案的整体稳定性与灵活性。自 2017 年春季学期，燕山大学取消了沿用多年的研究生“自学辅导”授课方式，以前采用此授课方式的课程，在 2018 年培养方案修订时作了调整。

2. 学分要求

从燕山大学历次培养方案修订情况看，博士研究生学分要求（见图 3-36）变化幅度不大，硕士研究生学分要求（见图 3-37、图 3-38）有较大调整，尤其是理工类研究生，更加强调课程学习与课题研究的紧密结合。2020 年，机械工程学院、电气工程学院、信息科学与工程学院和环境与化学工程学院硕士研究生课程设置在 0.5 学年完成，给研究生留有充足的课题研究时间，保证研究生有足够精力投入科学研究。

博士研究生 2001 年的总学分要求 18 学分，总学分中不含工作实践、开题报告、参加学术活动、课题中期检查和论文发表的学分，其中学位课学分至少 14 学分。2006 年总学分中包含学术报告、教学实践学分，学位课学分减至 10 学分，学位课中的公共英语学时未变，学分由 5 学分调整为 3 学分。2009 年增加学科前沿专题 1 学分，学位课减少 1 学分。2012 年取消教学实践要求，公共英语学时减少至 48 学时 2 学分。2015 年将学科前沿专题、心理健康教育专题、科学道德与学风建设专题、创业指导专题、英语科技论文写作和学术活动归到其他培养环节，总共 3 学分。2018 年其他培养环节中增加“学科要求的其他培养内容”，学科可以自主选择，总学分减至 14 学分。

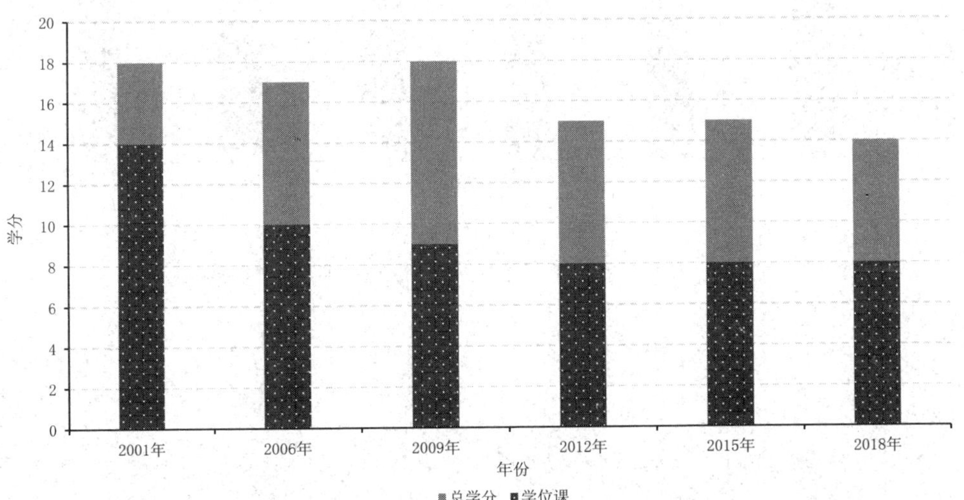

图 3-36　燕山大学历年博士研究生培养方案学分要求

硕士研究生 2001 年的总学分要求 32 学分，非本专业本科及同等学力入学者为 36 学分，其中包括本科课程 2 ～ 4 门约 4 ～ 8 学分。学位课要求 22 学分，非学位课程中要求选修跨二级或一级学科的课程不少于 3 ～ 6 学分，理工科硕士研究生非学位课中还要求不少于 2 学分的人文社科类课程。选修课第二外国语、文献检索不计入总学分要求。2006 年，硕士公共英语学时由 216 学时 5 学分调整为 144 学时 3 学分，减少学位课学分要求，调整为 16 学分。总学分中包括学位英语、学术报告学分，第一外语非英语的总学分不低于 33 学分，理工科硕士研究生非学位课要求选修不少于 1.5 学分的人文课。自 2011 年起，不再组织非英语专业硕士研究生学位英语考试，公共英语学时由 144 学时 3 学分调整为 80 学时 3 学分，理工科硕士研究生总学分减至 28 学时。2018 年，公共英语学时调整为 48 学时 2 学分，理工科硕士研究生总学分减至 24 学分，人文社科类硕士研究生减至 28 学分，硕士研究生选修本科生课程的，所修学分计为非学位课学分。

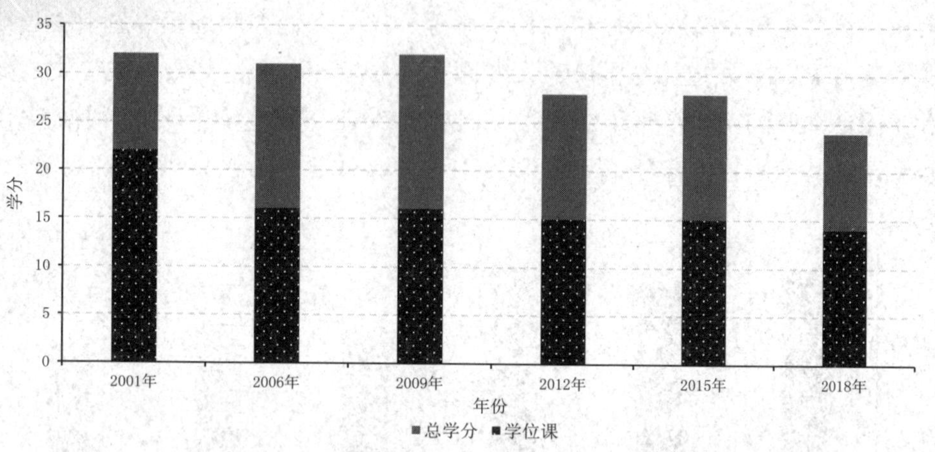

图 3-37　燕山大学历年硕士研究生培养方案学分要求（理工类）

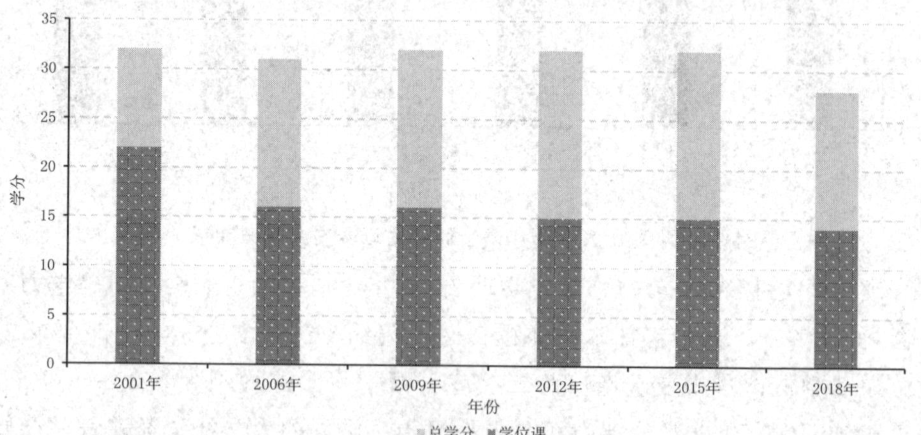

图 3-38　燕山大学历年硕士研究生培养方案学分要求（人文社科类）

3. 英语教学改革

燕山大学从 2007 年春季学期开始试点硕士研究生公共英语教学改革，从 2008 年春季学期正式启动。在十多年的研究生英语教学改革中，改革的目标从最初的单纯减少学时、学分，减轻研究生外语学习压力，转到现在积极响应学科、研究生的多元、个性化需求，努力提升研究生综合能力上。

燕山大学英语教学改革的历程大致可分为三个阶段：

（1）改革开始阶段

2009 年研究生培养方案修订中，首次将硕士研究生公共英语由 216 学时

5 学分，调整为 144 学时 3 学分，大幅减少了学时、学分。秋季学期开设视听说、网络辅导、读写和外教口语（36 学时），均为必修；春季学期开设时事听力、翻译技巧与写作、新闻英语解读、英美文化概况和文学经典赏析，均为 30 学时，研究生从中任选一门必修。从 2008 级研究生开始实行英语免修政策，符合条件“①本科阶段专业为英语专业；②六级考试（CET-6）成绩达到 545 分；③ TOEFL 考试笔考成绩达到 550 分（或者网考 80 分）；④雅思考试成绩达到 6 分；⑤研究生入学考试英语成绩达到 70 分”之一的硕士研究生，可申请免修秋季学期开设的公共英语（英语精读、听力和外教口语）。

博士研究生要求必修的第二外国语，除招考录取是小语种的必修第二外国语英语外，其他研究生改为选修，从 100 学时 3 学分调整为 90 学时 2 学分。

（2）持续改革阶段

自 2011 年起，学校不再组织非英语专业硕士研究生学位英语考试。2012 年研究生培养方案修订中，首次将博士研究生英语由 144 学时（包含 36 学时外教口语）3 学分调整为 48 学时 2 学分。硕士研究生英语总学时进一步减至 80 学时 3 学分，秋季学期开设精读和听力，研究生可二选一；春季学期开设时事听力、翻译技巧与写作、新闻英语解读、英美文化概况和文学经典赏析，均为 40 学时，研究生可五选一。第二外国语学分进一步减至 32 学时 1 学分。各学科开设了由本学科教师讲授的英语科技论文写作，16 学时 1 学分。

（3）深化改革阶段

2017 年，机械工程学院试点进一步减少英语学时、学分，硕士研究生英语由 80 学时 3 学分调整为 48 学时 2 学分，授课时间由 2 个学期缩短到 1 个学期。其他学院的硕士研究生英语课程也进一步整合重组为学术英语写作、学术英语听说、综合英语、综合听力、翻译理论与实践、英美文化概况、文学经典赏析等 7 门，研究生可从中选择 2 门，秋、春季学期各上 1 门。2017 级硕士研究生的免修范围扩大到免修 2 个学期英语。2018 年，全体硕士研究生英语课程减至 48 学时 2 学分。

为满足学科、研究生日益多元化的英语技能需求，学校资助研究生公共英语任课教师参加学术论坛、教学设计与教学方法研修班，还专程到复旦大学参加实地外语教学观摩，极大提升了任课教师的教学能力。从 2016 年 9 月开始在部分学科的硕士研究生和全体博士研究生中推行学术英语教学。

学术英语教学的出发点是依据建构主义理论，以提高研究生英语学术交流能力为宗旨，设计以学生为中心的英语教学模式，教学内容紧紧围绕学术论文读写与学术报告展开。通过课程学习，研究生能够基本听懂英语国家人员相关领域学术讲座，在参加学术会议时能用英语流利作好学术报告；能够读懂一定难度的本专业英文资料并用英文书写学术论文，能够准确表达自己的学术观点。培养研究生自主学习和终身学习的意识，使之具备不断学习和适应时代发展的能力，能及时了解有关学科领域的国际前沿动态。

研究生学术英语教学秉承以学生为中心（Learner-centered）的教学理念，实施语言知识巩固及传授与应用能力培养并重的教学原则，积极开展互动性课堂教学，加强实践性教学环节，培养研究生的学术英语实际应用能力。课程由研究生课堂报告、课堂教学、课堂讨论，以及作业、课后辅导等部分组成。课堂教学注重发挥研究生的能动性、创造性，提高其学习英语的独立性、积极性，培养自主学习能力，帮助研究生养成良好的学习习惯。采用灵活多样的教学形式引导学生主动参与，积极实践，让学生在积极主动的思维活动中获取语言知识，掌握语言能力。学生报告、课堂讨论和小组活动围绕每个单元的话题展开，课内安排多样的语言实践活动，课内外作业主要巩固每个单元所学内容，完成知识的掌握和内化。

任课教师采用了灵活多样的教学方法。课程教学采用多媒体课件和传统教学相结合的方式进行。通过听、说、读、写、译练习，强化研究生全面运用学术英语的能力。将课堂理论教学、学生报告、课堂讨论、团队合作及语言实践练习相结合。针对不同的教学目标，任课教师采用课堂表现、课堂测试、闭卷笔试等方式评价学生的实际掌握情况。

对研究生的考核评价目的是充分真实而公平地考核其语言应用能力。最终的课程成绩包括 4 部分：出勤、课堂报告及讨论、作业或测试以及期末考试。具体要求及成绩评定方法如下：（1）出勤（占 10 分），研究生参与所有环节，不得缺勤，缺席一次扣 2 分，无故缺勤课程三分之一及以上者，取消本门课程的考核资格；（2）课堂报告及讨论（占 20 分），研究生按照课程要求参加课堂教学活动的各个环节，包括课堂报告，讨论，回答问题，小组活动及团队合作等；（3）作业、测试（占 20 分），研究生按照课程要求完成任课教师安排的作业、课内小测；（4）期末考试（占 50 分），以闭卷笔试形式进行考核。

课堂报告由小组合作完成，根据组内研究生以及任课教师的评分计算平均值。论文写作每一部分完成的进度与教师授课的进度完全同步，任课教师及时评阅，研究生及时修改。这种考核模式要求研究生必须积极参与到教学的各个环节中，真正锻炼了他们的语言交际能力。

学术英语教学贴近了研究生英语学习的实际需要，研究生的科学研究和学术成果发表需要阅读大量的学术论文。在浩瀚的知识海洋中快速、准确地寻找有用的信息尤为重要。任课教师通过讲解典型学术论文框架，带领学生了解学术论文的总体构成（引言、研究方法、研究结果、讨论或结论和摘要），以及各个部分的语言特点，研究生通过学习，就能够主动探索与主动构建、获取所需知识。

学术英语教学锻炼了研究生的交流能力。随着经济全球化以及“一带一路”倡议的实施，研究生出国交流、参加各类国际会议的机会日益增多，英语教学的目的之一是提升研究生的对外交流能力。任课教师在课堂上带领研究生了解和熟悉各种学术交流场景和国际学术交流礼仪，分析报告语言与论文语言的差别，强调礼貌原则，在展示过程中要特别注意“得体”，引导研究生结合学术交流中的语境在教学中进行讲解与练习。任课教师安排研究生选取一篇具有代表性的本专业学术论文，以报告的形式展示，并作点评。

通过参加学术英语课程学习的研究生事后进行的教学评价情况看，绝大多数研究生表示很有收获，个人能力得到了提高，很多研究生对任课教师给出了正面评价。如研究生 1 评价：“这个老师太棒了！是公认的最认真的老师！授课全面、备课精心，作业超级超级多！多！多！但也真正有神奇的提高！”研究生 2 评价：“× 老师认真教学备课的态度很让人钦佩，本学期的学习使我对学术英语的要求有了全面认识和理解，对正式词汇和句式的把握大大提高，对提高英语听力的方法有了进一步认识。”研究生 3 评价：“× 老师英语水平高，通过课堂学习，英语能力提高了很多，对于今后的文献阅读大有帮助。”研究生 4 评价：“× 老师和蔼可亲，备课十分认真，讲课内容丰富全面，教学方法新颖，逻辑性强，有利于研究生英语学习，建议学校在本科、硕士课程推广该教学过程和方法，将于助于提高英语水平。”研究生 5 评价：“这门课程提高了我的学术英语写作水平，并且增加了今后对学术英语的学习兴趣，是一门学术英语精品课。”

4. 课程建设

课程学习是研究生培养的重要环节之一，课程学习不仅是传承知识、拓宽基础的重要途径，也是培养研究生创新能力及学位论文、科研工作的前提和基础。为提升研究生课程教学质量，燕山大学 2004 年发布《燕山大学研究生课程建设实施办法（试行）》，建设项目分单门课程和学科课程体系与培养模式的建设两种类型，单门课程的建设指针对某一门课程从教学内容、教学方法、教学手段、教材选用等方面的改革与建设，以提高课程的授课质量和效果；学科课程体系与培养模式的建设指针对某学科专业（一级或二级）在课程体系的配置、课程内容的优化组合等方面的建设，或在加强研究生创新能力、实践能力培养等方面的建设，旨在加强研究生对基础理论、专业知识、科研能力、创新思维等综合素质的培养和提高。

2005 年首次实施研究生课程建设立项工作，当年立项建设 21 项（见图 3-39），2006 年又立项建设 11 项。通过验收的课程建设项目共建设电子课件 36 个、讲义 17 个、论文 30 篇、研究综述 4 篇、教材 4 部、专著 2 部，获奖 1 项、申报省级以上项目 1 项，建成案例 5 个。

此后，学校因故未能持续开展课程建设立项工作。2014 年，学校为进一步提高研究生课程教学质量、推行专业学位研究生案例教学、推动研究生教材建设，制定了《燕山大学研究生课程建设项目管理办法（试行）》《燕山大学专业学位研究生课程案例库建设实施办法（试行）》，重新启动了暂停近十年的研究生课程建设工作。相较之前，此次课程建设的目标指向性更强，立项类型分为三类：（1）示范性研究生课程，包括学科基础课、学科前沿课和双语教学课，此部分课程的立项范围为已开设 3 年以上的研究生学位课；（2）案例库，现行专业学位研究生培养方案中适宜采用案例教学的专业课；（3）教材，开设 3 年以上的公共学位课、学科（专业）基础课。当年立项建设20项，其中，示范性研究生课程7项、案例库6项、教材7项。2016年5月，对立项的研究生课程建设项目进行了验收，已建成案例库 123 个，正式出版研究生教材 3 部，发表学术论文 1 篇。

燕山大学文件

燕大校字[2005]103 号

签发人：刘宏民

关于 2005 年燕山大学研究生课程立项结果的通知

校属有关单位：

根据《燕山大学研究生课程建设实施办法》，2005 年研究生课程建设项目经过申报、预审、专家函审、专家上会评审等几个环节，现已评出资助项目共 21 项，资助时间为 2005 年 6 月 1 日–2007 年 5 月 31 日。

请相关学院、学科给予支持并加强管理，保证各个项目按合同顺利完成。

附件：2005 年燕山大学研究生课程建设立项清单

2005 年 5 月 23 日

附件： 2005 年燕山大学研究生课程建设立项清单

项目代码	负责人	项目名称	资助金额(万)	备注
WF0401	惠吉兴	马克思主义理论与思想政治教育硕士点主干学位课程研究	1.0	
JZ0402	白象忠	《耦合力学》教材与多媒体课件建设	1.0	
WF0405	韩兆柱	公共管理硕士(MPA)核心课程体系建设与培养模式研究	0.8	
JZ0403	杜国君	有限单元法课程建设	0.8	
XX0402	刘国华	数据库新技术课程建设	0.8	
WY0402	刘泽权	英语科技文体写作	0.8	
WY0403	于建平	计算机语料库语篇分析系统的建设	0.6	
JG0403	张亚明	电子商务课程建设	0.6	
CL0401	傅万堂	提高材料类硕士生综合实验能力的教学改革初探	0.6	
JX0403	刘助柏	知识创新思维方法论	0.4	
TS0401	陆晓红	网络环境下研究生《信息检索与利用》课程教学模式改革研究	0.4	
WY0404	李力洋	研究生公共英语课程体系改革方案	0.4	
XX0401	毕卫红	电路与系统研究生培养模式的研究	0.4	
WF0404	李龙海	西方政治思想研究	0.4	
XX0403	王常武	并行处理及体系结构课程建设	0.4	
WY0401	王牧群	国外教学法与流派课程建设	0.2	
WY0406	董洪学	社会语言学多媒体教学系统的构建	0.2	
WF0403	于凤春	社区管理课程建设之研究	0.2	
WY0407	王正元	《语用学理论及实践》教材及课件	0.2	
JG0401	刘海啸	区域经济学课程内容结构化与完备化建设	0.2	
JG0402	张 娟	中级宏微观经济学	0.2	

图 3-39 燕山大学 2005 年研究生课程建设立项情况

2015 年，燕山大学获批教育部研究生课程建设试点单位，同年 4 月制定《燕山大学研究生课程建设试点工作方案》，分别从优化课程体系、改进课程教学、建立课程学习综合考核制度、提高教师教学能力和导师指导水平、加强教学管理与监督、建立教学研究和激励机制等方面开展各项工作。继续开展研究生课程建设立项工作，新增全英语教学课程项目，对列入 2015 版培养方案中的全英语教学课程择优进行立项建设。同时为鼓励研究生导师、研究生任课教师及研究生教育管理人员开展研究生教育教学的理论研究与实践探索，为高层次创新人才培养创造更好的教学条件和育人环境，学校开展了研究生教育教学改革项目的立项工作。当年立项课程建设项目 13 项，其中，示范性研究生课程 3 项、案例库 4 项、教材 5 项、全英语教学课程 3 项；教育教学改革项目 13 项，其中一般项目 8 项、重点项目 5 项（见图 3-40）。2017、2018 年又立项建设教育教学改革项目 31 项。

燕山大学院部处文件

燕大研字〔2015〕17号

关于2015年研究生课程建设项目立项的通知

校属有关单位：

根据《燕山大学研究生课程建设项目管理办法（试行）》（燕大校字〔2014〕85号）和《燕山大学专业学位研究生课程案例库建设实施办法（试行）》（燕大研字〔2014〕13号）文件精神，研究生院组织各学院进行了2015年研究生课程建设项目的申报工作，经专家组评审并在校内公示，本次共资助研究生课程建设项目13项，立项清单见附件。

请各项目负责人认真按照文件要求，严格执行申报书、责任书中的具体条款，做好项目建设工作。各相关学院应当按照文件要求，采取措施，保障研究生课程建设项目顺利实施。

附件：2015年研究生课程建设项目立项清单

研究生院
2015年11月27日

燕山大学院部处文件

燕大研字〔2015〕18号

关于2015年研究生教育教学改革项目立项的通知

校属有关单位：

为贯彻落实《燕山大学深化研究生教育改革实施方案》，加强研究生教育教学的理论研究与实践探索，提高研究生培养质量，鼓励研究生导师、研究生任课教师及研究生教育管理人员开展理论研究与实践探索，按照《燕山大学研究生课程建设试点工作方案》（燕大校字〔2015〕54号）文件精神，研究生院组织各学院进行了2015年研究生教育教学改革项目的申报工作，经专家组评审并在校内公示，本次共资助研究生教育教学改革项目13项，立项清单见附件。

请各项目负责人严格执行申报书、责任书中的具体条款，做

图 3-40　燕山大学 2015 年研究生课程建设、教育教学改革立项情况

燕山大学开展的研究生课程建设工作，得到了河北省教育厅及学位委员会的肯定，在听取燕山大学相关工作汇报后，2017 年，河北省人民政府学位委员会、河北省教育厅按照《关于开展省级研究生示范课程和专业学位教学案例（库）立项建设工作的通知》，组织实施全省研究生培养单位的课程建设工作。每个项目立项建设周期为 1 年，补助专项经费 2 万元，当年批准 96 项课程作为省级研究生示范课程立项建设、104 项案例作为省级专业学位教学案例（库）立项建设。至 2021 年，燕山大学共获批 40 项省级研究生示范课程立项建设项目，38 项省级专业学位教学案例（库）立项建设项目（见图 3-41）。

经过几年的持续立项建设，燕山大学确立了以研究生成长成才为中心，立足研究生能力培养和长远发展，坚持服务需求、立德树人，更新研究生教育观念，吸收和借鉴国内外先进的研究生教育经验与成果，把加强课程建设，提高课程质量，作为当前深化研究生教育改革的重要和紧迫任务的指导思想。

基本实现了依据培养目标和学位要求优化设计研究生课程体系，支持研究生教学，提高了课程教学在研究生培养中的地位，提升了任课教师的教学能力和水平。逐步构建起与国际接轨的研究生培养课程体系。如机械工程学科硕士研究生培养方案的修订参考了美国麻省理工学院（Massachusetts

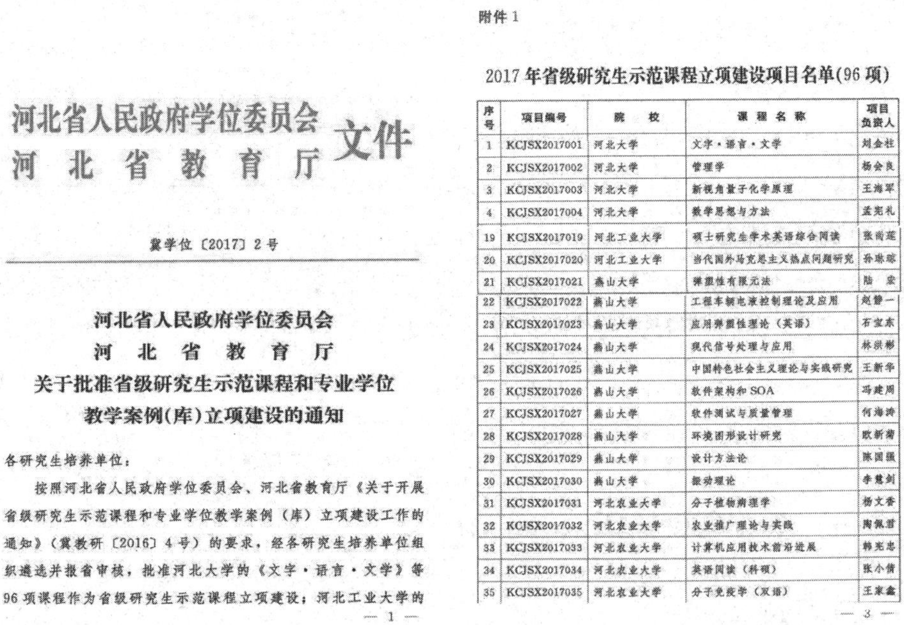

河北省人民政府学位委员会
河　北　省　教　育　厅　文件

冀学位〔2017〕2号

河北省人民政府学位委员会
河　北　省　教　育　厅
关于批准省级研究生示范课程和专业学位
教学案例(库)立项建设的通知

各研究生培养单位：

按照河北省人民政府学位委员会、河北省教育厅《关于开展省级研究生示范课程和专业学位教学案例（库）立项建设工作的通知》（冀教研〔2016〕4号）的要求，经各研究生培养单位组织遴选并报省审核，批准河北大学的《文字·语言·文学》等96项课程作为省级研究生示范课程立项建设；河北工业大学的

— 1 —

附件1

2017年省级研究生示范课程立项建设项目名单(96项)

序号	项目编号	院　校	课 程 名 称	项目负责人
1	KCJSX2017001	河北大学	文字·语言·文学	刘金柱
2	KCJSX2017002	河北大学	管理学	杨会良
3	KCJSX2017003	河北大学	新视角量子化学原理	王海军
4	KCJSX2017004	河北大学	数学思想与方法	孟宪礼
19	KCJSX2017019	河北工业大学	硕士研究生学术英语综合阅读	张尚莲
20	KCJSX2017020	河北工业大学	当代国外马克思主义热点问题研究	孙琳琼
21	KCJSX2017021	燕山大学	弹塑性有限元法	陆　宏
22	KCJSX2017022	燕山大学	工程车辆电液控制理论及应用	赵静一
23	KCJSX2017023	燕山大学	应用弹塑性理论（英语）	石宝东
24	KCJSX2017024	燕山大学	现代信号处理与应用	林洪彬
25	KCJSX2017025	燕山大学	中国特色社会主义理论与实践研究	王新华
26	KCJSX2017026	燕山大学	软件架构和SOA	冯建周
27	KCJSX2017027	燕山大学	软件测试与质量管理	何海涛
28	KCJSX2017028	燕山大学	环境图形设计研究	欧新菊
29	KCJSX2017029	燕山大学	设计方法论	陈国强
30	KCJSX2017030	燕山大学	振动理论	李慧剑
31	KCJSX2017031	河北农业大学	分子植物病理学	杨文香
32	KCJSX2017032	河北农业大学	农业推广理论与实践	陶佩君
33	KCJSX2017033	河北农业大学	计算机应用技术前沿进展	韩宪忠
34	KCJSX2017034	河北农业大学	英语阅读（科硕）	张小倩
35	KCJSX2017035	河北农业大学	分子免疫学（双语）	王家鑫

— 3 —

图3-41　2017年燕山大学获批省级研究生示范课和专业学位案例（库）立项建设情况

Institute of Technology）、英国纽卡斯尔大学（Newcastle University）、澳大利亚卧龙岗大学（University of Wollongong）和澳大利亚科廷大学（Curtin University）的研究生培养方案课程设置，将研究生的知识结构与能力素质培养相结合，在非学位课程中增设了5门面向团队研究生培养的专业课程，分别是机电系统动力学建模与仿真技术、工程车辆电液控制理论及应用、关节轴承制造与实验装备、数控装备工程设计和液压系统典型应用实例的理论与技术问题。为了提高研究生科研素养，提高学生的就业能力，开设了“产品结构设计与分析”，该课程由工程经验丰富的教师承担，主要目的是提高研究生将来的就业能力，使学生能够尽快在设计开发类的工作岗位上进入角色。依据近年来先进制造技术的新发展，新增了“非传统加工技术”，涵盖了各种非切削类加工制造技术的科学与技术问题。

改革了专业学位研究生的教学方式，积极开展案例教学的研究和运用。通过资助案例库建设，逐渐改变了专业学位研究生的课程教学理念、教学内容和教学方法，完善了课程和实践教学体系。与校外企事业单位合作开发了实践性课程，由校内教师和行业、企业专家共同完成。近几年共开设此类课程 14 门。

支持各学院开展专业学位研究生的教育改革研究。如“机械工程专业学位研究生实践能力全过程多维度提升研究”项目紧紧围绕“提高机械工程专业学位研究生实践能力”这个核心目标，从研究生培养全过程、各环节，形成纵横交叉，既互相联系又划分清晰的多维度、多层次培养矩阵，探讨提高研究生实践能力的方法与途径，同时还在项目的实施中积极吸收行业与企业参与，充分借鉴企业的经验与智慧。“控制工程专业研究生工程实践能力的培养与提升”项目强化实践教学环节，实现产学研全面合作，采用顶岗实习形式开展实践教学，同时加强行业全程参与专业学位研究生培养，培养专业学位研究生实践能力，构建校企联合培养机制。

三、建设导师队伍

（一）制度建设

导师是研究生培养第一责任人，也是研究生成长成才的引路人。导师队伍建设直接关系着高等工程科技人才的培养质量。燕山大学将研究生导师队伍建设作为研究生培养工作的重点，采取一系列措施，引导广大导师既做研究生的学业导师又做他们的人生导师。2017 年，为进一步加强研究生指导教师队伍建设，健全以导师为第一责任人的责权机制，学校专门研究制定了《燕山大学研究生指导教师队伍建设管理办法》，对导师职责与权利、导师遴选、导师培训和导师考核作了详细规定。2018 年，制定了《燕山大学全面落实研究生导师立德树人职责实施细则》，规定了研究生导师基本素质，包括政治素质、师德师风、业务素质；细化了研究生导师立德树人职责；明确了研究生导师立德树人考核机制，建立起了职业道德、学术能力和培养质量相结合的考核机制，师德考核实行“一票否决制”，将导师岗位考核与招生资格审核合并，考核内容涉及导师职责履行、研究生培养质量以及近三年的教学与科研情况，通过考核者，方可进行研究生招生申请；建立了优秀研究生导师评选机制，对认真履行职责，获得校级及以上优秀研究生学位论文的导师，实行下一年度招生资格审核“免检”。

2020年，制定了《燕山大学博士研究生指导教师岗位聘任办法》，改革了博导遴选机制，主要有：（1）增加50周岁及以下首次博导申请人的海外学术经历要求，要求在国（境）外高校或研究机构从事教学、科研工作，且连续时间不少于6个月；（2）打破博导身份，变身份为岗位，允许副教授（讲师）申请博导，具有副教授（含校聘）、讲师专业技术职务的专任教师，满足要求即可申请；（3）简化高层次人才博导的遴选程序，学校引进的高层次人才，经研究生院备案后即可聘任为博导；（4）实行校院两级管理制度，已聘博导的招生资格审核工作，由相关学院组织，经学院学位评定分委员会审核通过，并公示后，以学院正式文件报研究生院备案；（5）培养质量较高的导师实行“免审”，导师指导的博士研究生学位论文获校级及以上优秀博士学位论文者，导师下一年度可免于进行招生资格审核。

硕士生导师根据学校制定的基本条件和要求，由学科根据实际情况确定具体要求，学院负责遴选和审核，研究生院备案。

为保证研究生培养质量，学校严格控制导师指导研究生人数，博士生导师每届招生人数不超过3人；硕士生导师未有毕业生者每届招生人数不超过2人，已有毕业生者每届招生人数不超过5人或不超过学院平均生师比的1.5倍。

2017年，燕山大学制定《燕山大学研究生指导教师培训管理办法》，对研究生导师的培训工作作了进一步规范。按培训对象和内容的不同，分为岗前培训、专题培训和常规培训。岗前培训的对象是当年校内新增的研究生导师，培训内容包括国家、省级以及学校发布的学位与研究生教育相关政策和规章制度的解读，帮助导师明确其权利和责任。岗前培训结束后，根据研究生导师个人出勤及考试情况进行考核，考核合格者，发放证书，允许指导研究生。考核不合格者，停止招生一年，且须参加下一年度岗前培训。

专题培训的对象是学校全体研究生导师，培训内容包括国内外研究生教育理念、发展趋势；研究生导师应遵守的职业道德、科学伦理、学术规范；研究生心理健康、心理疏导等。根据学院组织及出勤情况考核，考核结果作为学院年底评价考核依据之一。

常规培训的对象是学院内研究生导师，培训内容有研究生导师指导能力、团队合作、学术创新及产学研结合等方面，主要以学术研讨、经验交流、教学观摩等形式开展。学院年初制订培训计划，年终提交总结，学校根据学院组织开展情况考核，考核结果作为学院年底评价考核依据之一。

（二）导师队伍结构

1. 学位结构

2010 年，燕山大学研究生导师中拥有博士学位的占到了 67.1%，拥有硕士学位的占 20.7%。其中博士生导师中拥有博士学位的占 87.9%，硕士生导师中拥有博士学位的占 61.9%，拥有硕士学位的占 24.6%。从各学科门类研究生导师学位构成比例来看（见表 3-28），学科之间的差异较大。各学科门类拥有博士学位的导师平均为 45.4%，其中工学门类拥有博士学位的研究生导师比例最高，达到了 77.6%，其次是理学、经济学、法学，低于平均值的是哲学、文学和艺术学。拥有硕士学位导师比例最大的是文学门类，其次是艺术学、管理学和经济学门类，哲学门类拥有学士学位的导师比例最大。

各学科门类的博士生导师绝大多数拥有博士学位，硕士生导师中拥有博士学位的平均比例为 43.5%，工学、理学、经济学、法学门类高于平均水平，管理学、哲学、文学和艺术学门类的硕士生导师中拥有博士学位的人数还比较少。

2020 年，燕山大学研究生导师中拥有博士学位的比例达到了 84.3%，拥有硕士学位的只占 11.6%。所有学科的导师拥有博士学位的比例均大幅提升（见表 3-29），工学门类导师人数最多，拥有博士学位的比例也最高。

表 3-28　燕山大学 2010 年各学科门类研究生导师学位构成比例（单位：%）

学位	哲学	经济学	法学	文学	理学	工学	管理学	艺术学	平均
博士	37.5	50	49	29.4	60.5	77.6	49.3	10	45.4
硕士	12.5	33.3	30.2	58.8	16.3	14.6	38.8	46.7	31.4
学士	50	16.7	20.8	11.8	23.3	7.8	11.9	43.3	23.2

表 3-29　燕山大学 2020 年各学科门类研究生导师学位构成比例（单位：%）

学位	经济学	法学	文学	理学	工学	管理学	艺术学	平均
博士	70.6	64.9	59.5	84.0	92.3	76.2	25.5	84.3
硕士	17.6	35.1	37.8	6.7	5.5	19.8	50.9	11.6
学士	11.8		2.7	9.3	2.3	4.0	23.6	4.1

2. 职称结构

2010 年，博士生导师中绝大多数具有教授职称；硕士生导师中，各学科门类具有教授职称的平均比例为 42.9%，经济学、哲学、文学和理学门类中硕士生导师具有教授职称的比例高于平均值，管理学、法学、工学和艺术学门类具有教授职称的比例低于平均值（见表 3-30）。硕士生导师中具有教授、副教授、讲师职称的平均比例为 43∶53∶4，法学、工学和管理学门类硕士生导师的三类职称比例接近平均水平，经济学和哲学门类硕士生导师中有教授职称的人数多于副教授，文学门类硕士生导师有教授、副教授职称的人数持平，艺术学门类硕士生导师中拥有教授职称的人数还较少。

2020 年，具有教授职称的博士生导师比例下降了 17.5%，具有副教授、讲师职称的博士生导师比例快速上升（见表 3-31），学校把“导师”从身份变岗位，取得了实实在在的成效，大批青年教师得以快速成长。艺术学硕士生导师拥有教授职称的比例大幅提高。

从燕山大学近十年研究生导师职称结构变化情况（见图 3-42）看，正高级职称导师所占比例逐年降低，中级职称导师所占比例自 2012 年以来增幅较大，进一步印证了导师遴选改革带来的变化。

表 3-30　燕山大学 2010 年各学科门类博士、硕士生导师职称构成比例（单位：%）

导师类别	技术职务	哲学	经济学	法学	文学	理学	工学	管理学	艺术学	平均
博士生导师	教授					100	99.2	100		99.7
	副教授						0.8			0.3
硕士生导师	教授	57.1	66.7	36.5	50	48.7	32.9	38.2	13.3	42.9
	副教授	42.9	33.3	51.9	50	41	56.8	61.8	83.3	52.6
	讲师			11.5		10.3	10.3		3.3	4.4

表 3-31　燕山大学 2020 年各学科门类博士、硕士生导师职称构成比例（单位：%）

导师类别	技术职务	经济学	法学	文学	理学	工学	管理学	艺术学	平均
博士生导师	教授		100.0		82.4	81.4	88.9		82.2
	副教授				17.6	18.2	11.1		17.5
	讲师					0.4			0.3
硕士生导师	教授	41.2	31.6	45.9	33.3	26.3	40.3	32.1	30.2
	副教授	58.8	57.9	51.4	56.1	54.1	49.4	64.3	54.7
	讲师		10.5	2.7	10.5	19.5	10.4	3.6	15.1

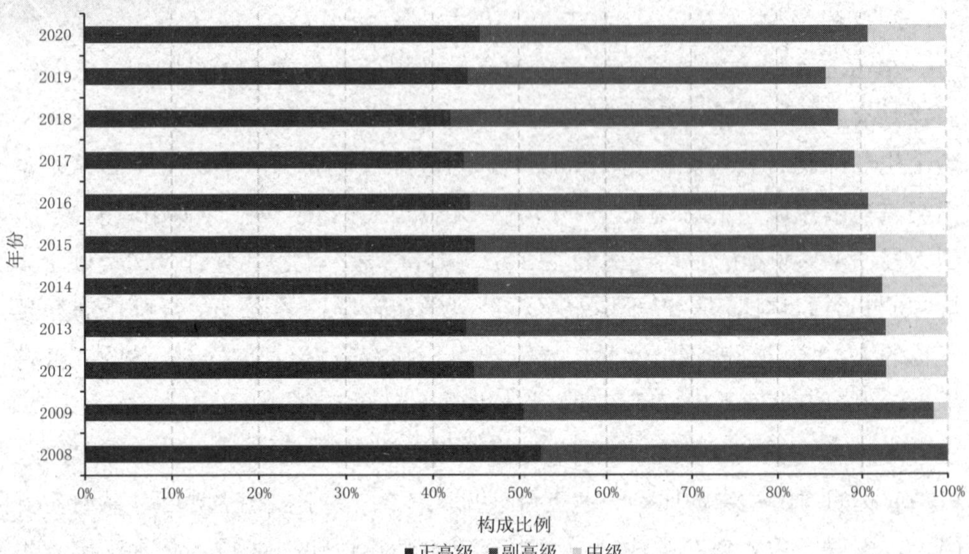

图 3-42 燕山大学近十年研究生导师职称结构变化情况

3. 年龄结构

从近十几年燕山大学导师人数及年龄结构变化情况（见图 3-43、图 3-44）看，中、青年导师的比例始终占大多数。博士生导师中年导师的比例最大，50 ～ 54 岁年龄段的导师占比相对多，但近几年青年导师的比例开始扩大，40 ～ 44 岁年龄段的导师占比最多；硕士生导师青年导师的比例最大，35 ～ 39 岁、40 ～ 44 岁年龄段的导师占比最多。

2010 年，中年博士生导师占大多数，2020 年中年博士生导师比例下降到 50% 以下，青年导师比例上升近 10 个百分点。硕士生导师也是如此，中年导师比例由 2010 年的 56% 降到 2020 年的 48.8%，青年导师由 32.9% 上升至 43.5%。从各学科门类情况（见表 3-32、表 3-33）看，工学、管理学门类博士生导师队伍中的青年导师比例有大幅增长，理学门类青年导师比例有所下降。法学和理学门类硕士生导师队伍中的青年导师比例增幅较大，经济学、工学、管理学和艺术学门类青年博士生导师的比例出现下降，中年导师比例上升。从硕士生导师老、中、青教师的比例来看，理学门类青年导师占多数，有很强的发展后劲；法学和工学门类，老、中、青比例合理，属于结构稳定型；经济学、文学、管理学和艺术学中年导师占大多数，青年导师人数相对较少，需注意培养青年人才。

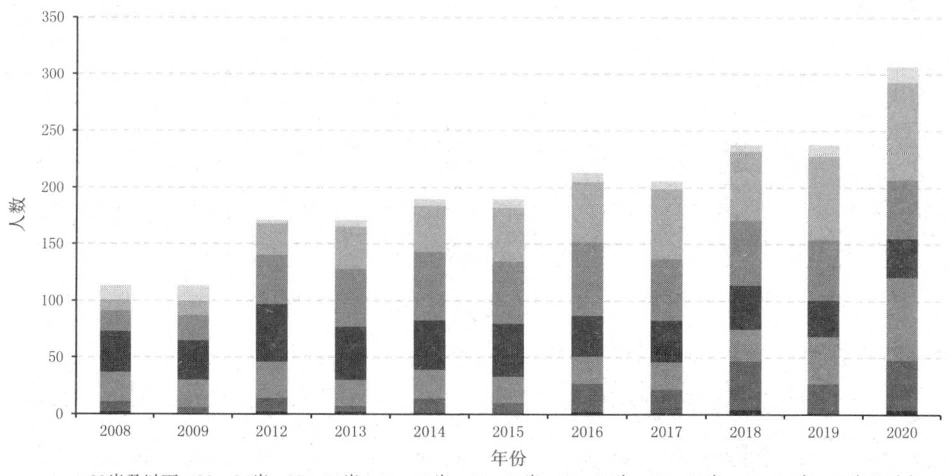

图 3-43　燕山大学近十几年博士研究生导师人数及年龄结构变化情况

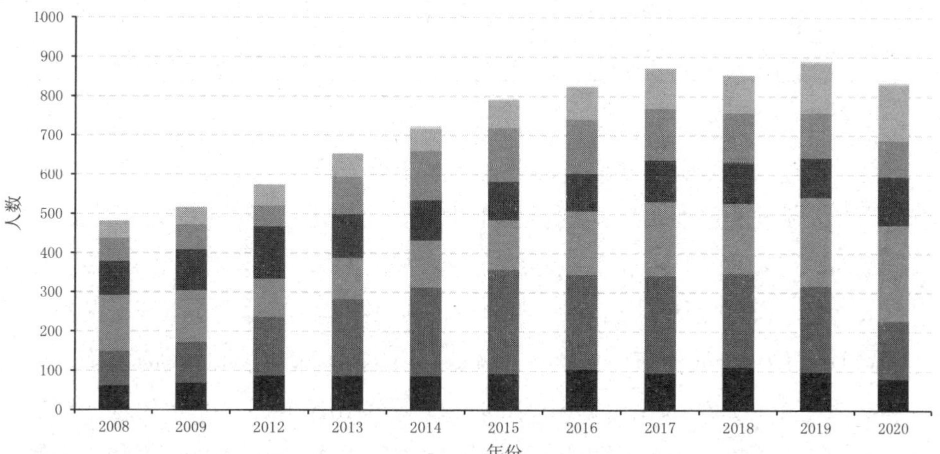

图 3-44　燕山大学近十几年硕士研究生导师人数及年龄结构变化情况

表 3-32　燕山大学 2010 年各学科门类博士、硕士生导师年龄构成比例（单位：%）

导师类别	年龄段	哲学	经济学	法学	文学	理学	工学	管理学	艺术学	平均
博士生导师	老年						13.7	18.2		10.6
	中年					50	72.5	72.7		65.1
	青年					50	13.7	9.1		24.3
硕士生导师	老年	12.5		11.3	11.8	2.6	6.3	3.6		6
	中年	50	62.4	54.7	70.6	74.4	40.7	55.4	40	56
	青年	37.5	37.5	34	17.6	23.1	53	41.1	60	38

注：导师年龄大于 60 岁的为“老年”，45 ~ 60 岁之间的为“中年”，小于 45 岁的为“青年”，下同。

表 3-33　燕山大学 2020 年各学科门类博士、硕士生导师年龄构成比例（单位：%）

导师类别	年龄段	经济学	法学	文学	理学	工学	管理学	艺术学	平均
博士生导师	老年				13.3	17.4	26.9		17.9
	中年		100.0		46.7	49.0	50.0		49.2
	青年				40.0	33.6	23.1		32.9
硕士生导师	老年	18.8	2.4	11.4	18.9	6.3	8.3	5.7	7.7
	中年	62.5	48.8	68.6	32.1	46.3	58.3	56.6	48.8
	青年	18.8	48.8	20.0	49.1	47.4	33.3	37.7	43.5

4. 学科结构

从各学科门类来看，随着学校学科布局的不断优化，打破了工学门类研究生导师一家独大的局面，工学门类博士生导师由 2010 年的近 90% 下降到 2020 年的 85%，但工学门类硕士生导师的比例未发生大的变化，仍占 60% 多。目前我校 14 个博士学位授权一级学科中有 10 个属于工学门类，30 个硕士学位授权一级学科中有 16 个属于工学门类。博士、硕士导师平均生师比均有所降低（见表 3-34），博士导师生师比由 2010 年的 3.63 降至 2020 年的 3.17，硕士导师生师比由 7.93 降至 7.08。博士学科的导师生师比均低于 2010 年；硕士经济学和管理学门类由于研究生扩招，导师队伍人数增长缓慢，生师比反而比 2010 年高出近 3 人。文学门类生师比降幅较大，艺术学门类生师比略有提高。硕士法学、文学和理学门类生师比小于平均值；经济学和管理学门类生师比高于平均值，工学门类略高于平均值，艺术学门类远低于平均值。

表 3-34　燕山大学 2010、2020 年各学科门类研究生导师生师比

类别	年份	哲学	经济学	法学	文学	理学	工学	管理学	艺术学	平均
博士导师生师比	2010					2.5	3.64	3.91		3.63
	2020					1.53	3.28	3.33		3.17
硕士导师生师比	2010	11.75	5.25	5.21	10.12	6.77	8.58	9.32	2.57	7.93
	2020		8.22	4.82	4.76	3.43	7.28	11.90	2.97	7.08

5. 学缘结构

学缘结构是指一所学校全体教师最终学历学校的构成状态。长期以来我国高校师资的主要来源是从本校毕业的本科、研究生中选留，从燕山大学研究生导师的学缘结构上也能体现出了这一点。博士生导师（见图 3-45）中在本校获得博士学位的占 50%，获得外校博士学位的占 40%，在海外院校获得博士学位的不到 10%；2010 年在本校获得硕士学位的博士生导师占 43%，2020 年在本校获得硕士学位的博士生导师占比已不足 30%，且有 10% 左右获得海外院校学位。

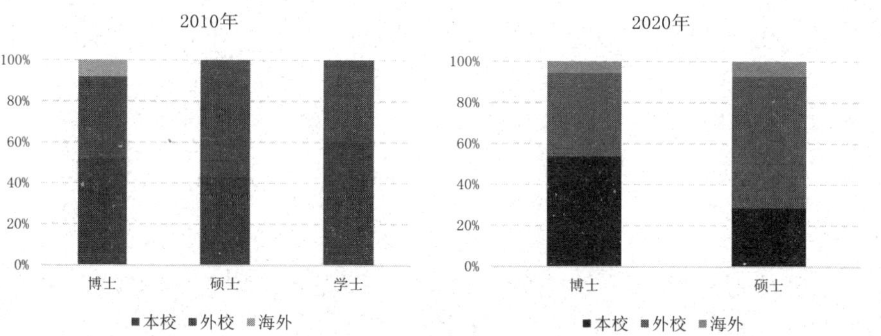

图 3-45　燕山大学 2010、2020 年博士生导师学缘结构

硕士生导师（见图 3-46）中在本校取得博士学位的占 50% 左右，获得外校博士学位的占 40% 左右，在海外院校获得学位的不到 10%，近十年来基本保持这一比例。获得外校硕士学位的硕士生导师比例有了较大提升，提高约 10%，海外院校学位获得者比例在 5% 左右。获得本校学士学位的硕士生导师比例由 40% 降低到 25%，获得校外、海外学士学位者比例由 60% 升至 75%。

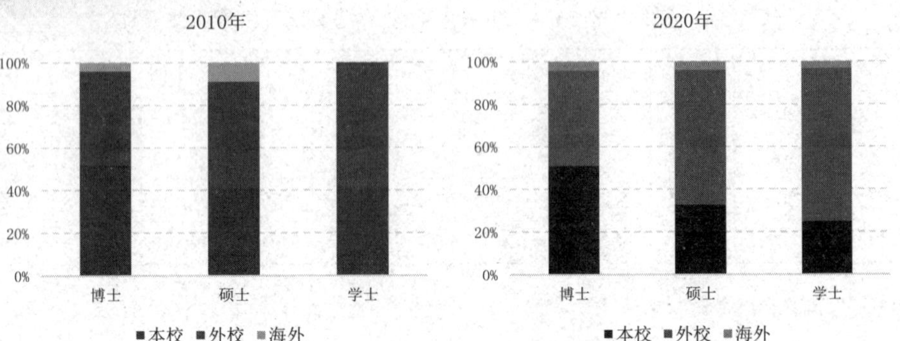

图 3-46　燕山大学 2010、2020 年硕士生导师学缘结构

第四节　基于过程的教育质量管理

一、招生

（一）博士研究生

1. 招考形式

燕山大学招收博士研究生的方式有推荐免试、硕博连读、“申请 - 考核”制和普通招考。博士招收一年组织一到两次，一般在每年秋季学期进行，如果有剩余招生计划，则第二年春季学期再组织一次。

燕山大学自 2020 年开始，首次以推荐免试方式招收博士研究生，当年招收 25 人。以此种方式招收的本科直博生仅限学术学位，且人数一般不超过当年学校学术学位博士研究生招生人数的 20%。具有推荐免试授权高校的全日制应届本科毕业生，获得所在学校推免资格者即可申请。符合报名条件的本科生在“中国研究生招生信息网”进行信息注册和网上报名并填报志愿，选择报考学校和学科；学校审核后发出复试通知，申请者在“中国研究生招生信息网”确认“同意复试”，并按学校规定时间和要求参加复试；复试由报考学科所在学院组织，以综合面试为主，疫情期间以网络远程形式进行；复试通过后，学校发出待录取通知，申请者在“中国研究生招生信息网”确认“同意待录取”。

学校为吸引优质生源，给予推荐免试的直博生一系列优惠政策：（1）直博生学制 5 年，在学制年限内免收学费，在校学习年限 4 ~ 7 年；（2）学制年限内不参加当年学业奖学金评定，可以直接享受一等学业奖学金，1 万元 / 年；（3）学制年限内享受国家助学金 1.3 万元 / 年，校内助学金 0.8 万元 / 年；（4）生活补助 5 万元 / 年，分 4 年发放，每年发放 1.25 万元；（5）直博生可向学院提出留校申请，经学院遴选、学校审核通过的，由学校为其办理预留校手续，确定预留校的直博生，相关待遇（包含奖助学金、生活补贴）参照校内同类在职人员执行，取得博士学位后，按照学校当年政策办理入职手续；（6）在学习阶段，可申请公派出国学习交流3个月，预留校直博生为1年；（7）在培养过程中如不适合继续攻读博士学位，具备攻读硕士学位基本条件的，可按硕士研究生培养。

学校制定了《燕山大学研究生硕博连读管理办法》，具有博士学位授予权的学科，国家计划招生的在读学术学位硕士研究生可以申请。申请者的硕士课程平均成绩原则上不低于75分，所修课程及学分符合学科培养方案要求；申请者由硕士导师推荐，博士导师同意报考，硕士导师、博士导师可不为同一人；申请学科由三名以上教授组成的考核小组对其进行考核；通过考核者录取为博士研究生。

“申请 - 考核”制对申请者的基本要求是：（1）拥护中国共产党的领导，身心健康；（2）已获得硕士学历及学位，统招应届硕士毕业生最晚在入学当年7月前获得硕士学位，初始学历为普通全日制本科毕业；（3）申请学科与所学学科（专业）相同或相近；（4）报考类别为“非定向就业”，学习形式为全日制，档案及人事关系需转入学校；（5）申请者博士入学年龄不超过35周岁；（6）所学语种为英语，且英语水平达到所列条件“① CET-6 成绩≥ 425分或 CET-4 成绩≥ 500 分；②托福（TOEFL）成绩≥ 70 分；③雅思（IELTS）成绩≥ 5.5 或 GRE 成绩≥ 240 分；④在英语语种国家或地区获得硕士学位”之一。

在职人员也可以“申请 - 考核”形式报考专业学位博士研究生，对申请者的基本要求是：（1）具有报考相关类别领域实际工作经验，具有硕士学位且取得硕士学位不少于3年，未获得硕士学位人员，但符合以下所列条件的可按同等学力报考：“①获得学士学位6年及以上；②具有高级技术职称；③发表两篇及以上被 SCI、EI 收录的与报考领域相关的学术论文，或者作为主研人获得过国家级科学技术奖项、或省部级科学技术一等奖（前五名）一项、或省部级科学技术二等奖（前三名）一项、或省部级科学技术三等奖（第一名）一项，或者作为主研人完成验收或在研国家级科研项目（国家自然科学基金、科技重大专项、重点研发计划等）一项”，同等学力考生须加试政治理论课以及两门报考领域对应类别培养方案的硕士学位课，加试方式为笔试；（2）报考领域与所学专业相同或相近；（3）近年正式发表过与报考领域相关的学术论文，或获得省部级及以上与报考领域相关的科技成果奖励；（4）申请者所在单位承接国家重大专项、重大工程项目、重要产品研发任务，本人实质参与了相关研究工作，是行业内具有一定认知度的工程技术骨干和创新管理者；（5）申请者工作单位须为企事业单位（其中事业单位仅指科研院所），申请者须由工作单位推荐；（6）报考类别为“定向就业”。

2. 生源质量

据朱利斌（2014）研究，我国大多数“985”高校的硕博连读生和直接攻博生的比例一般都在 45% 以上，不少高校已经超过了 50%，最高的已经超过 80%，存在一种规律性的特征，即大学声誉越高，硕博连读生和直接攻博生的比例就越高。从燕山大学的情况看，近几年招收的硕博连读生平均占 46.17%。目前在校生中硕博连读生只占 40.72%，各学科硕博连读生所占比例差异较大，化学工程与技术学科硕博连读生比例最高，达到 77.78%，其次是材料科学与工程学科比例为 62.29%，仪器科学与技术、光学工程、物理学、机械工程和电气工程学科硕博连读生比例在 40% ～ 50% 之间，硕博连读生比例最低的公共管理学科只有 9.09%。

从 2014—2020 年录取的博士研究生本科毕业学校类型看，“一流大学”学校毕业的占 4.06%，“一流学科”学校毕业的占 5.16%，燕山大学毕业的占 46.17%，一本院校毕业的占 23.36%，其他类型学校毕业的占 21.25%（见图 3-47）。

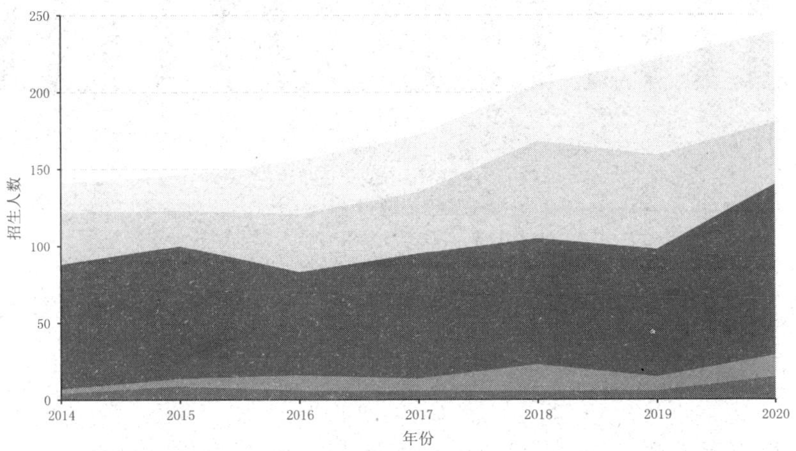

图 3-47　2014—2020 年燕山大学博士研究生本科毕业学校类型

从各学科2014—2020年录取的博士研究生本科毕业学校类型比例看，机械类别专业学位博士研究生本科毕业学校为“一流大学”“一流学科”学校的比例最高，占31.43%；其次是电子科学与技术学科，本科毕业于“一流大学”“一流学科”学校的博士研究生比例占19.05%；再次是光学工程、物理学、力学和化学工程与技术学科，本科毕业于“一流大学”“一流学科”学校的博士研究生比例在10%～15%；管理科学与工程、电气工程、计算机科学与技术、机械工程、材料科学与工程、控制科学与工程和仪器科学与技术学科，本科毕业于“一流大学”“一流学科”学校的博士研究生比例介于5%～9%之间。本科毕业于燕山大学的博士研究生占比最高的学科是光学工程，达到69.23%，其次是公共管理占57.14%、机械工程占52.52%、管理科学与工程占51.72%、控制科学与工程占50.34%、物理学占50.00%，其余学科本科毕业于本校的占25%～46%之间（见图3-48）。

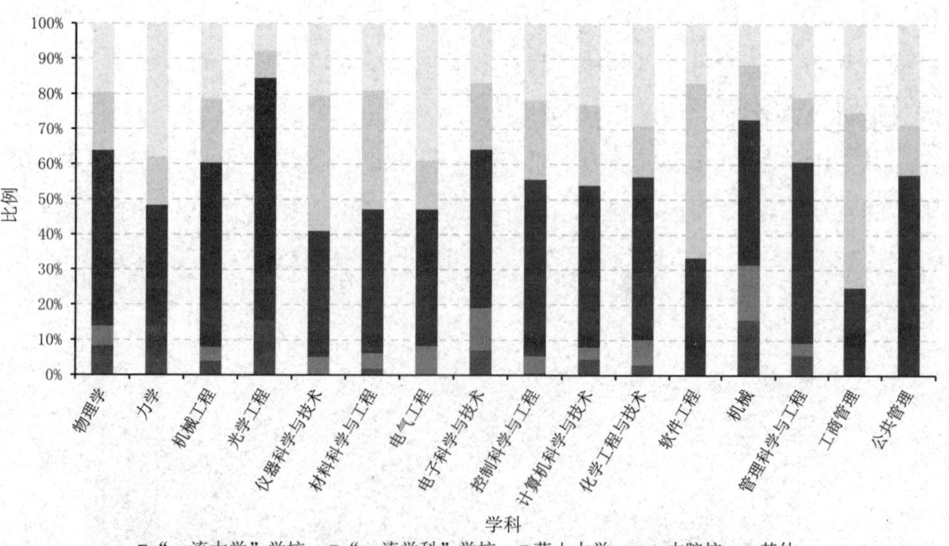

图3-48　2014—2020年燕山大学各学科（类别）博士研究生本科毕业学校类型

（二）硕士研究生

1. 招考形式

燕山大学招收硕士研究生的方式有推荐免试、单独考试和统一入学考试，一年组织一次。

燕山大学以推荐免试方式招收硕士研究生的流程与博士研究生相同，为吸引优质生源，也提供了一系列优惠政策：（1）学校设立奖学金、助学金及助教、助研和助管岗位资助研究生学习，符合条件的研究生还可以申请助学贷款；（2）在学制年限内免收学费；（3）入学第一学年直接享受一等学业奖学金；（4）推免到具有博士学位授予权的学科，且确认计划以硕博连读方式攻读博士学位研究生的，学校在博士阶段给予生活补贴 5 万元，免收博士阶段学费。

学校在每年 9 月入学后对以推荐免试方式招收的硕士研究生进行资格复审，如有下列情况的，将取消入学资格：（1）在最后一学年中，学习成绩或毕业设计等环节出现不及格；（2）经批准获得推免资格后，受到纪律处分；（3）入学前未取得本科毕业证书；（4）存在弄虚作假情况的。学校接收的推免生不能再参加全国硕士研究生入学考试统考报名及考试，也不能与用人单位签订就业协议书。

2. 生源质量

燕山大学 2015 年以推荐免试方式招收的硕士研究生有 101 人，此后逐年减少，2020 年只有 30 人。从历年接收推荐免试报考研究生的学科、类别看，体育类别、工商管理学科、音乐与舞蹈学学科和设计学学科每年接受的人数较稳定。

从 2014—2020 年录取的硕士研究生本科毕业学校类型看，学术学位硕士研究生“一流大学”“一流学科”学校毕业的占 6.03%，燕山大学毕业的占 20.25%，一本院校毕业的占 30.60%，其他类型学校毕业的占 43.12%（见图 3-49）。专业学位硕士研究生“一流大学”“一流学科”学校毕业的占 8.38%，燕山大学毕业的占 14.62%，一本院校毕业的占 31.32%，其他类型学校毕业的占 45.68%（见图 3-50）。专业学位硕士研究生中来自“一流大学”“一流学科”学校的比例大于学术学位硕士研究生，学术学位硕士研究生中来自燕山大学本校的比例大于专业学位硕士研究生。

从各学科 2014—2020 年录取的学术学位硕士研究生本科毕业学校类型比例看，船舶与海洋工程、中国语言文学和管理科学与工程学科研究生本科毕业学校为“一流大学”“一流学科”学校的比例相对较高，占 12% 以上；其次

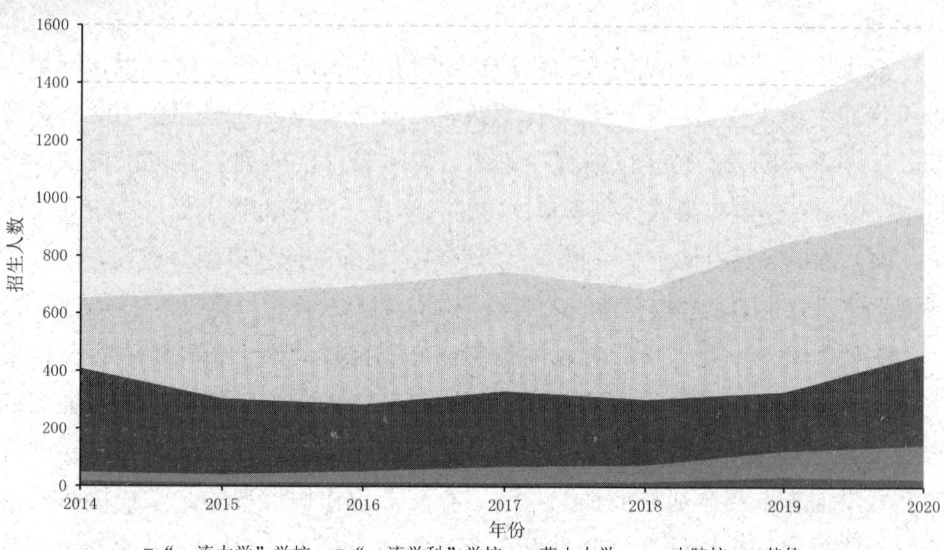

图 3-49　2014—2020 年燕山大学学术学位硕士研究生本科毕业学校类型

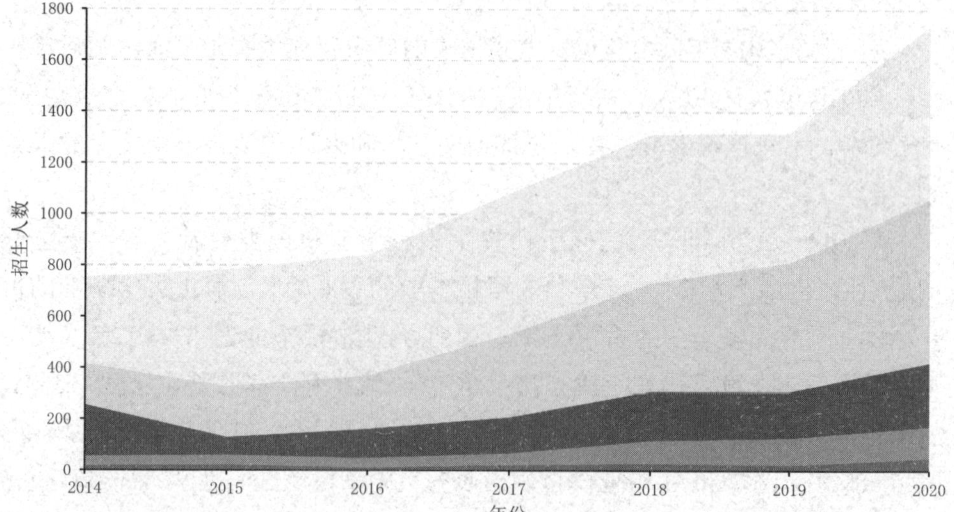

图 3-50　2014—2020 年燕山大学专业学位硕士研究生本科毕业学校类型

是设计学、机械工程、公共管理、法学、土木工程、电子科学与技术、化学、计算机科学与技术、软件工程、应用经济学、环境科学与工程、生物医学工程、信息与通信工程、工商管理、动力工程及工程热物理和材料科学与工程学科，本科毕业于“一流大学”“一流学科”学校的研究生比例在 5% ～ 9% 之间；电气工程、控制科学与工程、外国语言文学、哲学、力学、美术学、仪器科学与技术、音乐与舞蹈学、马克思主义理论、化学工程与技术、光学工程、政治学和物理学学科，本科毕业于“一流大学”“一流学科”学校的研究生比例在 2% ～ 4% 之间；数学、统计学、石油与天然气工程和交通运输工程基本没有本科毕业于“一流大学”“一流学科”学校的研究生。

本科毕业于燕山大学的学术学位硕士研究生占比最高的学科是船舶与海洋工程，达到 57.14%；其次是交通运输工程学科占 50.00%、音乐与舞蹈学学科占 40.37%、中国语言文学学科占 40.00%、设计学学科占 39.87%、动力工程及工程热物理学科占 38.81%、石油与天然气工程学科占 37.50%、光学工程学科占 35.92%；力学、土木工程、环境科学与工程、政治学、电气工程、仪器科学与技术、信息与通信工程、工商管理、生物医学工程、计算机科学与技术、机械工程和电子科学与技术学科，本科毕业于本校的占 20% ～ 33% 之间；控制科学与工程、材料科学与工程、法学、物理学、统计学、化学工程与技术、公共管理、应用经济学、哲学、美术学和管理科学与工程学科，本科毕业于本校的占 10% ～ 18% 之间；外国语言文学、数学、化学、马克思主义理论和软件工程学科，本科毕业于本校的比例低于 8%（见图 3-51）。

从各类别 2014—2020 年录取的专业学位硕士研究生本科毕业学校类型比例看，金融类别研究生本科毕业学校为“一流大学”“一流学科”学校的比例最高，占 31.25%；其次是艺术类别占 18.18%、工商管理类别占 15.17%、公共管理类别占 14.62%、体育类别占 13.95%、汉语国际教育类别占 13.33%、能源动力类别占 12.73%、法律类别占 12.50%、旅游管理类别占 10.00%；应用统计、会计、工程管理、电子信息、土木水利、材料与化工、机械、翻译和资源与环境类别，本科毕业学校为“一流大学”“一流学科”学校的比例在 1.5% ～ 9% 之间。

本科毕业于燕山大学的专业学位硕士研究生占比最高的类别是体育，达到 41.86%；其次是能源动力类别，占 20.68%；土木水利、法律、电子信息、材料与化工、艺术、机械、应用统计、会计、汉语国际教育和工程管理类别，本科毕业于本校的占 12% ～ 19% 之间；金融、工商管理、资源与环境、翻译、公共管理和旅游管理类别，本科毕业于本校的比例低于 10%（见图 3-52）。

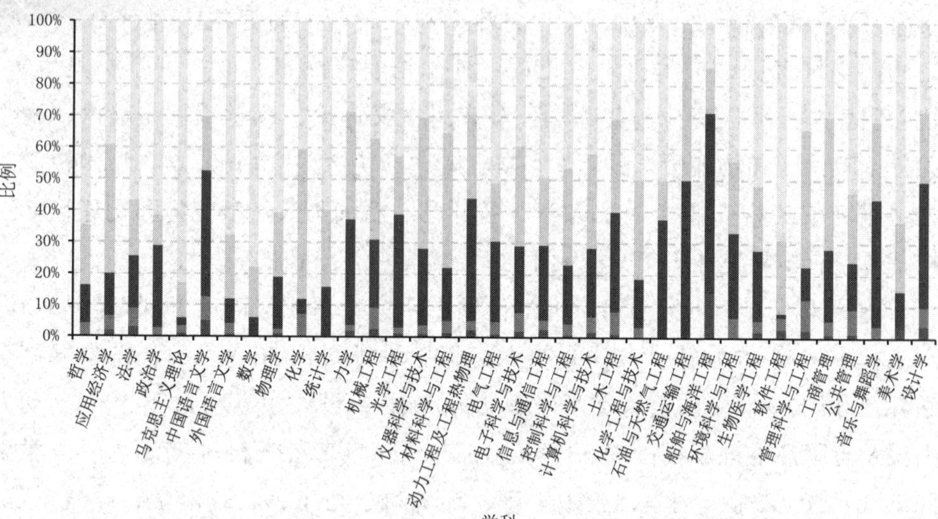

图 3-51　2014—2020 年燕山大学各学科学术学位硕士研究生本科毕业学校类型

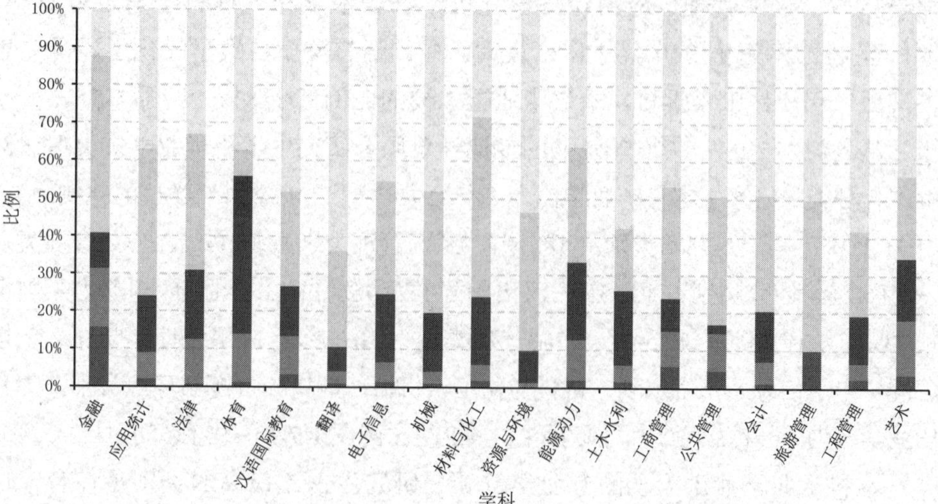

图 3-52　2014—2020 年燕山大学各类别专业学位硕士研究生本科毕业学校类型

二、课程学习

2017 年，燕山大学对研究生培养方案实际执行情况进行过一次针对 2016 级硕士研究生的问卷调查。此次调查共收回有效问卷 1 337 份，占 2016 级在校硕士研究生的 63.55%，其中参加问卷调查的研究生中学术学位硕士研究生 849 人，占 64.4%，专业学位硕士研究生 469 人，占 35.6%。

参与问卷调查的学术学位硕士研究生中，机械工程、材料科学与工程和控制科学与工程学科人数最多，专业学位硕士研究生中工程硕士人数最多。研究生对学完培养方案要求的课程后所达到的效果整体评价在一般和较满意之间（很不满意 1 分，不太满意 2 分，一般满意 3 分，较满意 4 分，非常满意 5 分），对掌握本学科的基础理论和专业知识、了解本学科的国内外现状和发展趋势的满意度较高，对掌握科学研究方法或实践技能、能够开展本学科的科学研究工作、具备担负专门技术的能力方面的满意度相对较低（见表 3-35）。

表 3-35　研究生对课程学习效果的评价

题目	很不满意	不太满意	一般满意	较满意	非常满意	平均值
了解本学科的国内外现状和发展趋势	0.9%	2.7%	25.5%	43.2%	27.7%	3.94
掌握本学科的基础理论和专业知识	0.6%	3.3%	24.0%	43.7%	28.4%	3.96
掌握科学研究方法或实践技能	1.1%	4.9%	30.4%	38.1%	25.4%	3.82
能够开展本学科的科学研究工作	1.1%	5.4%	31.5%	37.5%	24.5%	3.79
具备担负专门技术的能力	1.6%	8.9%	35.0%	31.7%	22.7%	3.65

研究生课后进行自主学习的比例达到 81.7%，说明多数研究生已经养成了主动学习的习惯，促使研究生课后学习的主要原因是对自己的研究或实践有帮助，课程难度较大、任课教师要求严格和个人兴趣也是促使研究生进行课后学习的主要原因。少部分研究生课后没有继续学习，主要是认为对自己的研究或实践没有帮助及不感兴趣，也有研究生认为任课教师不要求及课程简单也是他们课后没有继续学习的原因。

有三分之一被调查研究生每天用于课后自主学习的时间是 1 ～ 1.5 小时，有近三分之一的被调查研究生用于课后自主学习的时间超过 2 小时，也有近四分之一的被调查者用于课后自主学习的时间小于 1 小时。

研究生对任课教师的课程教学整体评价较高，对任课教师满意度最高的是任课教师能保证学时，不随意调课，备课充分，授课热情高。对授课形式多样，师生互动良好和解决问题的能力增强、兴趣提升方面满意度相对较低（见表 3-36）。

表 3-36　研究生对任课教师的教学评价

题目	很不满意	不太满意	一般满意	较满意	非常满意	平均值
备课充分，授课热情高	0.6%	2.3%	12.1%	35.7%	49.3%	4.31
保证学时，不随意调课	0.5%	1.4%	7.6%	36.2%	54.3%	4.42
突出重点、难点，讲授透彻清晰	0.6%	1.9%	15.7%	36.6%	45.1%	4.24
教材选用得当，课件设计合理	0.7%	1.9%	16%	35.4%	46%	4.24
授课内容理论联系实际	0.7%	2.8%	16.8%	33.1%	46.7%	4.22
授课形式多样，师生互动良好	1%	3.1%	20%	31.7%	44.2%	4.15
掌握了主要教学内容、学科前沿	0.9%	2.2%	16.4%	34.8%	45.6%	4.22
解决问题的能力增强、兴趣提升	1.4%	3%	19.4%	33.6%	42.6%	4.13

在要求研究生用 5 个词语描述对研究生课程教学的印象时，出现频率较高的词语有“生动、有趣、严谨、丰富、认真、专业、自主、充实、实用”等，其中绝大多数是正面评价，但也有“无聊、枯燥、难”等相对负面评价（见图 3-53）。

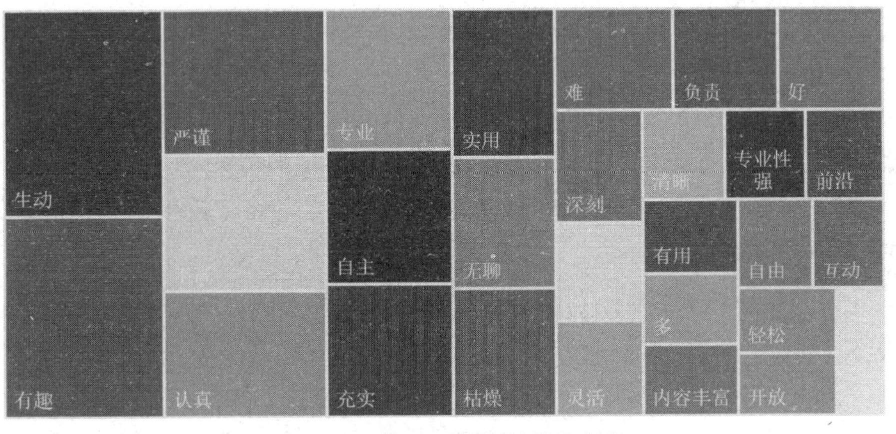

图 3-53　研究生对课程教学的印象

在要求研究生写出对自己最有帮助的 3 门课程时，由于参与调查的研究生学科分步广，写出的多是和自己专业联系密切的课程。校级公共课英语、矩阵分析、数值分析、振动理论、随机过程、英语听力、中国传统文化、弹塑性力学等很多研究生认为对自己最有帮助；其他培养环节的学科前沿、英语科技论文也有很多研究生认为对自己最有帮助；其余认为最有帮助的多为选课人数多的学科基础课（见图 3-54）。

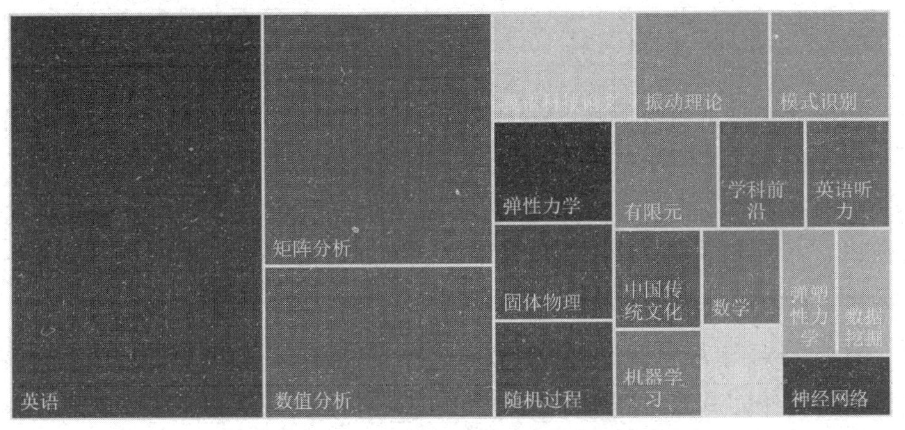

图 3-54　研究生评选的最有帮助课程

有 71.9% 的被调查研究生认为本学科培养方案的学分要求适中，可以接受；也有 26.7% 的受访者认为学分太多，没有必要；还有极个别研究生认为学分过少，不能满足学习需要。

有46.5%的被调查研究生认为今后培养方案改进的最主要方向是减少课程门数，提高授课质量；20.1%的被调查者认为应当贯通本硕博课程体系，扩大选修范围；有18.4%的被调查者认为要增加实践课、实验课比例，还有15%的被调查研究生认为应当提高国际化水平，增加全英文、双语教学课。

有三分之一的被调查研究生对本学科培养方案修订提出了自己的建议，主要集中在以下几个方面：

（1）“增加、多些”——调整课程设置，增加实践、实验学时，课程内容贴近学科前沿、紧密联系实际，学有所用；

（2）“减少”——减少课程门数，增加课程深度；

（3）“提高”——提高授课质量、提高实践能力；

（4）“建议”——建议小班授课，可以跨学院选课，授课时间压缩在一学期；

（5）“希望”——希望任课教师多做课前准备，增强与学生的互动，增加课堂灵活性，提高授课质量。

2018年，燕山大学对研究生培养方案进行了全面修订，进一步回应了研究生对课程学习的关切。

（一）丰富课程设置类型

1. 设置全英语教学课程

招收英文授课留学研究生的学科设置满足培养要求数量的全英语教学课程，该类课程可与中方研究生一同开设。为提升国际化水平，满足条件的其他学科、类别也设置不少于1门的全英语教学课程。为保证课程质量，全英语教学课程遵循以下标准设置：

（1）“全英语教学”是指课程教学全程使用英语。教师要选用优秀的英文教材或文献作为主教材，制作并使用英文课件，用英语讲授课程内容并与学生开展互动，以英文布置、批阅作业，考试或考查采用英文命题并要求学生用英文答题。

（2）全英语教学课程应是非英语专业研究生培养方案中的学科基础课、学科专业课和学科选修课。

（3）全英语教学课程应有相对稳定的教学团队，课程负责人要有1年以上海外留学、进修或工作的经历，教学团队成员结构合理、外语和教学水平较高、教学效果优良，能够胜任全英语课程教学。鼓励聘请国外教师、专家来华进行全英语教学工作。

（4）全英语教学课程原则上选用高质量的英文原版教材或国际一流学术期刊的原始文献。鼓励教师编写具有特色，适合学科研究生培养目标要求的教材。

（5）全英语教学课程要体现现代教育思想，融外语与学科知识教学于一体，恰当运用现代教学技术、方法与手段。要求有一定数量的网络资源，包括参考文献、案例分析等。

（6）选修全英语教学课程的研究生应具有较好的英语基础。任课教师可对选课研究生进行英语水平测试，确定上课名单，以保证教学效果。

2. 与校外企事业单位合作开设实践性课程

专业学位研究生培养方案中设置由校内教师和行业、企业专家共同完成的应用性强的专业课程。

3. 鼓励培养交叉学科创新人才

研究生可选修校内其他学科课程。

（二）调整学分要求

对硕士研究生的培养方案学分要求作了调整，理工科硕士研究生由之前的28学分调整到24学分，人文社科硕士研究生由之前的32学分调整到28学分（见表3-37）。

表3-37　燕山大学研究生课程设置及学分要求

课程类别		博士研究生		硕士研究生	
		课程科目	学分要求	课程科目	学分要求
学位课	公共学位课	英语1门，政治1门	≥8	英语1门，政治1门	≥14
	学科专业课	学科自主设置		学科自主设置	
非学位课	学科选修课	学科自主设置	≥4	学科自主设置	≥8.5
	公共选修课	外语1门		政治3门、外语1门、素质拓展课	

（续表）

课程类别	博士研究生		硕士研究生	
	课程科目	学分要求	课程科目	学分要求
其他培养环节	心理健康教育专题、科学道德和学风建设专题、创新创业指导专题、学术活动、学科前沿专题或学科要求的其他培养内容	≥2	心理健康教育专题、科学道德和学风建设专题、创新创业指导专题、学术活动、学科前沿专题或学科要求的其他培养内容	≥1.5

（三）实际开课情况

燕山大学 2019—2020 学年共开设研究生课程 1 169 门次，其中博士层次课程 115 门次，硕士层次课程 1 054 门次（见图 3-55）。2019 年秋季学期开设课程 787 门次。2020 年春季学期开设课程 382 门次，其中全英语教学课程 50 门次，双语教学课程 24 门次，专业学位实践应用课 3 门次。

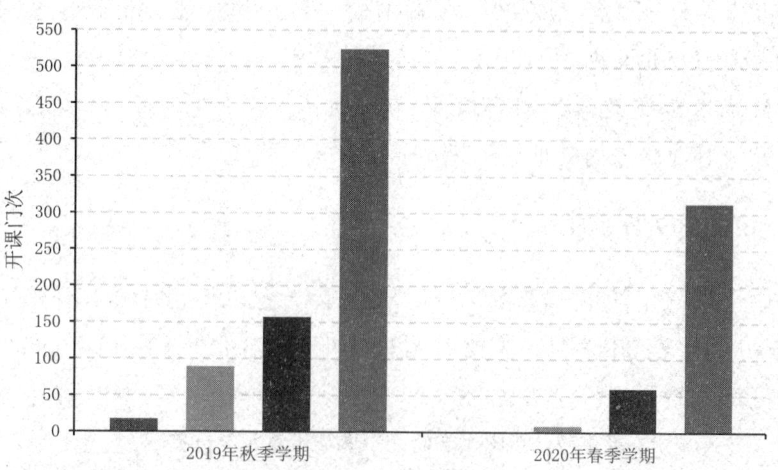

图 3-55　燕山大学 2019-2020 学年研究生开课情况

博士层次课程中公共课平均选课人数 64 人 / 门，大于平均值的课程 3 门，小于平均值的 15 门；专业课平均选课人数 11 人 / 门，大于平均值的课程 33 门，小于平均值的 64 门。

硕士层次课程中公共课平均选课人数 112 人 / 门，大于平均值的课程 107 门，小于平均值的 110 门；专业课平均选课人数 34 人 / 门，大于平均值的课程 260 门，小于平均值的 577 门（见图 3-56）。

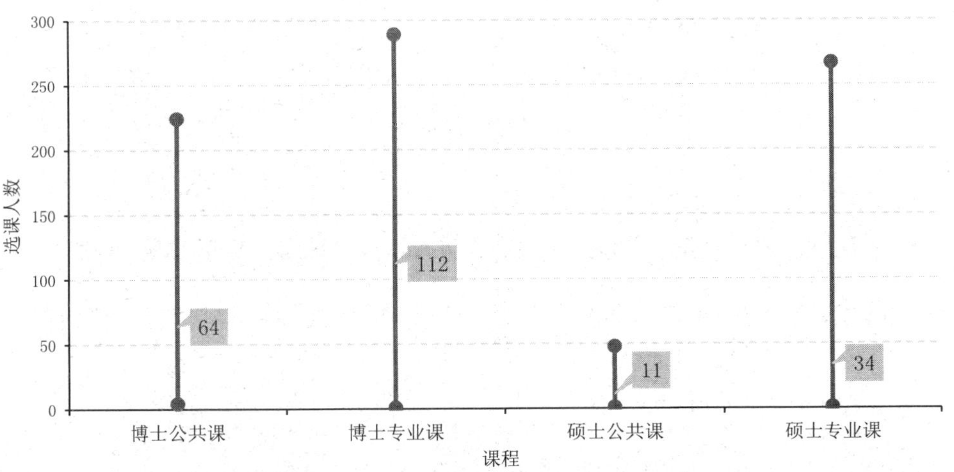

图 3-56　燕山大学 2019—2020 学年各类研究生课程选课人数分布

三、实践教学

燕山大学作为重型机械特色鲜明的行业特色高校，专业学位研究生教育始于 1997 年，现有机械博士专业学位类别，机械、材料与化工、电子信息、资源与环境、能源动力、土木水利、工商管理、公共管理、金融、应用统计、法律、体育、汉语国际教育、翻译、会计、工程管理和艺术等 17 个专业硕士学位类别，已培养专业学位研究生 11 600 多人。2011 年，学校被确定为全国工程硕士研究生教育创新院校。2012 年，燕山大学机械工程、公共管理硕士被确定为河北省首批专业学位研究生教育综合改革试点；2014 年，控制工程被确定为河北省第二批专业学位研究生教育综合改革试点。在历届全国工程专业学位研究生教育指导委员会组织的工程硕士评优活动中，燕山大学共有 7 名毕业生被评为“工程硕士实习实践优秀成果获得者”，3 名毕业生被评为“做出突出贡献的工程硕士学位获得者”（见图 3-57）。

图 3-57　燕山大学专业学位研究生获奖情况

在多年的专业学位研究生培养实践中，燕山大学逐渐建立起了“123”专业学位研究生实践教学体系，即“一个核心”——以培养专业学位研究生解决实际问题能力为核心；“二种方式”——采取校内校外、集中分段两种实践方式；“三层次内容”——校内课程实验、校内模块实训、校外专业实践三级内容层次相结合的实践教学体系。

（一）校内实践教学

以提升实践应用能力为导向，以“解决实际问题”作为课程建设的切入点和立足点，加强实践应用课程、案例（库）课程、研究方法课程、学科交叉课程、新工科及新文科课程等实践教学内容，采用“解决问题—获取知识—解决问题”的螺旋演进模型，实现课程设置与课题研究、培养目标、知识应用间的同步。

1. 实践应用课程

邀请行业企业技术方面的专家学者或者校内具有行业企业实践背景的教

师开设实践应用课程，增加校内课程实验内容，将理论与实践相融合，增强专业学位研究生的实践能力，近几年已开出此类课程 17 门。

2. 案例（库）课程

以鼓励任课教师申报省级、校级专业学位案例（库）建设项目为引导，以点带面，扎实推进专业学位研究生课程案例（库）建设，加强案例教学、现场研究和模拟训练等教学方法的运用。2018 年，法律硕士教学案例“‘狼牙山五壮士’系列案——网络环境下名誉侵权的认定”入选中国专业学位教学案例中心案例库。

3. 研究方法课程

根据行业企业研发课题、区域地方发展的特殊需求，邀请行业企业技术方面的专家学者开设 TRIZ 等研究方法课程或讲座，支持专业学位研究生在研发实践中学习、借鉴、吸收与应用国际国内同行先进的研究方法。

4. 学科交叉课程

为促进基础学科与应用学科的知识交叉、传统学科与新兴学科的知识交叉，邀请行业企业专家、政府决策人士以专题研讨、课堂授课、专家论坛、网络教学等多样化方式推进“工程伦理”“社会与法”“设计创新与思维”“发明问题的解决理论”等学科交叉课程的开设。

5. 新工科、新文科课程

学校充分发挥在科技创新和产业创新方面的主体作用，致力培养实用创新型专门人才，增强人才服务区域经济发展和产业转型升级的能力，学校落实“新工科”“新文科”教育理念，面向专业学位研究生开设“人工智能与机器学习”“知识产权”等相关公共课，增强研究生运用交叉学科知识，解决实际问题的能力。

（二）校内实训模块建设

燕山大学自 2014 年起开展专业学位研究生校内实践基地建设工作，累计投入经费 2 400 多万元，按照统一规划，将各专业实验室重复购置、闲置的设备盘活，提高实验室的使用率和开放程度，建成校内实践基地 22 个，还构建了以行业企业项目为主要来源的校内实训模块 96 个，有效整合了各类科研平台资源，最大限度发挥大型仪器、高技术设备和先进软件的实验效用，极大解决了实验资源分散、利用低效及实验教学平台和师资不足问题，有效支撑了专业学位研究生开展校内实践活动的需求。

（三）校外实践基地建设

燕山大学自 2012 年起开展专业学位研究生校外实践基地建设工作，截至目前，已建成校外实践基地 188 个，其中省级实践基地 7 个（省级示范性实践基地 1 个），校级实践基地 15 个。学校与企业、高校和科研院所共建实践基地 27 个，与清华大学、北京科技大学等名校进行校际实验室协同，涵盖 17 个专业硕士学位授权类别。

迄今已安排专业学位研究生 3 000 多人到校外实践基地进行实践教学。利用校外实践基地提供的实践条件，一方面极大拓展了学校的办学空间，缓解了研究生招生人数增加带来的资源紧张局面；另一方面专业学位研究生在校内导师和行业企业外聘导师的共同指导下，完成专业实践训练和学位论文撰写，既解决了行业企业的实际问题和技术难题，提高了行业企业的市场竞争力，又锻炼了研究生的实践能力，丰富了研究生的社会经验，极大锻炼了研究生的实践应用能力和创新能力。

1. 增加院级校外实践基地数量，扩大校外实践基地覆盖面

燕山大学与中国科学院计算技术研究所、天津电气科学研究院、河北港口集团股份有限公司、康泰医学系统（秦皇岛）股份有限公司、秦皇岛市人民检察院等区域内科研院所，知名大中型国企、外资或合资企业，民营企业，政府部门等开展广泛合作，以科研合作为基础，拓展校企合作的深度、广度，积极挖掘具备条件的行业企业单位，本着互惠互利的原则，扩充校外实践基地数量。

2. 提升校级校外实践基地质量

燕山大学从已有的院级校外实践基地中遴选出特色鲜明、具有代表性、示范性的作为校级校外实践基地。结合学校专业学位研究生培养需要，科学遴选校外实践地按照省级实践基地的标准和建设要求进行培育。同时加强对校外实践基地的过程监控，定期走访调研基地运行情况，注重基地建设的实

效性。

3. 打造具有特色的省级校外实践基地

燕山大学依托河北省专业学位综合改革试点，获得上级 610 万元专项经费支持，已建成各具特色的省级校外实践基地 7 家。如与康泰医学系统（秦皇岛）股份有限公司、中铁山桥集团有限公司合作建立的省级校外实践基地充分体现了行业特色，与秦皇岛港股份有限责任公司、神骅黄骅港务有限责任公司合作建立的省级校外实践基地则充分体现了地域特色。

燕山大学依托康泰医学系统（秦皇岛）股份有限公司建设的校外实践基地获评省级示范性实践基地，涵盖了电子与通信工程、光学工程、计算机技术、软件工程、仪器仪表工程和工业设计工程等专业学位领域，近 5 年培养专业学位研究生 100 多人，在国内外公开出版的学术期刊上发表论文 100 多篇，出版著作 2 部，申请专利 40 多项，获得省级以上科研奖励 14 项。

（四）校际实验室协同培养研究生

燕山大学作为北京高科大学联盟成员，积极与京津高校开展交流合作，通过校际实验室协同，进一步推动高校间优质教学资源共享，推进高校间研究生、教师与教学管理人员的互派互访，联合培养专业学位研究生。如机械工程学院、信息科学与工程学院、艺术与设计学院和车辆与能源学院等学院与清华大学汽车研究院、KEG 实验室等进行校际实验室协同，建筑工程与力学学院与北京科技大学空间技术防灾研究所进行校际实验室协同，已联合培养专业学位硕士研究生 100 多人。

（五）打造双师型导师队伍

燕山大学聘请实践经验丰富的行业领域专家、技术骨干，组建专业化的专兼职教师团队；选派校内导师到行业领域相关单位兼职、挂职，培训校内导师的实践教学能力；依托校外实践基地，遴选文化程度高、技术水平高的专家担任校外导师。学校现有专业学位校内导师 1 127 人，行业企业校外导师 1 076 人，其中专业学位博士校外导师 28 人，基本建成一支“双师型”导师队伍，满足了研究生培养的需要。

近 5 年燕山大学参加专业实践的研究生有 3 000 余人，其中参加校外实践的有 1 700 余人（见图 3-58）。研究生参与企业技术改造和服务项目 741 项，合同额达到 23 212.02 万元；获发明专利授权 337 项，实用新型专利 281 项，外观设计专利 26 项，软件登记 115 项；发表 SCI 检索论文 553 篇，EI 检索论文 716 篇，CDCI 检索论文 81 篇。

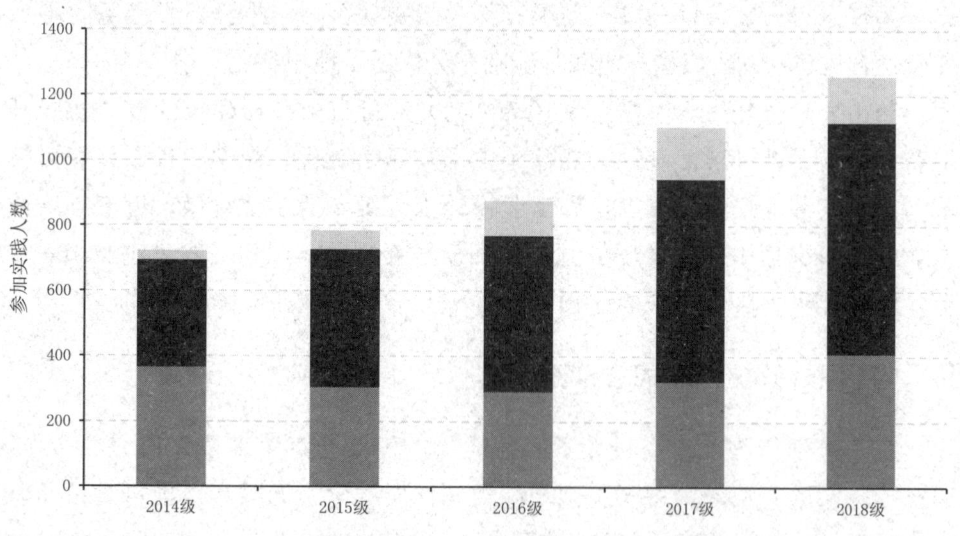

图 3-58　燕山大学研究生历年参加专业实践情况

燕山大学以国家、行业重大战略需求为导向，与校外实践基地单位合作开展重大项目技术攻关，校企合作，依托实际项目培养研究生，开展专业实践，取得了良好的合作效果。以下是几个具有代表性的案例：

（1）张福成教授带领的先进钢铁材料研究团队攻克了许多关于铁路辙叉和桥梁钢方面的技术难题。研究团队与中铁山桥集团开展密切合作，指导专业学位研究生王艳辉等攻克高锰钢辙叉与高碳钢钢轨焊接技术难题，打破了我国高铁提速的瓶颈，其焊接材料及相关焊接技术现已成为我国唯一，并出口到澳大利亚等 20 多个国家的高技术产品和工艺。相关研究成果获得 2016 年度河北省技术发明奖一等奖、2018 年国家技术发明二等奖、2020 年国家技术发明二等奖。

（2）王青峰教授课题组先进钢铁材料研究团队参与了港珠澳大桥最重

要节段——青州航道桥索塔锚固箱的焊接制造。王青峰教授与中铁山桥集团有限公司合作指导专业学位研究生王玉玮等，在国内首次将耐候钢应用于索塔锚固箱的焊接制造，实现了焊接冶金质量、接头力学性能与耐腐蚀性能综合控制，保证了关键构件120年不腐蚀的卓越性能。针对该钢箱梁斜拉桥超常规的制造质量要求，创造性地开发和使用了薄规格构件焊接接头冲击韧性控制技术，大大提升了桥梁的安全性能，为港珠澳大桥通车贡献了燕大人的智慧。

（3）赵永生教授团队助力北斗三号高轨首发星发射任务取得成功。该团队自2014年开始与空间电子信息技术研究院空间天线技术研究所合作，带领专业学位研究生吴宇等在星载构架式可展开天线机构的构型综合、展开运动学、展开动力学等方面与空间天线技术研究所课题组联合攻关，创新性地建立了一套构架式可展开天线机构的构型综合与机构分析理论体系，为研发更高水平星载构架式可展开天线奠定了重要理论与技术基础。在北斗三号高轨首发星（GEO-1）“吉星”的型号天线展开运动学分析及机构算法合作攻关中，完成一系列关键技术攻关，为可展天线的研制成功作了突出贡献。

（4）沈同德教授团队与国内外科学家合作，指导专业学位研究生梁晋嘉等在高强度、高热稳定性、抗辐照的块体纳米晶钢研究中取得重要进展。沈同德教授团队、北京大学王宇钢教授团队、南京理工大学沙钢教授团队、美国普渡大学张星航教授团队和美国西北太平洋国家实验室胡深洋研究员合作，针对奥氏体钢强度偏低、辐照后易肿胀以及纳米晶金属高温下晶粒易长大等问题，创新性的通过界面元素偏聚及纳米析出钉扎，制备出超强且具有优异的热与辐照稳定性的块体304L纳米晶奥氏体钢，相关研究成果于2018年12月19日在《自然·通讯》在线发表。

四、学位论文

2019年，燕山大学制定了《燕山大学关于进一步提高研究生学位论文质量的若干规定》，进一步加强了学位授予全方位、全流程管理。

（一）学位授予过程管理

1. 学位论文开题

研究生在完成培养方案规定的课程学习后，可以在导师指导下完成开题报告撰写，开题报告经不少于人数为 5 名且单数的评审小组评审通过后，方可进入学位论文研究、撰写阶段。博士研究生学位论文开题通过与学位论文答辩至少间隔 1 年，硕士研究生至少间隔 6 个月。

2. 中期考核

按照培养方案要求，博士研究生一般在第六学期、硕士研究生一般在第四学期进行中期考核。中期考核内容主要包括研究生的思想情况、个人培养计划完成情况及学位论文进展情况，对不适合继续攻读学位的研究生实行分流。

3. 学位论文评阅

研究生学位论文全部实行“双盲”匿名评阅制度。全日制硕士研究生，包括留学硕士研究生，学位论文由学校学位办公室根据学位类别及学科专业不同，按一定比例（一般不低于申请学位人数的 20%）抽查，被抽中的研究生学位论文送教育部学位中心平台评阅。

未被学校学位办公室抽中的研究生学位论文由所在学院组织“双盲”评阅，一般需找 2 名专家评阅。

燕山大学对在河北省硕士学位论文质量抽检中出现“存在问题学位论文”的学科加大抽查监督力度，学科每出现 1 篇“存在问题学位论文”，在下一年的学位论文评阅中抽查比例增加 20%。同时对相关导师指导的研究生列入重点监督对象，如导师指导的研究生在河北省硕士学位论文质量抽检中被认定为“存在问题学位论文”，或者学位论文评阅最终为不同意答辩，或者学位论文答辩未通过，则其导师所指导的研究生学位论文下一年全部由学校学位办公室组织“双盲”评阅。

非全日制硕士研究生学位论文由学校学位办公室和所在学院安排 3 名校外评阅专家“双盲”评阅，其中学院安排 1 名评阅专家，且必须是相关行业实践领域具有高级专业技术职务的专家。

4. 学位论文评阅结果

为保证学位论文质量，根据研究生学位论文评阅结果，分情况进行后续工作：（1）研究生学位论文评阅成绩全部在 70 分及以上的，研究生完成学位论文修改，并写出详细修改说明，经导师审查同意后，学院组织学位论文答辩；（2）有 1 份评阅成绩在 60 ～ 69 分，且其他评阅成绩均在 60 分及以上的，研究生完成学位论文修改，并写出详细修改说明，经导师审查同意后，将修改后的学位论文及修改说明一并提交所在学院，由学院学位评定分委员会指定至少 1 名委员对学位论文修改情况进行审查，审查结果为“论文达到修改要求，同意组织学位论文答辩”后，可组织学位论文答辩；（3）有 1 份评阅成绩在 60 分以下的，研究生完成学位论文修改，并写出详细修改说明，经导师审查同意后，将修改后的学位论文及修改说明一并提交所在学院，由学院学位评定分委员会指定至少 3 名委员对学位论文修改情况进行审查，审查结果为“论文达到修改要求，同意组织学位论文答辩”后，可组织学位论文答辩，学院学位评定分委员会主席在校学位评定委员会审核时做出具体说明；（4）两份及以上评阅成绩都在 60 分以下的，研究生重新申请学位论文答辩。

5. 学位论文答辩

研究生学位论文答辩委员会组成人员中，要求有外单位的有关专家参加。学术学位博士研究生学位论文答辩委员会中要求有至少 1 名外单位相关学科的具有教授职称或相当职称的专家，原则上应为博士生导师；专业学位博士研究生要求有至少 1 名相关行业实践领域具有正高级专业技术职务的专家；学术学位硕士研究生要求有至少 1 名外单位相关学科的具有高级专业技术职务的专家；专业学位硕士研究生要求有至少 1 名相关行业实践领域具有高级专业技术职务的专家。

（二）学位论文抽检

为保证学位授予质量，自 2010 年起，国务院学位委员会办公室对全国已授学位的博士学位论文进行抽检；自 2014 年起，河北省学位委员会办公室对全省已授学位的硕士学位论文进行抽检。

截至目前，燕山大学共被抽检博士学位论文105篇，合格104篇，存在问题论文1篇。2020年燕山大学在河北省学位委员会办公室组织的学位论文抽检中，共被抽检硕士学位论文163篇，抽检最终结果为“优秀”论文3篇，“良好”论文109篇，“一般”论文51篇，“存在问题论文”0篇。被抽检的硕士学位论文优良率为68.71%，高出全省平均水平（50.7%）。

（三）学位论文质量

1. 博士研究生学位论文

2020年送审的博士学位论文有111篇，每篇学位论文由3名盲审专家评阅，从专家评阅结果看，返回结果优秀的占30.33%，良好的占58.56%，一般的占9.01%，不合格的占2.10%。从各学科情况看，物理学、化学工程与技术学科学位论文评阅成绩优秀比例最高，力学、电气工程、计算机科学与技术学科成绩良好的比例高，管理科学与工程、公共管理学科成绩一般的比例占30%左右，电子科学与技术学科成绩良好的占多数，仪器科学与技术、机械工程、材料科学与工程、控制科学与工程学科均有少数不合格的评阅成绩（见图3-59）。

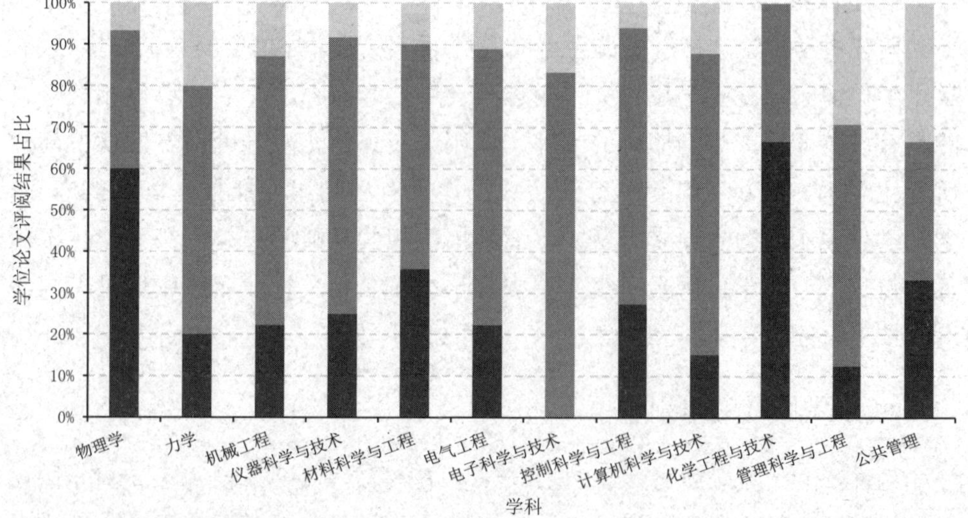

图3-59　2020年燕山大学各学科博士研究生学位论文评阅成绩分布

2. 全日制学术学位硕士研究生学位论文

2020 年送审的全日制学术学位硕士研究生学位论文有 1 116 篇，每篇学位论文由 2 名盲审专家评阅，从专家评阅结果看，返回结果优秀的占 17.20%，良好的占 66.22%，一般的占 15.55%，不合格的占 1.03%。从各学科情况看，石油与天然气工程、中国语言文学、物理学、光学工程、数学、哲学和环境科学与工程学科评阅成绩优秀的占比较高，在 30% 以上，且成绩良好的比例均在 50% 以上；设计学、化学工程与技术、马克思主义理论、控制科学与工程、政治学和统计学学科评阅成绩优秀的比例在 20% 以上，成绩良好的比例在 50% 以上，同时成绩一般的比例在 10% 以上，个别学科还有少数不合格的评阅成绩；仪器科学与技术、电气工程、材料科学与工程、法学、机械工程、动力工程及工程热物理、工商管理、信息与通信工程、外国语言文学、力学和应用经济学学科评阅成绩优秀的比例在 10% 以上，成绩良好的比例占 60% 左右，成绩一般的比例在 15% 左右，有个别学科有少数评阅成绩不合格；生物医学工程、公共管理、软件工程、计算机科学与技术、电子科学与技术、音乐与舞蹈学、土木工程、管理科学与工程和美术学学科评阅成绩优秀的比例低于 10%，成绩良好的比例在 50% ～ 80% 之间，成绩一般的比例在 15% ～ 30% 之间，有少数学科评阅成绩不合格的比例在 4% ～ 10% 之间（见图 3-60）。

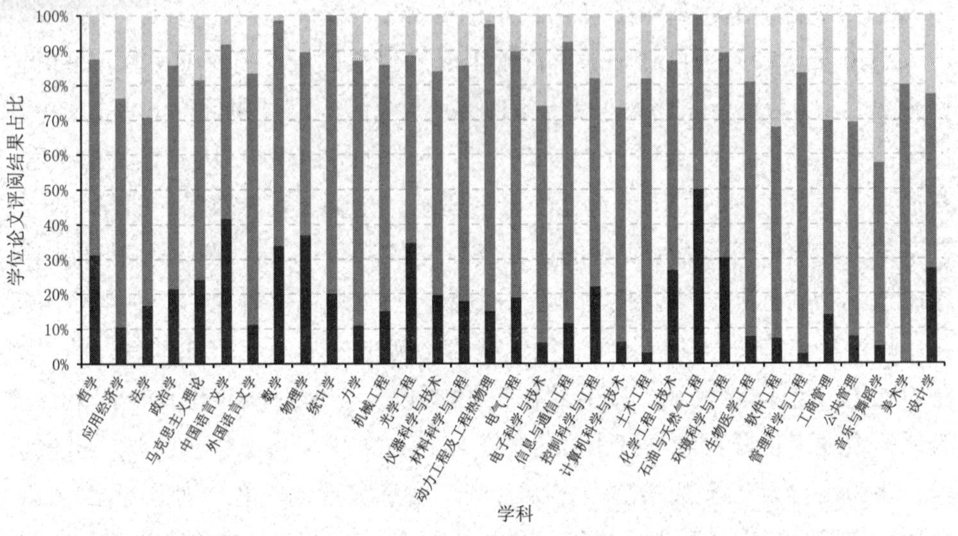

图 3-60　2020 年燕山大学各学科全日制学术学位硕士研究生学位论文评阅成绩分布

3. 全日制专业学位硕士研究生学位论文

2020 年送审的全日制专业学位硕士研究生学位论文有 817 篇，每篇学位论文由 2 名盲审专家评阅，从专家评阅结果看，返回结果优秀的占 17.20%，良好的占 61.69%，一般的占 19.83%，不合格的占 1.29%。从各类别情况看，工程和体育类别评阅成绩优秀的占比较高，在 16% ～ 20%，且成绩良好的比例均在 46% 以上，一般的比例在 15% ～ 35% 之间，工程类别还有个别评阅成绩不合格；应用统计、法律类别评阅成绩优秀的比例为 10%，成绩良好的比例均在 60% 以上，一般的比例在 7% ～ 30% 之间，应用统计类别评阅成绩不合格的占 5.26%；公共管理、工商管理、翻译和会计类别评阅成绩优秀的比例占 6% ～ 7%，成绩良好的比例占 45% ～ 73%，一般的比例占 18% ～ 43%，各类别均有一定比例的不合格评阅成绩，占 0.88% ～ 6.73%；汉语国际教育类别的学位论文评阅成绩均为良好；旅游管理类别的学位论文评阅成绩均为一般（见图 3-61）。

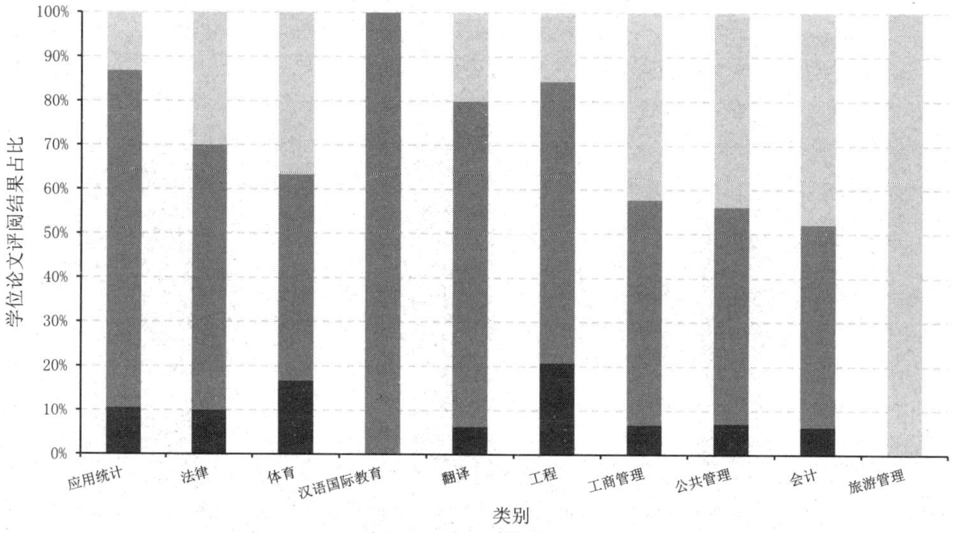

图 3-61　2020 年燕山大学各类别全日制专业学位硕士研究生学位论文评阅成绩分布

4. 非全日制专业学位硕士研究生

2020 年送审的非全日制专业学位硕士研究生学位论文有 283 篇，每篇学位论文由 3 名盲审专家评阅，从专家评阅结果看，返回结果优秀的占 8.48%，良好的占 61.60%，一般的占 27.21%，不合格的占 2.71%。从各类别情况看，公共管理类别评阅成绩优秀的比例相对较高，占 13.33%，良好的占 56.89%，一般的占 27.56%，不合格的占 2.22%；工商管理和工程类别评阅成绩优秀的比例相对较低，比例低于 10%，良好的占 50% ～ 60%，一般的占 23% ～ 38%，不合格的占 2% ～ 5%（见图 3-62）。

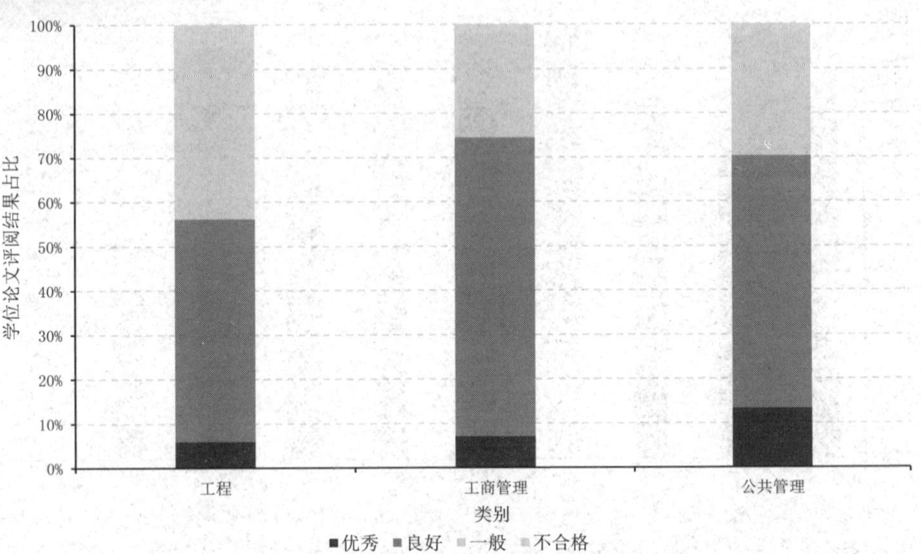

图 3-62　2020 年燕山大学各类别非全日制专业学位硕士研究生学位论文评阅成绩分布

（四）学位论文选题

从近几年研究生学位论文选题情况看，学位论文类型是基础研究的占 51.29%，应用研究的占 41.88%，综合研究的占 5.62%，其他占 1.20%。博士研究生学位论文类型是基础研究的占 65.33%，应用研究占 22.47%，综合研究占 11.56%；硕士研究生学位论文类型是基础研究的占 50.41%，应用研究占 43.10%，综合研究占 5.25%（见图 3-63）。

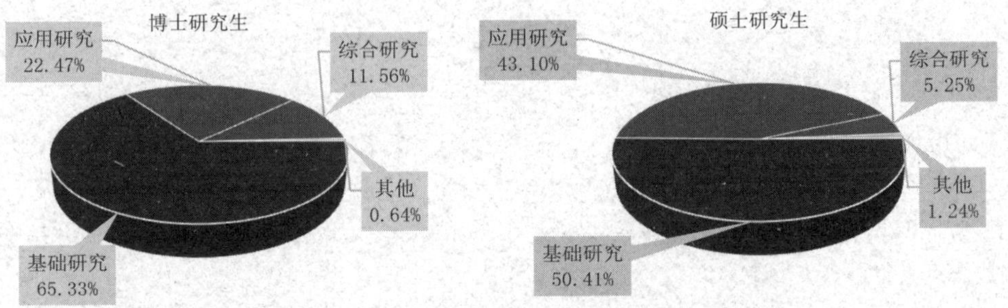

图 3-63　燕山大学研究生学位论文类型结构

博士研究生和硕士研究生学位论文的选题来源差异很大，博士研究生学位论文选题主要来源于国家自然科学基金项目，占 48.31%，来源于省级科研项目的占 11.72%，还有不少来源于“973”“863”项目和企、事业单位委托项目，约占 10%。硕士研究生学位论文选题来源于国家自然科学基金项目的只占 21.16%，来源于省级科研项目的占 10.56%，来源于企、事业单位委托项目的占 6.67%，还有 22.31% 的学位论文选题没有科研项目支撑（见图 3-64）。

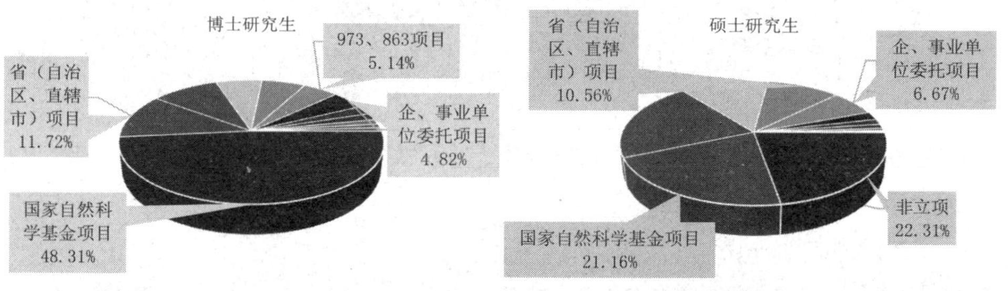

图 3-64　燕山大学研究生学位论文选题来源结构

各学科博士学位论文的选题来源有差异（见图 3-65），材料科学与工程选题来源于国家自然科学基金项目、“973”项目、“863”项目的占多数；机械工程学科选题来源于国家自然科学基金项目、省级项目、企、事业单位委托项目的比例较高。专业学位硕士研究生各类别间的学位论文选题来源有一定差异（见图 3-66），电子信息和机械类别学位论文选题来源于国家自然科学基金项目、省级科研项目及校内自选项目的占多数，工商管理类别学位论文选题多数无科研项目支撑。学术学位硕士研究生各学科门类之间的学位论文选题来源差异明显（见图 3-67），哲学门类与工学门类，工学门类与文学、法学、理学、管理学、经济学、艺术学门类都有明显差异。工学门类学术学位硕士研究生学位论文选题多来源于国家自然科学基金项目、省级科研项目、“973”项目、“863”项目、国防项目等；其他人文社科类学术学位硕士研究生学位论文选题多来源于教育部人文、社会科学项目、国家社科规划基金项目，少数来源于省级科研项目（见图 3-68）。

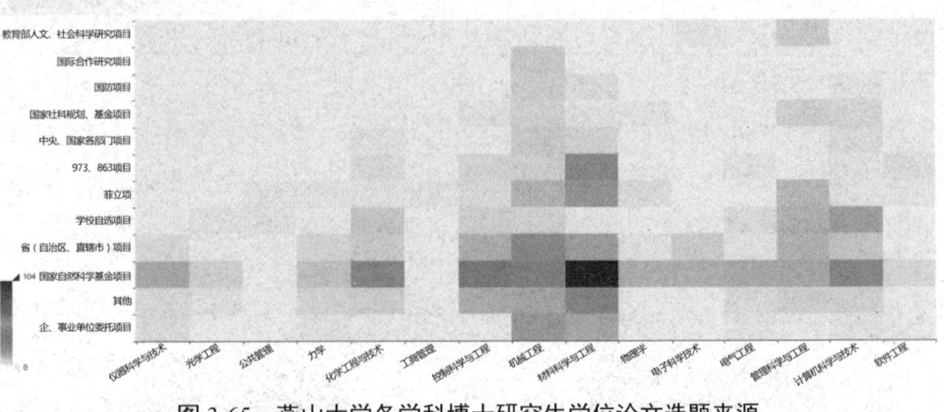

图 3-65　燕山大学各学科博士研究生学位论文选题来源

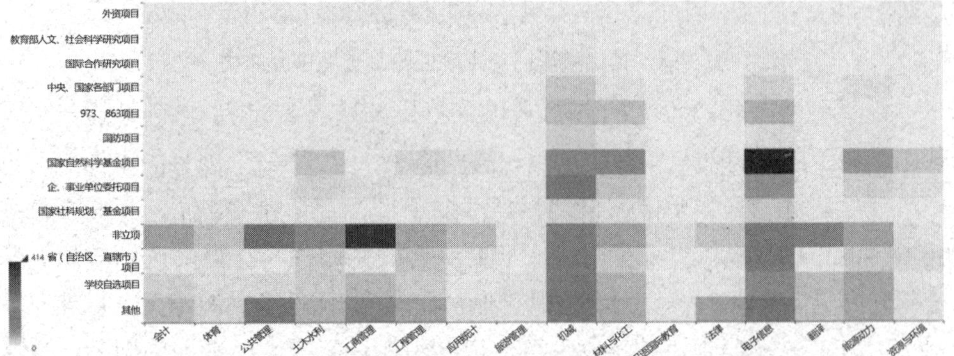

图 3-66　燕山大学各类别专业学位硕士研究生学位论文选题来源

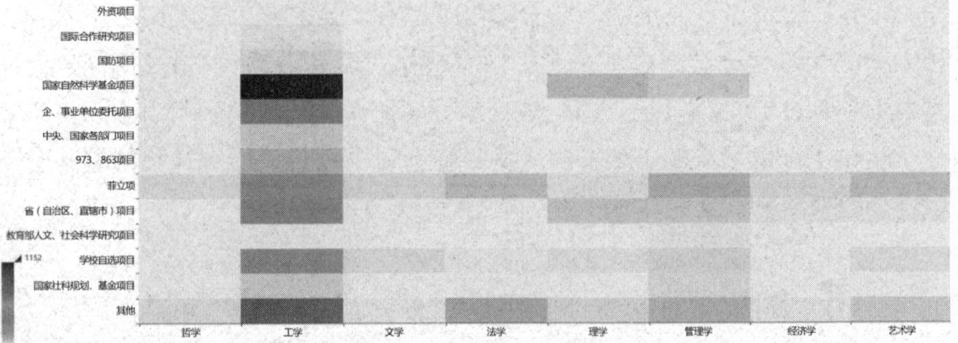

图 3-67　燕山大学各学科学术学位硕士研究生学位论文选题来源

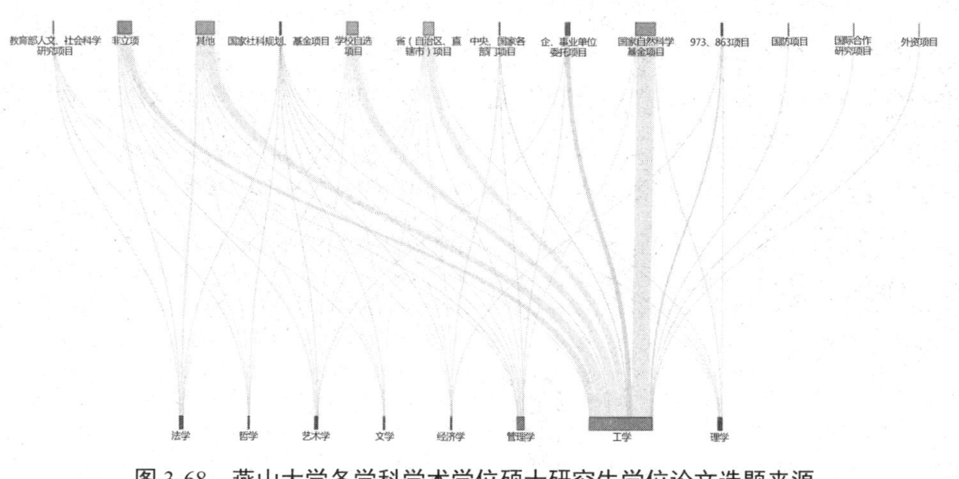

图 3-68　燕山大学各学科学术学位硕士研究生学位论文选题来源

（五）优秀学位论文

自 2007 年河北省开展优秀博士硕士学位论文评选以来，燕山大学共获得河北省优秀博士、硕士学位论文 87 篇和 256 篇，获奖数量分别居河北省各高校首位（见图 3-69）。

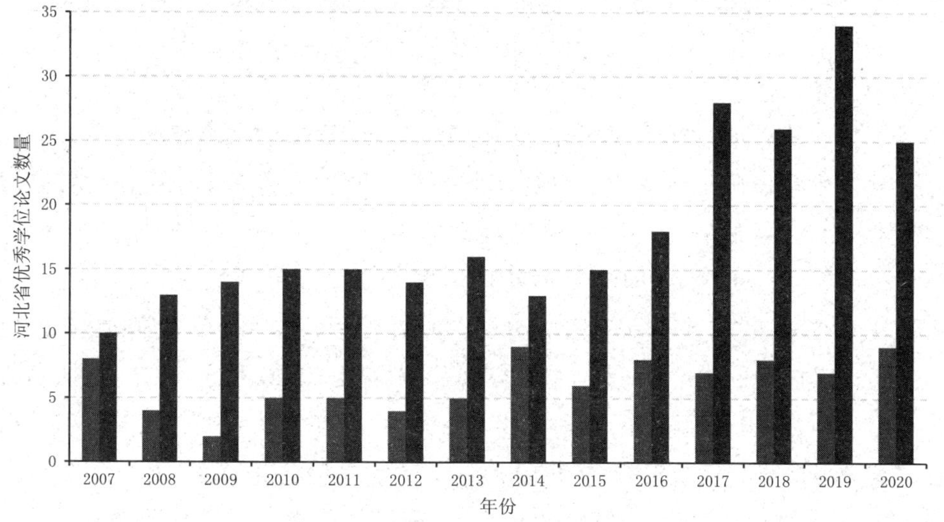

图 3-69　燕山大学历年获河北省优秀博士、硕士学位论文数量

从各学科历年获得河北省优秀博士学位论文数量看（见图 3-70），材料科学与工程学科数量最多，一共获得 32 篇省级优秀博士学位论文，占全部的 36.78%；机械工程学科获得 18 篇，占 20.69%；控制科学与工程学科获得 12 篇，占 13.79%，这 3 个学科获得省级优秀博士学位论文数量占全部的 71.26%；其余学科获得省级优秀博士学位论文数量均在 10 篇以下，依次是化学工程与技术、电子科学与技术、管理科学与工程、物理学、光学工程和计算机科学与技术学科。

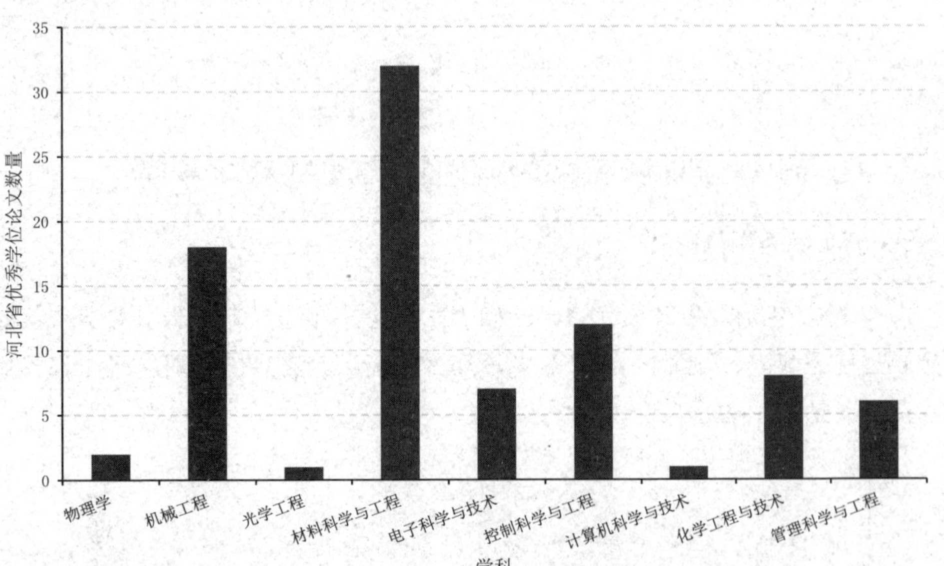

图 3-70　燕山大学各学科获河北省优秀博士学位论文总体情况

从学术学位硕士研究生各学科历年获得河北省优秀硕士学位论文数量看（见图 3-71），控制科学与工程学科数量最多，一共获得 43 篇省级优秀硕士学位论文，占全部的 21.61%；材料科学与工程学科获得 31 篇，占 15.58%；机械工程学科获得 20 篇，占 10.05%；化学工程与技术学科获得 19 篇，占 9.55%；数学学科获得 11 篇，占 5.53%；物理学学科获得 10 篇，占 5.03%；这 6 个学科获得省级优秀硕士学位论文数量占全部的 67.34%；其余学科获得省级优秀硕士学位论文数量均在 10 篇以下，依次是电气工程、电子科学与技术、工商管理、力学、管理科学与工程、应用经济学、信息与通信工程、计算机科学与技术、土木工程、音乐与舞蹈学、哲学、马克思主义理论、光学工程、仪器科学与技术、环境科学与工程、法学、外国语言文学、石油与天然气工程、生物医学工程、公共管理和设计学学科。

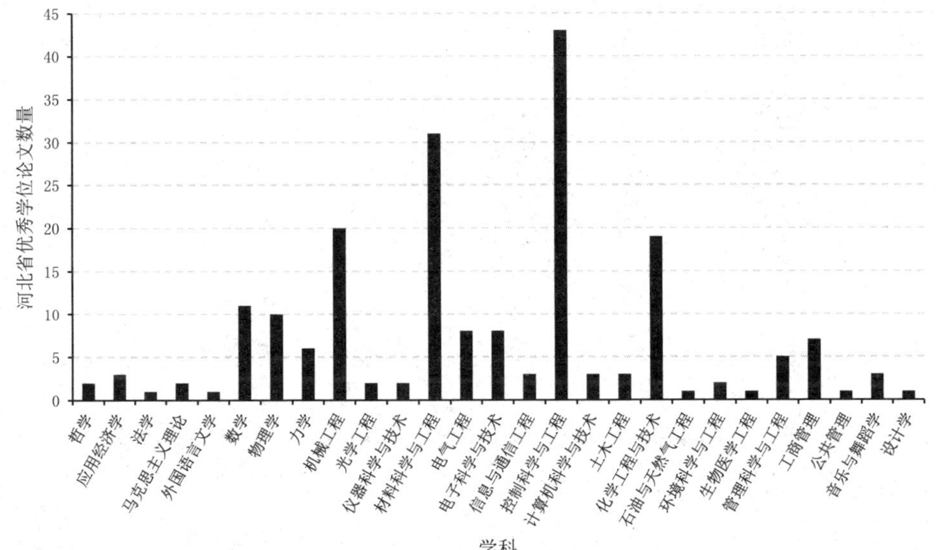

图 3-71　燕山大学各学科获河北省优秀硕士学位论文总体情况

从专业学位硕士研究生各类别历年获得河北省优秀硕士学位论文数量看（见图 3-72），电子信息和机械类别数量最多，分别获得 19 篇省级优秀硕士学位论文，各占全部的 33.33%；材料与化工类别获得 11 篇，占 19.30%；这 3 个类别获得省级优秀硕士学位论文数量占全部的 85.96%；其余类别获得省级优秀硕士学位论文数量均在 10 篇以下，依次是能源动力、土木水利和工商管理类别。

自 2007 年以来，共有 187 名研究生导师指导的学位论文获得河北省优秀博士、硕士学位论文。其中获得 10 篇河北省优秀博士、硕士学位论文的导师有 1 人；获得 8 篇的导师有 2 人；获得 7 篇的有 2 人；获得 6 篇的有 3 人；获得 5 篇的有 4 人；获得 4 篇的有 10 人；获得 3 篇的有 13 人；获得 2 篇的有 34 人；获得 1 篇的有 118 人（见图 3-73）。

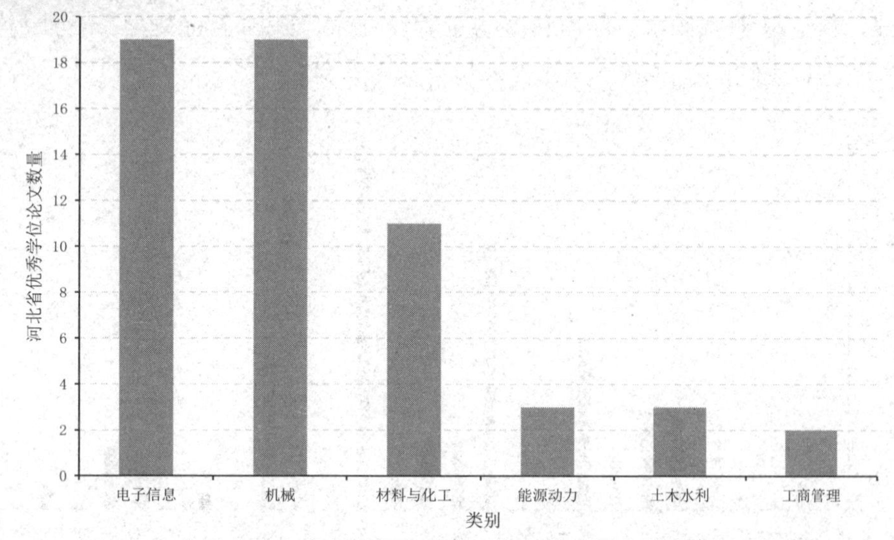

图 3-72　燕山大学各专业学位类别获河北省优秀硕士学位论文总体情况

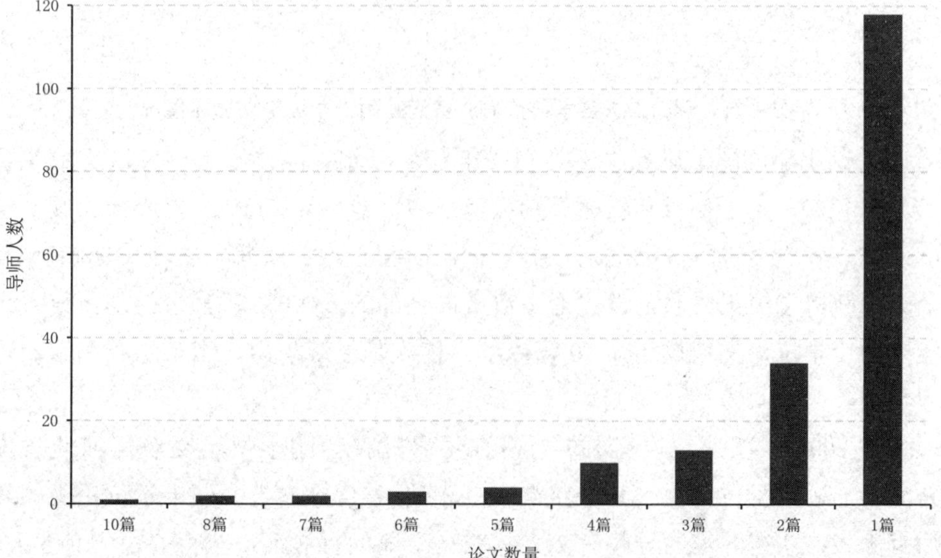

图 3-73　燕山大学导师指导研究生获得河北省优秀学位论文数量

关新平教授指导的研究生获得河北省优秀博士、硕士学位论文数量最多，共 10 篇；其次是高大威教授和李曙光教授，各获得 8 篇；张福成教授和华长春教授各获得 7 篇；高发明教授、刘日平教授和许立忠教授各获得 6 篇；韩树民教授、侯蓝田教授、刘福才教授和马跃超教授各获得 5 篇。

华长春教授指导的研究生获得河北省优秀博士学位论文的数量最多，共5篇；其次是关新平教授、张福成教授和刘彬教授各获得4篇；高发明教授、刘日平教授、柳忠元教授、田永君教授和王艳辉教授各获得3篇。

高大威教授和李曙光教授指导的研究生获得河北省优秀硕士学位论文的数量最多，各7篇；其次是关新平教授，获得6篇；韩树民教授、许立忠教授、刘福才教授和马跃超教授各获得5篇；胡宇达教授、罗小元教授、孙孝峰教授和赵延治教授各获得4篇。

2004年燕山大学获得1篇全国优秀博士学位论文，论文作者是材料科学与工程学科高发明博士，导师李东春教授；2007年，李东春教授指导的材料学学科何巨龙博士又获得1篇全国优秀博士学位论文，2006年何巨龙博士的学位论文已获得全国优秀博士学位论文提名论文（见表3-38，3-39）。

表3-38　燕山大学获得全国优秀博士学位论文情况

姓名	学科	论文题目	导师	年度
高发明	材料科学与工程	复杂晶体化学键介电理论及其在材料科学中的应用	李东春	2004
何巨龙	材料学	B-C-N新材料的实验合成与相关材料的第一性原理研究	李东春	2007

表3-39　燕山大学获得全国优秀博士学位论文提名论文情况

姓名	学科	论文题目	导师	年度
姜万录	机械电子工程	基于混沌性质和多分辩分析的故障诊断理论及实验研究	王益群	2003
李秦川	机械设计及理论	对称少自由度并联机器人型综合理论及新机型综合	黄真	2005
刘晓东	电路与系统	无序介质的中红外光子局域化和Z-扫描技术研究	侯蓝田	2005
何巨龙	材料学	B-C-N新材料的实验合成与相关材料的第一性原理研究	李东春	2006
陈明阳	电路与系统	新型光子晶体光纤的数值模拟	于荣金	2006
华长春	控制理论与控制工程	状态滞后非线性时滞系统的鲁棒控制	关新平	2008
丁华锋	机械电子工程	运动链的环路理论与同构判别及图谱库的建立	黄真	2010
郑成博	电路与系统	电磁弹性动力学和电磁场广义变分原理研究	刘彬	2012

自 2011 年以来，燕山大学获得中国机械工程学会评选的“上银优秀机械博士论文奖”3 篇，获得中国自动化学会评选的“CAA 优秀博士学位论文奖”1 篇。

五、学术实践交流

2019 年，燕山大学举办了全校性的研究生学术论坛，学术论坛由研究生院主办，机械工程学院、材料科学与工程学院等 14 个学院承办，是学校举办的首次全校性研究生学术交流活动。最终提交到各论坛的学术论文达到 1544 篇，其中博士 245 篇，在各论坛宣讲的论文有 414 篇，其中博士 92 篇。

燕山大学积极组织研究生参加由教育部学位与研究生教育发展中心主办的全国研究生创新实践系列活动和其他全国及河北省的研究生学科竞赛。2017 年以来，获得中国研究生电子设计竞赛全国总决赛、中国研究生数学建模竞赛、中国研究生石油装备创新设计大赛、中国水下机器人大赛、“中国电机工程学会杯”全国大学生电工数学建模竞赛、“挑战杯”全国大学生课外学术科技作品竞赛、中国可视化与可视分析大会数据可视分析挑战赛等各类全国性学科竞赛奖项 142 项；河北省研究生数学建模竞赛、河北省高校硕士研究生英语翻译大赛、河北省高校研究生网络与信息安全技术大赛等省级研究生学科竞赛奖项 277 项。

燕山大学承办了首届至第三届河北省研究生数学建模竞赛。2018 年首届河北省研究生数学建模竞赛有省内 17 所省属、2 所教育部直属以及来自 12 个兄弟省（直辖市）13 所高校的 515 支队伍、1 545 名研究生报名参加比赛。2019 年燕山大学承办了河北省第二届研究生数学建模竞赛，本次竞赛得到了学位与研究生教育杂志社的媒体支持和北京金巅投资管理有限公司的赞助。共有来自 17 个省（直辖市）46 家培养单位的 1 173 支队伍、3 519 名研究生报名参赛。其中省内有 19 所高校的 924 支队伍、2 772 名研究生，其他 16 个省（直辖市）有 27 所高校的 249 支队伍、747 名研究生报名参加比赛。本次竞赛吸引了来自北京理工大学、东北大学、中国科学院大学和中南大学等高水平大学的研究生参加，竞赛的影响力进一步扩大。

2019 年，燕山大学研究生有 127 人，其中博士研究生 35 人，以短期项目

（占 90.55%）、孔子学院志愿者项目、交换生项目和中国教育国际交流协会奖学金计划等形式进行海外学术交流。机械工程和材料科学与工程学科，机械、翻译和汉语国际教育类别派出研究生较多。

六、国际化

（一）中外合作办学

2014 年教育部批准“燕山大学与澳大利亚科廷科技大学合作举办电气工程专业硕士研究生教育项目”，至今已招收 131 名研究生。

参加该项目的研究生第一年在燕山大学学习；第二年达到澳大利亚科廷大学规定的学术、英语水平及其他条件要求的研究生，科廷大学发给其正式录取通知书，研究生到科廷大学合作专业学习 1 年；第三年研究生仍回到燕山大学继续学业，待完成所有教学环节规定内容且考核成绩合格，学位论文答辩通过，澳大利亚科廷大学颁发工学硕士学位证书，同时获得燕山大学硕士研究生毕业证书及学位证书。

合作双方派员成立“燕山大学与澳大利亚科廷大学合作举办电气工程专业硕士研究生教育项目联合管理委员会”，负责具体教学管理。

科廷大学提供课程教学大纲及教材样本，双方共同设计教学大纲、分享教材，交换课程列表、考试用卷和学生作业。所有课程均为面授，由中、外方教师共同授课。中方教师使用中、英文，进行渐进式的双语教学或全英文教学。外方教师采取全英文授课。

（二）海外线上课程

2020 年，为克服疫情不利影响，燕山大学与海外名校合作，面向全校研究生开展系列线上课程。组织了“英国剑桥大学在线学习项目”“哈佛大学在线课程”“研究生学术英语写作项目——美国奥克兰大学”“南洋理工大学学术论文写作在线课程”等 10 个线上学习项目。有 152 名研究生完成了海外线上课程项目，其中博士研究生 21 人，硕士研究生 131 人。专业学位硕士研究生参与人数多于学术学位硕士研究生。

参加线上课程的学术学位研究生中，机械工程、材料科学与工程、马克思主义理论和物理学学科人数较多，控制科学与工程学科参加者均为博士研究生（见图 3-74）。参加线上课程的专业学位研究生中，机械、体育和电子信息类别人数较多（见图 3-75）。

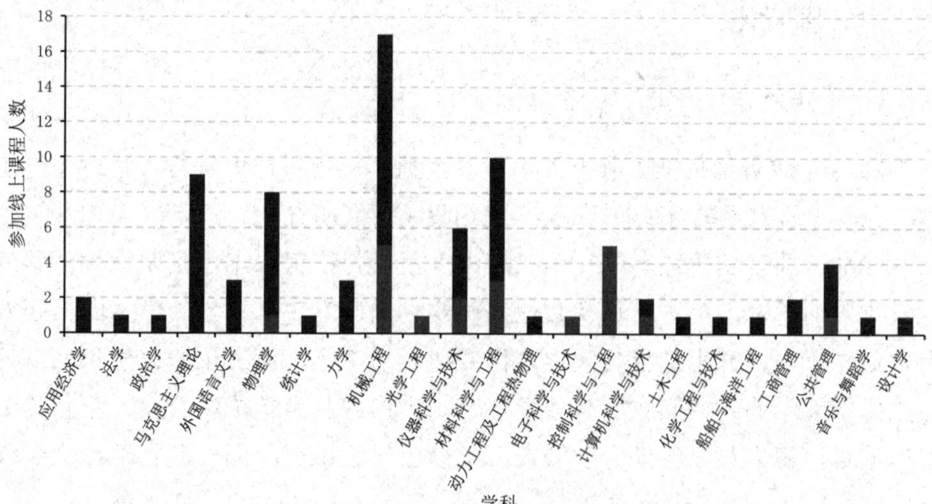

图 3-74　2020 年燕山大学学术学位研究生参加海外线上课程情况

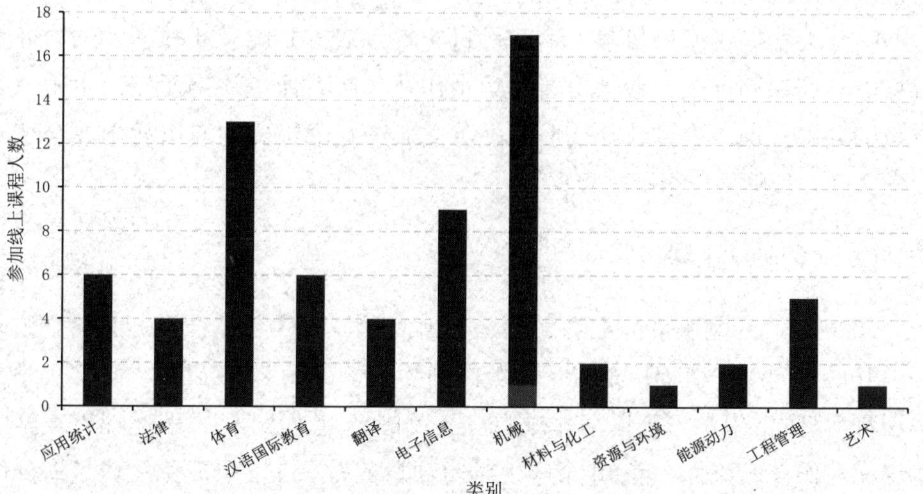

图 3-75　2020 年燕山大学专业学位研究生参加海外线上课程情况

（三）公派留学

2016 年，学校制定《燕山大学公派出国留学项目管理办法》《燕山大学学生境外交流项目学分与学籍管理办法》《燕山大学学生出国资金资助管理办法》，构建起研究生出国交流资助体系，充分调动了研究生赴海外交流的积极性。

2019 年，学校组织 8 个国家留学基金委出国留学项目申报工作，已录取研究生 14 人，其中联合培养博士项目 7 人，攻读博士学位项目 6 人，攻读硕士学位项目 1 人。交流国家涉及意大利、澳大利亚、丹麦、加拿大、比利时、英国、法国、俄罗斯、日本和新加坡。

（四）留学研究生

燕山大学目前有在校留学研究生 126 人，其中，学术学位留学研究生 87 人，占 69.05%，博士学位 57 人，硕士学位 30 人；专业学位硕士留学生 39 人，占 30.95%（见表 3-40）。

表 3-40　2020 年燕山大学在校留学研究生规模和结构

类别	博士研究生		硕士研究生		合计	
	人数	比重 / %	人数	比重 / %	人数	比重 / %
学术学位	57	100.00	30	43.48	87	69.05
专业学位		0.00	39	56.52	39	30.95
合计	57	100.00	69	100.00	126	100.00

在校学术学位留学研究生中，管理科学与工程学科人数最多，占 25.29%，工商管理和材料科学与工程学科各占 12.64%，计算机科学与技术、电气工程和公共管理学科占比在 5% ～ 10% 之间。控制科学与工程、化学工程与技术和光学工程学科在校留学生均为博士研究生，管理科学与工程学科绝大部分为博士研究生，工商管理、电气工程、公共管理、物理学和计算机科学与技术硕博比在 1 以下。机械工程和材料科学与工程学科硕士留学生占比较高，且总数较少。土木工程、石油与天然气工程、应用经济学、外国语言文学、信息与通信工程、软件工程和设计学学科留学研究生仅有 1 ～ 2 人，规模还很小（见表 3-41、图 3-76）。

在校专业学位留学研究生，目前仅有工商管理和汉语国际教育类别，其中工商管理 32 人，汉语国际教育 7 人。

表 3-41　2020 年燕山大学学术学位留学研究生分学科在校生情况

学科名称	博士研究生		硕士研究生		合计		硕博比
	人数	比重/%	人数	比重/%	人数	比重/%	
应用经济学		0.00	1	3.33	1	1.15	
外国语言文学		0.00	1	3.33	1	1.15	
物理学	2	3.51	1	3.33	3	3.45	0.50
机械工程	1	1.75	3	10.00	4	4.60	3.00
光学工程	1	1.75		0.00	1	1.15	0.00
材料科学与工程	2	3.51	9	30.00	11	12.64	4.50
电气工程	6	10.53	1	3.33	7	8.05	0.17
信息与通信工程		0.00	1	3.33	1	1.15	
控制科学与工程	3	5.26		0.00	3	3.45	0.00
计算机科学与技术	4	7.02	4	13.33	8	9.20	1.00
土木工程		0.00	2	6.67	2	2.30	
化学工程与技术	2	3.51		0.00	2	2.30	0.00
石油与天然气工程		0.00	2	6.67	2	2.30	
软件工程		0.00	1	3.33	1	1.15	
管理科学与工程	21	36.84	1	3.33	22	25.29	0.05
工商管理	10	17.54	1	3.33	11	12.64	0.10
公共管理	5	8.77	1	3.33	6	6.90	0.20
设计学		0.00	1	3.33	1	1.15	
总计	57	100.00	30	100.00	87	100.00	0.53

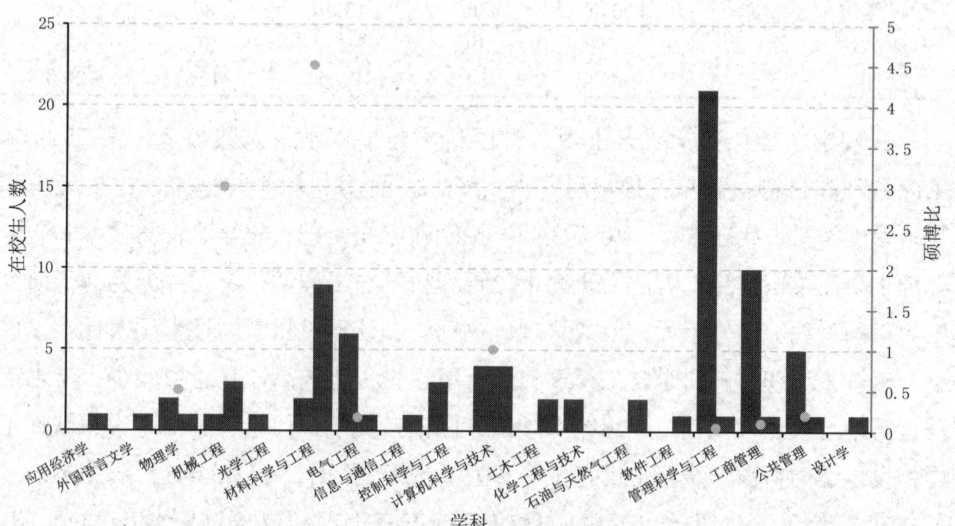

图 3-76　2020 年燕山大学学术学位留学研究生分学科在校生情况

从近几年留学研究生招生情况看，留学研究生招生人数逐年增加，年均增长率达到86.54%，2016年招生人数有了大幅度增加，2017—2019年招生人数基本稳定，到2020年又有了较大幅度增长。从学位结构看，招收的博士留学生比例逐年增加，2018—2020年，硕博比基本在1左右（见图3-77）。

从近几年招收留学研究生的国籍看（见图3-78），来自巴基斯坦的留学生最多，累计约占26%，其次是来自俄罗斯的留学生，累计约占15%，排第三位的是来自孟加拉国留学生，累计约占6%。来自蒙古、尼日利亚、乌兹别克斯坦的留学生累计约占9%；来自加纳、泰国、土库曼斯坦、韩国、刚果（布）、刚果（金）、苏丹、也门和越南的留学生累计约占19%；来自保加利亚、玻利维亚、美国等32个国家的留学生累计约占25%。

燕山大学招收的留学研究生主要来自毗邻我国的亚洲国家和与我国友好的非洲国家，来自欧洲、美国的人数很少。

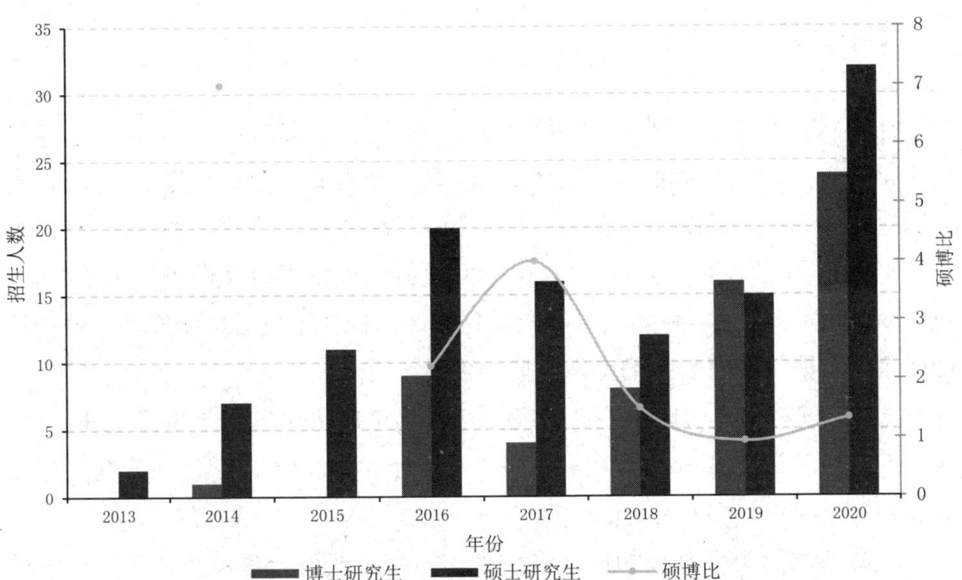

图3-77　2013—2020年燕山大学留学研究生招生情况

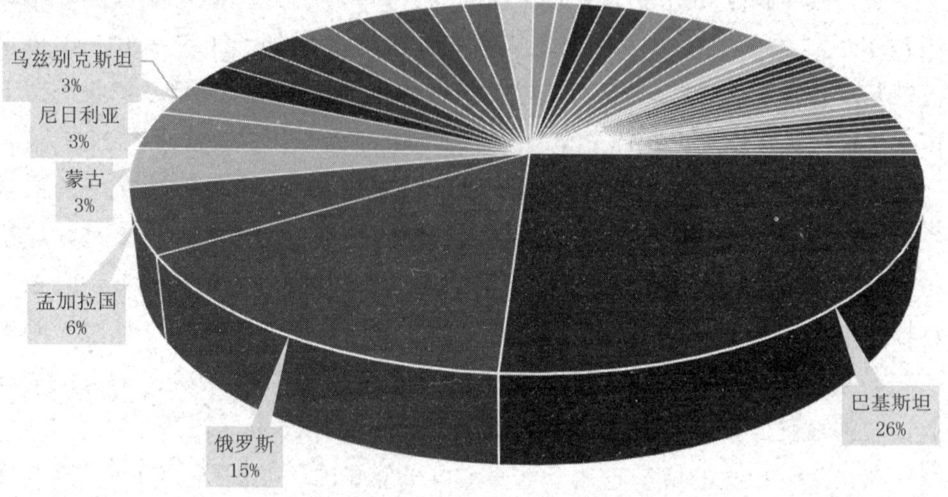

图 3-78　燕山大学历年招收留学研究生国籍分布情况

七、奖助

燕山大学制定了《燕山大学研究生学业奖学金实施细则》《燕山大学研究生国家助学金实施细则》《燕山大学研究生校内助学金实施办法》《燕山大学国家助学贷款管理办法》《燕山大学校园无息救急借款管理办法》《燕山大学家庭经济困难学生认定办法》《燕山大学新生入学“绿色通道”实施办法》《燕山大学学费减免实施办法》等一系列文件，构建了完善的研究生奖助贷资助体系，全面保障研究生的正常学业和生活。

博士研究生年生均奖助 2.8 万元，学术学位硕士研究生年生均奖助 9 567 元，专业学位硕士研究生年生均奖助 9 233 元。2020 年，学校在研究生奖助方面共投入经费 8 462.1 万元。

与省内外同类型高校相比，燕山大学研究生奖助金额整体偏低，如省外太原理工大学，博士研究生年生均奖助达 4.82 万元，省内河北工业大学博士研究生年生均奖助 4.45 万元；省外合肥工业大学硕士研究生年生均奖助 1.67 万元，省内河北大学理工类硕士研究生年生均奖助 1.18 万元，文科类 1.13 万元。

八、就业

燕山大学的人才培养和就业工作一直以来立足河北，服务国家战略。从2020年就业情况看，在京津冀地区就业的研究生占60.45%，博士研究生在京津冀地区就业的比例高达77.50%（见图3-79）。从研究生从事的行业情况看，77.87%的博士研究生在高等教育单位就业，7.38%的在国有企业；67.64%的硕士研究生在国有、三资及其他企业就业，在各类党政机关就业的占5.62%（见图3-80）。从毕业生的去向看，博士研究生全部以签就业协议形式或签劳动合同形式就业，硕士研究生以签就业协议形式或签劳动合同形式就业的占90.98%，升学的占5.83%（见图3-81）。

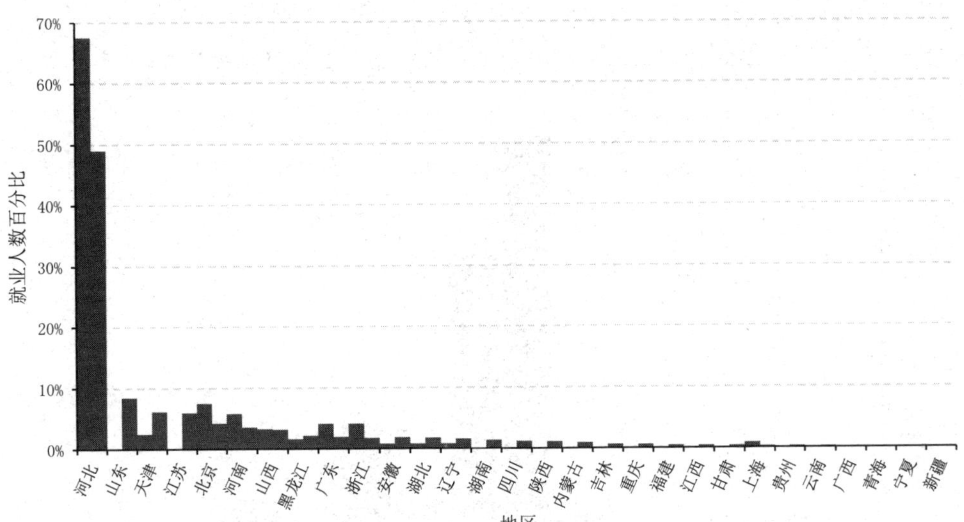

图3-79　2020年燕山大学研究生就业地区分布情况

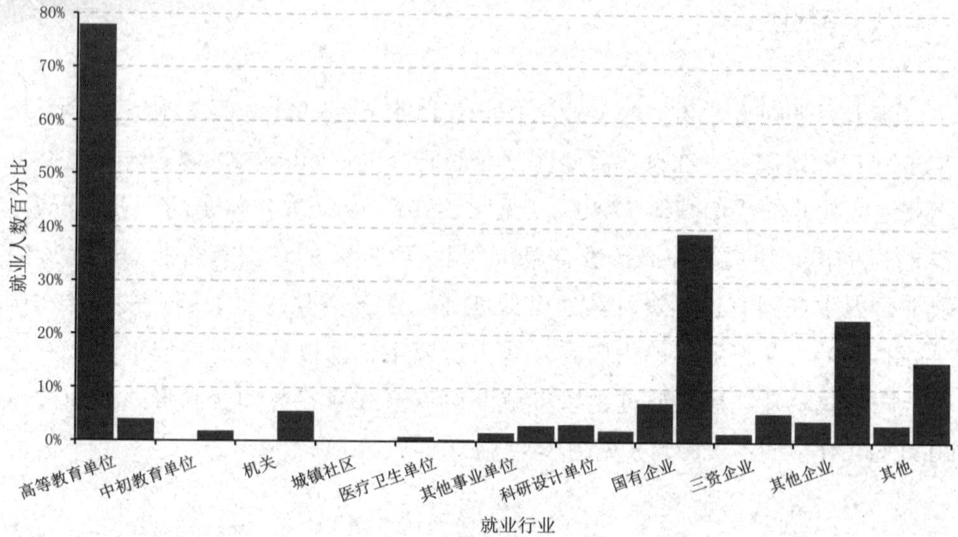

图 3-80　2020 年燕山大学研究生就业行业分布情况

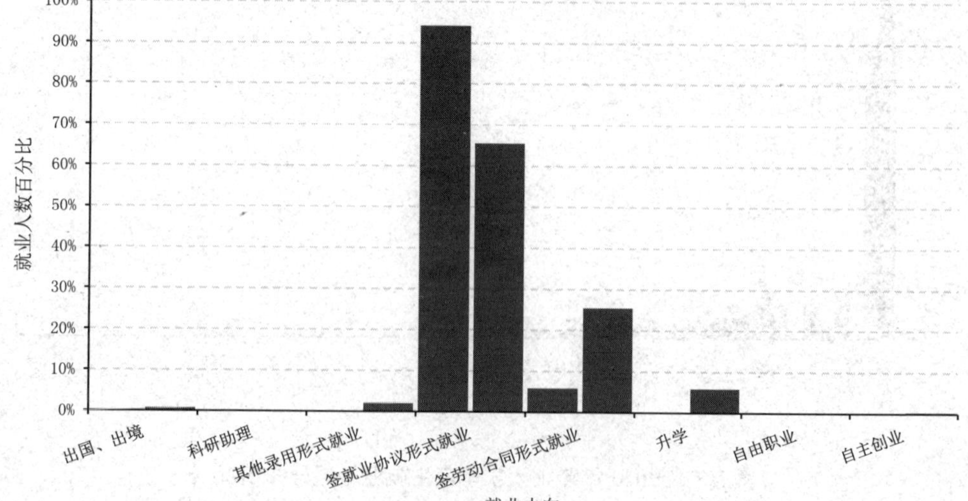

图 3-81　2020 年燕山大学研究生就业去向情况

（一）毕业生地区流向

人才净流入数量，往往与该地区经济、社会发展水平呈正相关关系。通过对2020年燕山大学毕业研究生的生源省市与就业省市人数对比（见图3-82），净流入燕山大学毕业研究生人数最多的省市分别是天津、江苏、北京、广东、浙江、湖南、四川、陕西、福建、重庆、广西和贵州；净流出毕业研究生人数最多的省市分别是河北、山西、河南、辽宁、黑龙江、吉林、甘肃、江西、安徽、湖北、新疆、海南、内蒙古和青海；山东、云南和宁夏流入、流出人数持平（见图3-83）。

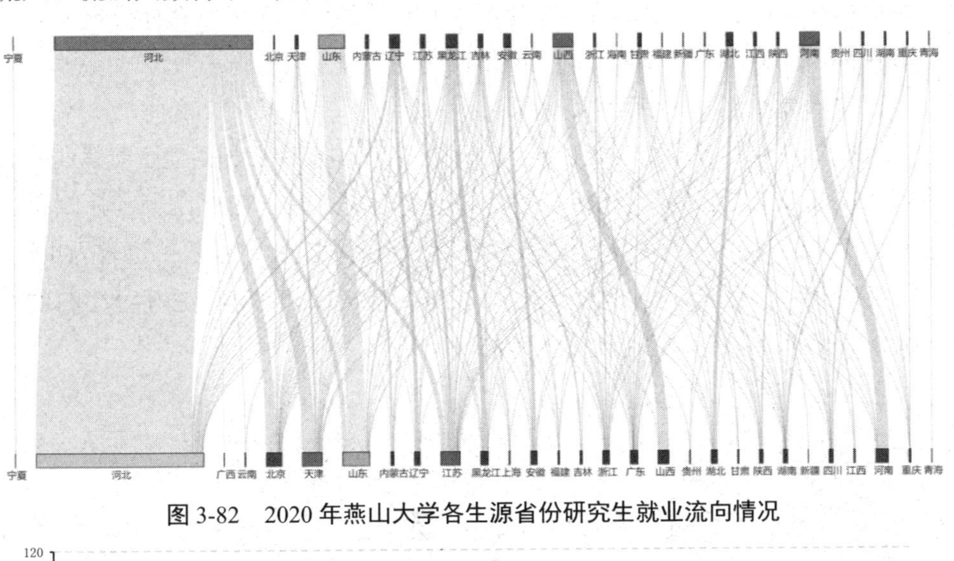

图3-82　2020年燕山大学各生源省份研究生就业流向情况

图3-83　2020年燕山大学各生源省份研究生就业人数变化情况

（二）学科就业差异

1. 博士研究生就业情况

2020 年就业的各学科博士研究生绝大多数在高等教育单位就业，尤其是理学、管理学，除有 1 名博士研究生在国有企业就业，其余博士研究生均在高等教育单位就业。工学学科有 77.14% 的博士研究生在高等教育单位就业，在国有企业、三资企业及其他企业就业的占 14.29%，在科研设计单位就业的占 3.81%，在其他单位就业的占 3.81%。

2. 学术学位硕士研究生就业情况

2020 年就业的各学科学术学位硕士研究生在国有企业和其他企业就业的比例超过 60%（见图 3-84），机械工程、材料科学与工程、电气工程和控制科学与工程学科的研究生大多数在国有企业及其他企业就业，就业单位较为单一；相比工科学科，哲学、经济学、法学、文学、理学、管理学和艺术学学科的硕士研究生就业单位更多元化（见图 3-85）。

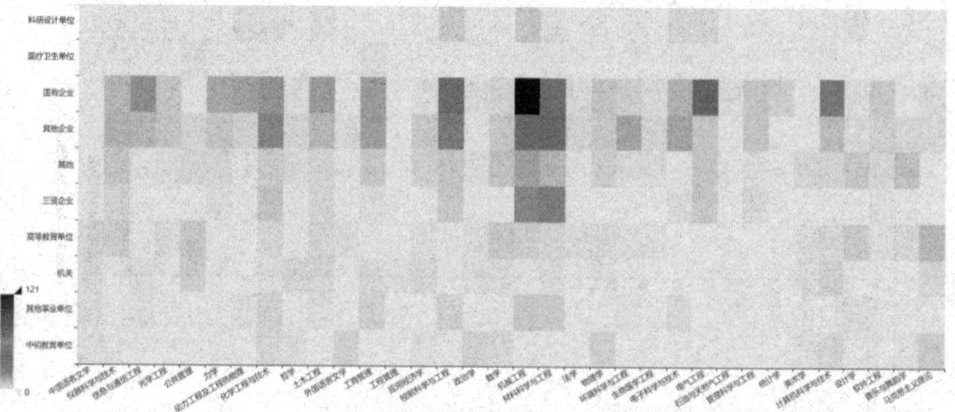

图 3-84　2020 年燕山大学学术学位硕士研究生各学科就业行业情况

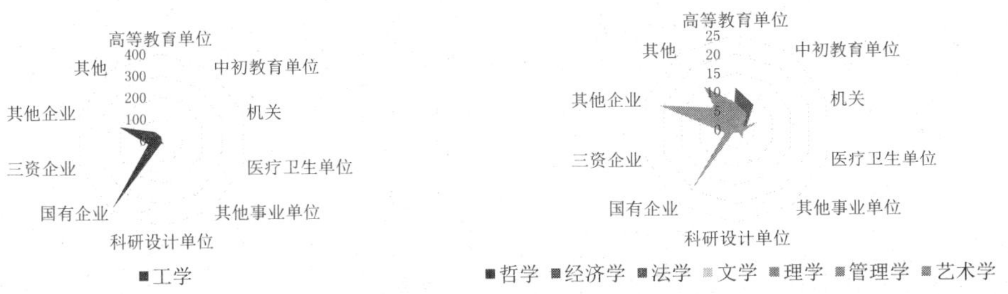

图 3-85　2020 年燕山大学学术学位硕士研究生各学科门类就业行业情况

3. 专业学位硕士研究生就业情况

2020 年就业的各类别专业学位硕士研究生在国有企业和其他企业就业的比例占 64.05%。翻译和体育类别的专业学位硕士研究生主要在教育行业就业；公共管理主要在机关及其他事业单位就业；机械和电子信息类别专业学位硕士研究生除在国有企业及其他企业就业外，还在科研设计单位就业；工商管理类别专业学位硕士研究生多数在国有企业及其他企业就业，还有一部分在机关就业（见图 3-85）。

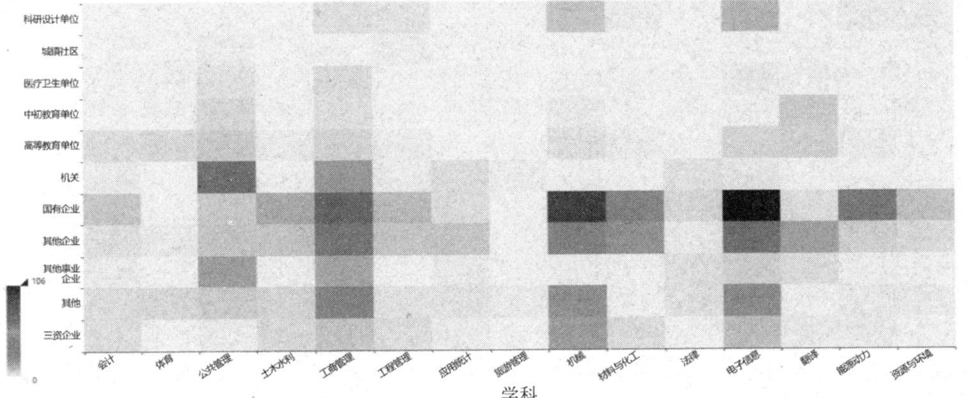

图 3-86　2020 年燕山大学专业学位硕士研究生各类别就业行业情况

参考文献

[1] 马静波，马新成 . 基于建构主义理论的博士生英语教学改革与实践 [J]. 考

试周刊，2017（77）：90，105.
[2] 马新成 . 地方工科院校研究生导师队伍建设探析——以燕山大学为例 [J]. 长春理工大学学报，2012，7（4）：10-11，15.

第四章

机械工程学科高等工程科技人才培养案例

随着国家经济迅速发展和经济全球化形势日益加剧，产业发展对创新型工程科技人才的需求与日俱增。2020年全国研究生教育会议上提出“促进科教融合和产教融合，加强国际合作，着力增强研究生实践能力、创新能力，为建设社会主义现代化强国提供更坚实的人才支撑”，强调工程科技人才的培养要突出科教融合，加强系统科研训练，以大团队、大平台、大项目支撑高质量研究生培养，充分发挥行业企业技术优势，加强与企业行业联合培养。

燕山大学机械工程学科在多年的工程科技人才培养实践过程中，坚持以人为本，学以致用，以培养高层次人才为目标，以学校为主体，充分依托企业和行业组织，转变教育理念，创新培养模式，完善管理体制，着力提升研究生的实践创新能力。

一、培养目标

培养掌握机械工程领域坚实的理论基础和宽广的专业知识，具有创新意识，有较强的解决实际问题的能力，能够承担相关专业技术或管理工作，具有良好职业素养的高层次专门人才。具体要求：

（1）掌握辩证唯物主义和历史唯物主义的基本原理，树立科学的世界观与方法论，具有良好的敬业精神和科学道德，品行优良、身心健康。

（2）以适应地方经济建设和行业发展、科技进步的重大需求为导向，掌握机械领域坚实的基础理论和宽广的专业知识、具有较强的解决实际问题的能力，能够承担专业技术或管理工作，具有良好职业素养的高层次专门人才。

（3）有良好的合作精神和较强的交流能力，在专业技术或管理工作中具有一定的组织和管理能力。

二、培养模式

机械工程学科工程科技人才培养采用“课程学习 + 实践教学 + 学位论文”三位一体的培养模式，即课程学习0.5学年，集中实践教学0.5～1学年，硕士学位论文课题研究1～1.5学年。在整个培养过程中，以课题为导向，研究生入学后，导师即为其指定具体的课题研究方向。

在课程学习阶段，为满足研究生多元化、个性化需求，开设研究生自修课。自修课是研究生根据课题需要在导师指导下自学与课题研究相关的专业课程，导师根据学习效果给予评价。

开设工程实践课，以增强研究生职业能力，研究生自由组队完成主讲教师布置的有实际工程背景的项目，项目包含“方案设计、实际操作或计算机仿真、运行演示、PPT 答辩”等环节，充分体现“做中学”的工程教育理念。

课程实践教学中引入“项目式”教学方法，设置“机械系统测试技术应用项目”以及“CAD/CAE 综合应用项目”，由主讲教师布置题目，研究生自由组建团队完成主讲教师布置的项目任务。

导师在课程学习阶段引导研究生尽早融入团队课题室，充分了解课题室的主要研究方向和研究项目，确保在这一阶段学习的目的性和方向性，为后期的校外实践教学做好充分的专业理论知识及心理准备。

研究生完成课程学习后，根据导师拟定的研究课题结合所学课程撰写“课程学习总结报告”，阐述某课程在基本理论与研究方法方面对课题研究的具体意义，增强研究生课程学习的目的性。

在实践教学阶段，研究生以见习技术员身份参加工程实践，将课程学习阶段的理论知识与生产实践相结合，充分培养研究生工程技术创新能力，并在工程实践过程中完善学位论文课题研究方向。研究生的实践教学由企业导师负责，完成实践教学后，提交“企业实习总结报告”，汇报实习期间完成的具体工作，并阐述所做工作与课题研究的相关性，让实践教学成为课题研究的重要支撑条件。

在学位论文阶段，研究生返回学校，总结实践材料和经历，确定最终学位论文研究内容，撰写学位论文。研究生学位论文选题突出工程实践导向，论文选题来源于生产实际或者具备明确的工程应用背景。“新产品研发、技术改造”类学位论文的比例逐年提高，该类学位论文的撰写标准与格式遵循规范。

在研究生学位论文评阅与答辩环节，聘请一定比例的企业专家参与。

这种“学习→实践→学习”的双向参与培养模式，是培养工程科技人才实践能力、创新能力的有效途径。

三、实践教学体系

工程科技人才的培养除了传授给研究生扎实的理论基础知识外，更重要的是安排研究生根据自己的兴趣爱好参与具体的工程实践项目，在这个过程中帮助研究生学以致用，有目的地参与实践并进行研究创新。

基于产学研结合的联合培养模式，实现了高校工程科技人才培养与企业需求之间的有效衔接。高校、科研机构及企业遵循“利益共享、风险共担、优势互补、共同发展”的原则，依托重大科研项目，开展技术创新，利用各自优势资源建立合作关系，实现各方利益最大化，提升核心竞争力，最终达到“科研—产品—市场—科研”的良性循环，在这个过程中实现工程科技人才的培养目标。

燕山大学机械工程学科依托研究生校内导师与行业龙头企业的重大科研合作项目，研究生在进行实践教学时直接进入导师课题的合作企业，进行课题的实验验证与优化分析等工作，将研究成果在企业实践中进行检验，缩短重大科研项目转化为生产力的时间。

机械工程学科依托校内实验室与研究中心，在培养研究生实践动手能力的同时与相关行业企业合作开展科研合作。目前拥有的校内实践平台有：1 个“冷轧板带装备及工艺”国家工程技术研究中心；1 个“先进锻压成形技术与科学”教育部重点实验室；1 个“轧制设备及成套技术”教育部工程研究中心；1 个“极端条件下机械结构和材料科学”国防重点学科实验室；4 个中国机械工业重点实验室和工程研究中心，分别是“机械工业高精度轧制技术装备工程研究中心”“机械工业大型零件先进成形技术及装备工程实验室”“机械工业流体动力传输与控制重点实验室”“机械工业并联机构及装备基础重点实验室”；4 个省级重点实验室（研究中心），分别是“河北省高精度轧制技术装备工程研究中心”“河北省金属精密塑性加工工程技术研究中心”“河北省重型机械流体动力传输与控制重点实验室”“河北省并联机器人与机电系统重点实验室”；1 个省级应用基础研究基地；其他专业实验室。

机械工程学科有悠久的办学历史，在重型机械领域具有显著特色，发挥学科特色优势与大型机械制造企业建立了校企合作关系，并设立了实践教学基地。目前建立的校外实践基地有：第一重型机械集团、齐齐哈尔二机床（集团）有限责任公司、大连重工·起重集团有限公司、鹰普（中国）有限公司、中铁山桥集团有限公司、秦冶重工集团、戴卡轮毂集团有限公司、通联重工集团等。

这种基于产学研相结合的工程科技人才实践教学体系（见图4-1），充分利用了学校和行业企业单位的优质实践资源，既培养了研究生理论联系实际与工程创新的能力，与国家经济、科技和社会发展对高素质人才的需求相适应，又引导高校根据自身办学定位，发挥学科专业优势，办出特色，将高校发展与服务国家经济社会需求结合起来。

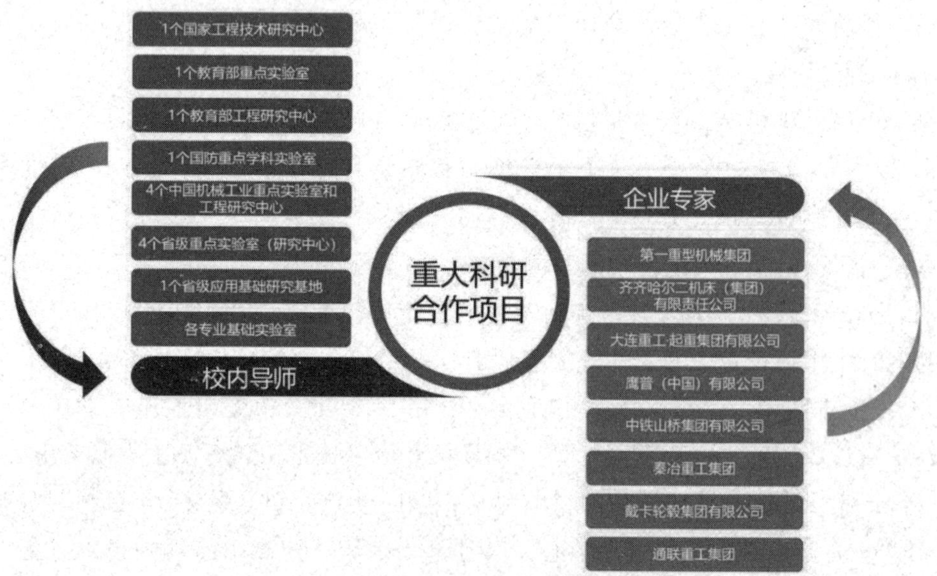

图4-1 燕山大学机械工程学科实践教学体系

产学研结合的工程科技人才培养模式适应了现代社会发展和提高人才培养质量的客观要求。在培养过程中，研究生能够参与到大量企业和国家级课题研究项目，极大地提升了其职场竞争优势，对其就业后的角色转换也有很大帮助。通过此种模式培养工程科技人才，实现了科研、教育、生产三种不同社会分工在功能与资源优势上的协同与集成化。

在这种培养模式下，高校的人才培养工作充分适应了社会需求，高校培养的工程科技人才有力支撑了企业的转型升级。高校在与行业企业的合作中，一方面有利于拓展校内教师的工程实践能力，另一方面有利于高校引进社会专业人才。在校企合作中，科研机构、高校的人才和研究成果，作为企业发展的创新动力源，相应的企业也为高校和研究机构提供了人才培养条件和研究课题来源。

四、工程科技人才培养模式实施过程

基于产学研相结合，校企合作培养工程科技人才的培养模式，以培养工程科技人才为核心目的，整体可以分为三个阶段：课程学习阶段、实践教学阶段和学位论文阶段。这种培养模式的具体实施过程如下。

（一）分班

研究生入学后，根据所学专业及所选导师进行纵向分班，不按照传统的年级、专业的行政班级分班。如燕山大学机械工程学院机电控制工程6班，包括了课题组团队的所有导师及指导的在读博士、硕士研究生。

研究生入学进入相应班级后，除学习政治、英语、数学等公共基础课外，还根据自身未来职业规划及课题组研究方向学习专业选修课，为二年级进入实践教学环节打好所需知识的理论基础。班级内的研究生需参加课题组项目和学位论文的定期工作汇报（见图4-2），新入学的研究生能够尽早熟悉课题组的研究方向，实现研究生进校即进入课题的目标。通过本班级老师及学长的指导和帮助，新入学研究生可以结合自己的兴趣爱好和研究专长选择课题研究方向，快速实现从本科生到研究生的角色转变。

图4-2　团队例行报告会

（二）实践教学

研究生根据前期所学课程知识及参与班级课题组活动发现自己感兴趣的研究方向，在导师指导下自愿选择实践单位。研究生外出实践之前，由学院统一为研究生进行岗前培训及安全教育，介绍实践单位的发展历程、工程背景、产品特色、发展趋势等情况；通过具体安全事故案例教育，引起研究生对安全问题的高度重视；学院与研究生签订校外实习安全协议书，明确双方在企业实训期间的责任、义务。为研究生购买意外伤害保险，将研究生在外出实践过程中的意外损失减到最小。

学院还聘请实践单位专家为研究生进行入职培训，让研究生尽早了解企业相关情况，熟悉企业文化，清楚企业新入职员工应该注意的各种问题，确保研究生到实践单位的实践效果，为研究生毕业后步入工作岗位打下坚实的基础。

学校、实践单位、导师及研究生签订正式的协议，规定各自的责任及义务，保障研究生顺利完成实践教学任务。

研究生在实践单位进行实践，并非单纯的企业实习，而是基于校企合作项目的科研实践。在实践过程中，研究生一方面要训练将理论研究成果转化为实际产品的能力，另一方面在企业专家的指导下，训练了实际操作能力，提高了处理现场问题的能力。研究生在实践过程中，可以将实验数据及其他资料整理发表成学术论文，又进行了很好的学术研究训练。

参加实践的研究生还必须做好实习记录，定期向校内导师进行网络或者现场汇报，让研究生在不断加深对参与合作项目的理解与认知的同时，训练自身总结汇报的能力。研究生作为企业实习员工，在实践过程中自然会接触到人际交往的问题，通过与同事及领导的相处，也锻炼了他们的人际交往、语言表达及为人处世的能力，让研究生提前对实际工作生活环境有一个感性的了解，为毕业后迅速完成角色转变，适应工作、生活奠定基础。

（三）返校总结

研究生在完成将近一年的实践教学后，返校进行工作总结以及学位论文撰写、答辩等工作。导师安排校外实践的研究生进行实习汇报，内容包括研究项目、主要工作、试验数据、实验结果等；研究生还需将参与研究项目的后续工作及实践单位情况向下一级研究生进行介绍，保证未完成校企合作项目的继续顺利进行。研究生根据实践期间的项目研究内容在导师指导下凝练学位论文研究方向，整理实践过程中收集的数据、资料，开始进行学位论文撰写。研究生的学位论文与工程实践紧密结合，现场采集的数据有力支撑了研究生课题研究的真实性和可靠性。

在这种工程科技人才培养模式下，研究生将所学理论知识应用到实践中，在工作实践中进一步加深了对所学专业的了解。研究生在实践过程中，会切实感受到企业根据经济社会发展对员工知识结构的需求变化，在回到学校后，也可以继续学习相关知识，增强自身就业能力。研究生在实践单位的实习，也成为单位招收新员工的一种途径。在实践过程中，研究生与实践单位通过相互了解，双向选择，确定就业意向。

（四）实际案例

1. 项目概述

目前，我国对大型精密装备快速运输技术的研究比较落后，无法满足精密装备运输的技术要求。燕山大学机械工程学院赵静一教授课题团队与某公司合作，自主设计开发了大型精密装备快速运输车。

针对大型客机某型中机身高速运行工况、中机身特点及运输环境等方面的要求，在研制开发的普通大型装备快速运输车的经验基础上，赵静一教授课题团队与相关企业合作研发设计出大型客机某型中机身高速运输车（见图4-3）。该运输车为大型精密装备快速运输车，用于将大型客机某型中机身由陕西省西安市某厂运输到上海市某地，采用半挂式结构形式。

大型客机某型中机身高速运输车设计采用了三套夹紧机构，中车架上设计了扩展机构和翻转机构，同时该运输车在鹅颈和后车架悬架上安装了具有减振吸振功能的装置等，充分保障了飞机中机身在长途高速运输过程中的安全平稳及机身外形不受损伤，对保障我国大飞机部件安全运输和加快我国大飞机项目的进程具有重要意义。

图 4-3　大型客机某型中机身高速运输车

2. 项目分工

项目组由燕山大学赵静一教授等 5 名老师、12 名研究生及 3 名某企业工程师组成（见图 4-4）。赵静一教授总负责，某企业工程师负责方案审查，1 名老师、2 名研究生负责电气设计；1 名工程师、2 名研究生负责结构设计；1 名工程师、2 名研究生负责液压设计；1 名老师负责工艺优化；1 名研究生负责气动审查；2 名老师、2 名研究生负责有限元分析；1 名研究生负责现场调试；1 名研究生负责资料收集；1 名研究生负责资料整理。

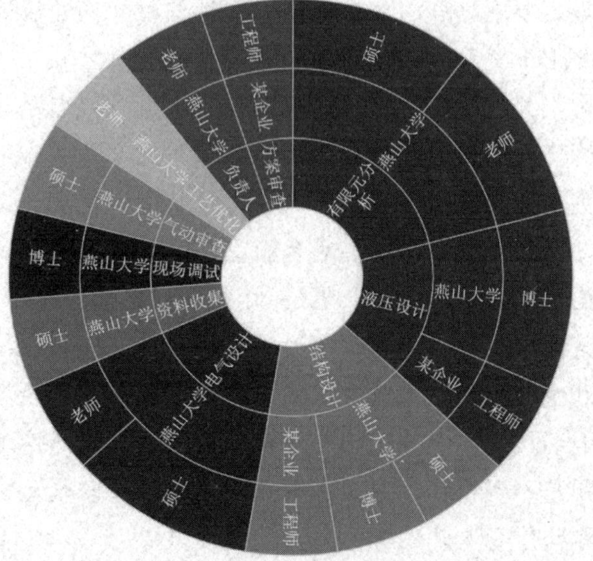

图 4-4　高速运输车项目团队分工示意图

研究生中博士研究生负责结构设计、液压设计及现场调试；硕士研究生参与电气设计、结构设计、气动审查和有限元分析，负责资料收集和资料整理。

3. 项目实施过程

根据项目要求，赵静一教授团队与企业工程技术人员首先确定了初步技术方案，在可实现的技术范围内完成总体设计。然后分配具体任务，由企业技术人员与燕山大学老师、研究生共同完成项目各部分工作。

整个项目的实施进程如下：2013 年 9 月初，项目团队开始进行车辆悬挂减振系统性能仿真分析及运输路况勘测并编写路况分析报告；2013 年 9 月中旬完成分析，并开始液压、电气、制动系统设计、各总成设计及受力分析；2013 年 12 月中旬完成风场分析、结构有限元分析以及方案评审；2014 年 1 月中旬完成评审和详细结构功能评审图样最终确认；2014 年 2 月中旬完成材料、配件及标准件采购，并开始整车生产制造装配；2014 年 6 月中旬整车装配完成，开始整车试验、调试；2014 年 7 月完成整车验收。

运输车的实际运行结果表明，项目团队研制的大型客机中机身高速运输车可以满足国内各种工况、路况要求，达到国际先进水平。

4. 项目取得成果

该项目采用校企合作、产学研结合的工程科技人才培养模式（见图 4-5），培养出 1 名博士研究生、8 名硕士研究生，发表学术论文 8 篇，申请专利 17 项，出版专著 3 部，完全达到了高层次工程科技人才的培养目标。2017 年赵静一教授团队获得中国产学业合作促进会颁发的“中国产学研合作创新成果奖”获奖证书（见图 4-6），燕山大学工程科技人才培养模式获得广泛认可。

图 4-5　赵静一教授在项目实施现场指导研究生

国科奖社证字第0191号

中国产学研合作创新成果奖

获奖证书

为表彰在产学研合作中取得的重要创新成果，特颁发此证书。

项目名称：大型工程运输装备产学研合作创新设计与应用

奖项等级：二等奖

完成单位：燕山大学
秦皇岛天业通联重工科技有限公司
遵安保天明装备有限公司
江苏海鹏特种车辆有限公司
秦皇岛燕大一华机电工程技术研究院有限公司

主要完成人：赵静一、王金祥、卢明立、周生源、郭锐、康绍鹏、蔡伟

证书号：20179056

中国产学研合作促进会
2017年11月

图 4-6　赵静一教授团队获得中国产学研合作创新成果奖

五、赵静一教授团队

赵静一教授团队是由赵静一、王永昌、张齐生、高英杰、刘文、姚成玉教授，郭锐副教授，刘劲军讲师带领 50 余名硕博研究生以“流体传动与控制系统的创新设计与可靠性研究，液压控制系统的故障诊断及可靠性研究，新型流体元件的开发与应用研究”为研究方向的科研创新团队。近 5 年来团队参与国家自然科学基金项目 4 项、国家“863”子课题 1 项、教育部及河北省自然科学基金 7 项、企业委托科研攻关项目 39 项；撰写专著、手册以及教材 13 部，其中国家科学技术出版基金资助 3 部、“十二五”重点图书 2 部；发表学术论文 300 余篇，其中三大检索 70 余篇；授权专利 87 项，其中发明专利 47 项，实用新型专利 40 项。参与多个行业国家标准制定。

团队参与的国家自然科学基金项目有：“FAST 液压促动器群系统寿命预测与可靠性增长研究”“大型工程运输车辆联合作业液压系统群协调控制理论与可靠性研究”“巷道重载分体运输车转向协调电液控制系统理论研究”“巷道轮式重载液压动车组转向技术基础理论研究”。参与国家“863”项目“新型混合动力工程机械关键技术及系统开发与示范应用”。

已出版的著作有：《工程机械手册——隧道机械》《液压系统故障诊断与排除案例精选》《大型自行式液压载重车》《液压气动系统常见故障分析与

处理》《土压平衡盾构电液控制技术》《汽车电液技术》《模糊思维与广义设计——理论和模型及其应用》《冶金行业液压润滑原理图标准图集》《液压气动系统的疑难故障分析与排除》《液压气动系统可靠性与维修性工程》《液力传动》（高等教育“十一五”国家规划教材），以及《现代机械设计手册》（第4卷第20篇）和《液压工程师技术手册》（参编）。

团队近五年荣获多项奖项，其中省部级以上奖项6项：2019年“河北省科学技术奖”一等奖、2017年“中国机械工业科学技术奖”一等奖、“第七届绿色制造科学技术进步奖”二等奖、2017年“中国产学研合作创新成果奖”二等奖、2015年“河北省科学技术奖”二等奖、2015年“江苏省科学技术奖”三等奖。

12年间，团队在大型工程运输车辆方面取得多项具有自主知识产权的理论和技术创新，完成覆盖整个大型工程运输车辆领域里各种类型和应用场合的液压载重车的设计和研发。在不到7年的时间里，团队在煤矿井下大型设备的分体式快速搬运车、大型精密设备快速运输车、高速公路快速换桥施工联合作业驮桥车、火箭运输车等新兴工程领域取得突破，研发出具有世界先进水平的新车型。

团队建立了具有自主知识产权的节能降耗、安全可靠的大型载重车设计平台。团队取得的研究成果达到国际先进水平，部分理论研究和转化处于国内大型液压载重车研究开发领域的前列，研究成果已在国内十多家合作企业得到应用，起到了重要的示范作用，部分产品已经走出国门，相关成果转化受到国内外关注。

团队项目始于“十一五”规划期间，研究起步阶段与中国高铁建设同步。从最早为高铁建设研制900吨运梁车、研发900吨轮胎式提梁机到为船厂研制70～600吨液压动力平板车、为钢铁冶金行业研制框架车和抱罐车、为风电行业研制叶片和塔身运输车、舟桥运输车等特种车辆。

近几年，团队针对特大型工程装备运输中的多车联合作业系统群协调控制和智能化系统，展开科研攻关，取得突破。目前，团队已拥有自主知识产权和核心技术，系统掌握了集设计、施工、装备、制造、多车控制、系统集成、运营管理于一体的大型车辆技术，与国外同类技术相比，有力的成本控制使得中国大型液压载重车在国际市场上极具竞争力。

团队与多家企业合作，研制了多种大型装备快速运输车。

针对国内大型精密装备快速运输过程中的复杂工况及特殊要求，为保证大型精密装备在快速运输过程中的安全，团队与江苏海鹏特种车辆有限公司等多家企业合作，自主创新设计开发了一系列大型精密装备快速运输车，包括军用专用运输车、风叶运输车、地铁运输车、飞机部件运输车等。团队研制的 C919 中机身快速运输车，综合了之前运输车设计的特点及优点，在此基础上进行创新改进，使得该型运输车具有结构紧凑灵活、工作平稳、操作简便、安全性高等优点。C919 中机身长途运输车突破了诸多关键性技术难点，有力保障了运输的安全性，如：设计定位机构，同时实现对中机身定位位置加工误差的补偿，以保证中机身不变形；在有限空间内，水平和竖直方向上设计吸振、减振装置，降低中机身的振动冲击；实现中车架部分较大幅度的升降以顺利通过收费站；设计扩展和翻转机构，调整不同工况下运输车的车体宽度，对中机身实现有效的保护；设计运输车的空气导流装置，减小风阻对中机身的作用。

团队开发的“快速可定制大型桥梁运载施工装备设计技术”，可以实现不同使用需求的大型桥梁施工装备快速定制。团队与秦皇岛天业通联重工股份有限公司、中铁第五勘察设计院集团有限公司合作研制的科威特多哈 60 米跨距双幅海湾大桥架设（1 700 吨箱梁 7 车联合作业），就运用了这种技术，解决了复杂环境、多变负载时多车重载联合作业出现掉梁、倾覆等世界性难题（见图 4-7）。

图 4-7 “快速可定制大型桥梁运载施工装备设计技术”工程应用

团队开发了“大型桥梁运载施工装备多车联合作业协同控制技术”，发明液压载重车多车组协调作业的控制方法，实现了架桥机与运梁车组上下车与转移协同系统的同步、支撑、调平，同步误差小于32毫米，调平精度达到0.25度。相关成果应用在北京昌平西关环岛整体换梁工程（两辆千吨级驮桥车联合作业）等国内外多项重点工程。团队依据开发的“复杂环境及工况下可定制桥梁架设配套工法”，发明了高速铁路隧道内外通用架桥机以及低位吊梁行车，解决桥梁和隧道施工时需更换装备的难题，满足了隧道内外以及隧道口零距离架设双线并置梁的要求。团队发明多轴液压平衡悬挂技术，研发了多种定制装备，用于整幅预制、装车、桥上运输和架设，解决了变幅、变跨、小曲线箱形等施工难题。北京三元桥不断交新旧桥快速置换、虎门大桥跨缆施工、孟加拉轻轨及苏通大桥等工程就应用了该项发明。

图4-8 “大型桥梁运载施工装备多车联合作业协同控制技术”工程应用

团队与中国科学院国家天文台合作，开展液压系统可靠性工程FAST液压促动器可靠性试验研究，为国家十大重点建设项目“500米直径射电型天文望远镜（FAST）液压促动器群”完成了关键零部件的可靠性与故障预测，为世界最大型天文台射电望远镜调试成功作出了贡献。团队对液压促动器进行FMECA分析后，发现其故障致命度相对较大的部位为齿轮泵、溢流阀和液控单向阀，需要对上述关键元件进行可靠性试验，验证其是否满足FAST工程5年工作寿命的要求。为检测液压促动器设备整体的各项技术指标是否符合设计要求，团队基于逆向综合可靠性分析、加速寿命试验、性能退化、有源测试等理论，采用理论分析和试验验证的方法，提出“液压可靠性短时试验方法”。该方法可以分析出液压促动器中各关键元件的可靠性指标和液压促动器设备整体的可靠性薄弱环节，以便提出相应的可靠性增长措施。大大缩短了试验周期，降低了试验费用，解决了高可靠长寿命液压泵无失效数据引起的可靠性评定与寿命预测难题。应用该理论研发的可靠性试验装置用于宁波恒力液压股份有限公司的国防系列液压泵标准制定，相对于传统试验方案电能节约率达到 90.9%。

2014 年，燕山大学牵头成立了中国工程机械学会特大型工程运输车辆分会（见图 4-9），特大型工程运输车辆分会的成立旨在积极推动工程运输车辆领域内“政、产、学、研、用”间的交流与合作，促进企业创新与科技进步，推动产业的科学发展。依托科研、开发、生产、市场各方优势，消化引进国外先进技术，实现对特种车辆、特大型工程运输车辆的自主改进设计，缩小与国外先进水平的差距，促进行业共同发展。燕山大学赵静一教授团队通过项目合作已经与 20 多家企业建立产学研合作基地，提升了企业新产品研发能力和设备维护使用水平，为企业培养了人才；同时也为学校提供了研究生实践基地。团队累计培养了 17 名博士、175 名硕士研究生，取得了很好的社会效益。

图 4-9 “中国工程机械学会特大型工程运输车辆分会”成立仪式

第五章

燕山大学研究生教育 60 年巡礼

历 史 纪 事

燕山大学源于哈尔滨工业大学，始建于 1920 年。1958 年，哈尔滨工业大学响应国家号召，将重型机械及相关专业迁至工业重镇齐齐哈尔市富拉尔基区，毗邻一重组建了哈尔滨工业大学富拉尔基分校，分校先是定名哈尔滨工业大学富拉尔基重型机械学院，后改名为哈尔滨工业大学重型机械学院。1960 年独立办学，定名为东北重型机械学院，成为原机械工业部直属高校。1978 年被确定为全国重点高等院校。1984 年，在河北省秦皇岛市筹建分校。1985 年至 1997 年学校整体南迁秦皇岛市，形成南、北两校两地办学格局。1997 年南、北两校合并，经原国家教委批准，更名为燕山大学。1998 年，由原机械工业部划转到河北省，实行中央与地方共建，以河北省管理为主。2000 年，河北轻工业管理学校并入燕山大学。（图 5-1 ）

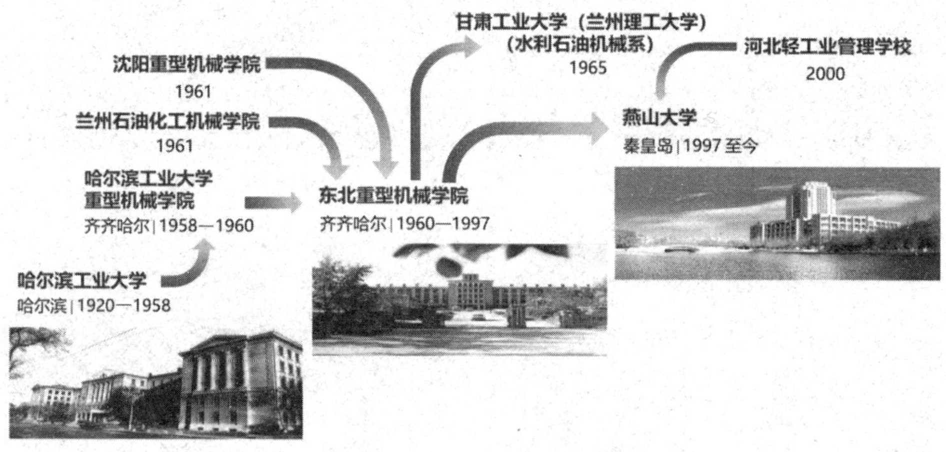

图 5-1　燕山大学历史沿革

学 科 建 设

燕山大学以服务国家战略、区域经济社会发展需求以及学校中长期发展规划为原则，优化资源配置，调整学科专业结构布局，逐步构建起了“结构合理、优势突出、特色鲜明、交叉融合、协调发展”的学科体系。学校形成了以工学为主，经济学、法学、文学、理学、管理学和艺术学多学科共同发展的格局。

未来，学校将瞄准国家重大战略需求、科技前沿和行业产业发展关键领域，做好顶层设计，打破学科壁垒，发挥工科优势和特色，促进人文社会科学与自然科学、工程技术的交叉与融合，培育新的学科增长点。

图 5-2　2016 年燕山大学学科“十三五”发展规划论证会议

图 5-3　2019 年秋季学期燕山大学学科建设与研究生教育工作会议

图 5-4　2020 年 8 月燕山大学学科评估与“双一流”建设专题报告会

导 师 队 伍

高水平导师队伍是保证研究生教育质量的关键，燕山大学近几年出台近10项导师队伍建设管理办法，改革导师遴选机制，完善导师选聘条件，破除导师终身制，打破职称限制，助力优秀青年教师快速成长；建立导师招生资格年审和动态调整机制，形成导师职业道德、学术能力和培养质量“三位一体”的考评体系；开展多元化校院两级导师培训，根据培训内容和培训对象开展岗前培训、专题培训和常规培训。

截至2020年，学校有研究生导师1 186人，其中博士研究生导师332人。导师队伍中45岁以下教师占比54.6%，具有副教授以上职称教师占比90.9%，基本建成一支师德高尚、业务精湛、结构合理、勇于创新的研究生导师队伍。

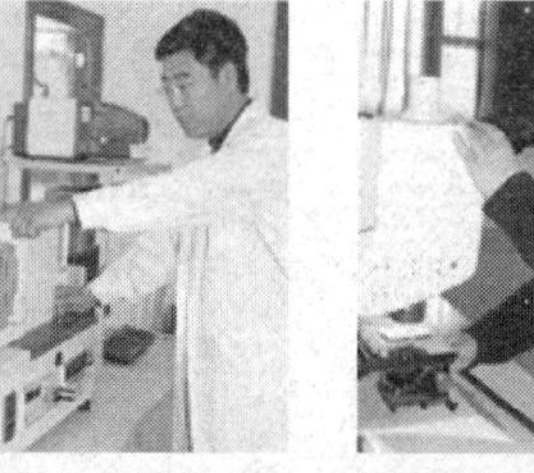

中国科学院院士、“长江学者奖励计划”特聘教授、国家杰出青年基金获得者、万人计划（领军人才）、新世纪百千万人才工程国家级人选田永君教授

国家“973”项目首席科学家、“长江学者奖励计划”特聘教授、国家杰出青年基金获得者、新世纪百千万人才工程国家级人选刘日平教授

国家“863”项目领域专家、国家杰出青年基金获得者、新世纪百千万人才工程国家级人选张福成教授

“长江学者奖励计划”特聘教授、国家杰出青年基金获得者、新世纪百千万人才工程国家级人选关新平教授

“长江学者奖励计划”特聘教授、国家杰出青年基金获得者张湘义教授

“长江学者奖励计划”特聘教授赵丁选教授

“长江学者奖励计划”特聘教授、新世纪百千万人才工程国家级人选高发明教授

“长江学者奖励计划”特聘教授、国家杰出青年基金获得者、新世纪百千万人才工程国家级人选徐波教授

“长江学者奖励计划”特聘教授、国家杰出青年基金获得者、万人计划（领军人才）张立峰教授

“长江学者奖励计划”特聘教授、国家杰出青年基金获得者、国家优秀青年科学基金获得者、万人计划（青年拔尖人才）华长春教授

“长江学者奖励计划”特聘教授王利民教授

国家杰出青年基金获得者李小俚教授

国家杰出青年基金获得者、新世纪百千万人才工程国家级人选柳忠元教授

国家杰出青年基金获得者温斌教授

国家杰出青年基金获得者、万人计划（青年拔尖人才）周向锋研究员

国家优秀青年科学基金获得者彭秋明教授

国家优秀青年科学基金获得者赵智胜教授

万人计划（领军人才）、新世纪百千万人才工程国家级人选彭艳教授

新世纪百千万人才工程国家级人选王玉田教授

新世纪百千万人才工程国家级人选刘宏民教授

新世纪百千万人才工程国家级人选许志强教授

新世纪百千万人才工程国家级人选方一鸣教授

新世纪百千万人才工程国家级人选张新宇教授

全国模范教师王文魁教授

全国模范教师白象忠教授

全国模范教师于恩林教授

全国优秀教师黄真教授

全国优秀教师白明华教授

全国优秀教师赵永生教授

全国优秀教师史艳国教授

图 5-5　燕山大学部分杰出导师

图 5-6　燕山大学新增研究生导师岗前培训会

图 5-7　2018 年燕山大学研究生导师专题培训会

图 5-8　2019 年燕山大学与南京钢铁联合有限公司建立研究生实践基地

图 5-9　2020 年燕山大学与秦皇岛市海港区行政审批局共建研究生实践基地

人 才 培 养

燕山大学1961年开始招收培养硕士研究生，1978年恢复招收培养硕士研究生，1984年招收培养首名博士研究生。60年来，燕山大学始终牢固把握立德树人根本宗旨，以培养一流创新人才为目标，根据发展要求不断改革、优化培养模式。学校建立了完备的研究生培养方案制订、课程设置准入制度，实施研究生分类培养，突出课程学习对研究生科学方法训练、学术素养培养的支撑作用，运用多种教学方式，提升研究生实践应用能力。通过持续不断推动研究生教育教学改革研究及研究生课程建设，努力提高课程教学质量。将科学道德与学风建设贯彻培养全过程，加强实验室安全教育、创新创业指导，普及心理健康知识。积极与企事业单位、科研院所合作，联合培养研究生，促进学术研究与实际问题的深度结合。构建培养全过程质量管理体系，严格把关，控制关键节点。活跃校园学术氛围，激励研究生追求卓越、勇攀高峰。

截至2020年，学校共为国家和社会培养各类研究生30 000余名，其中博士研究生1 600余名。获得全国、行业及河北省优秀学位论文多篇，取得多项全国及省级研究生创新实践竞赛奖项。

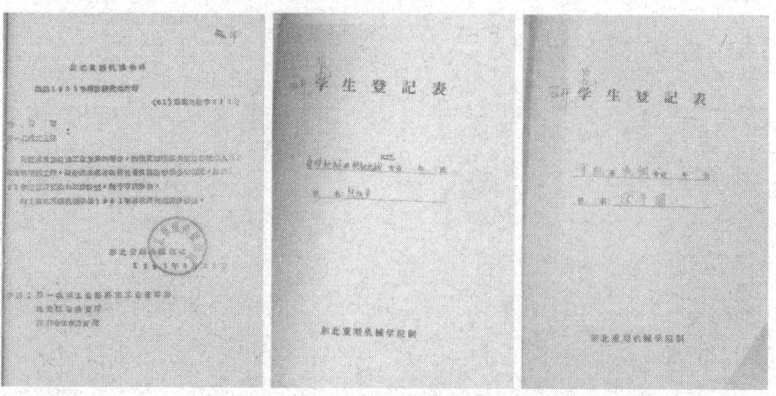

图5-10　1961年东北重型机械学院研究生招生计划、入学登记表

东北重型机械学院

20辊轧机
轴向调节有关参数的研究

(研究生毕业论文)

指导人 赖明道

一九六五年六月

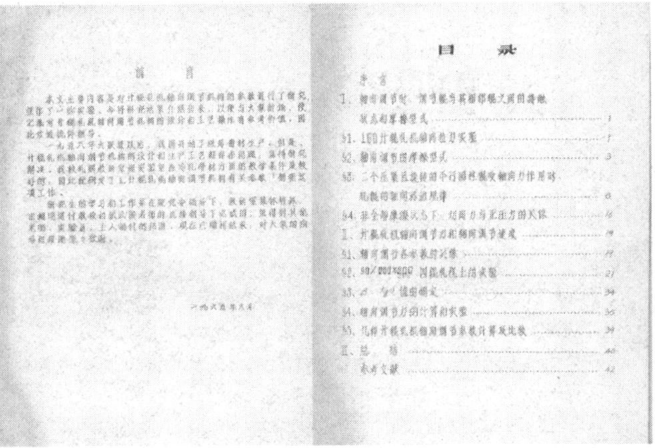
前言

目录

图 5-11　1965 年东北重型机械学院首届研究生毕业论文

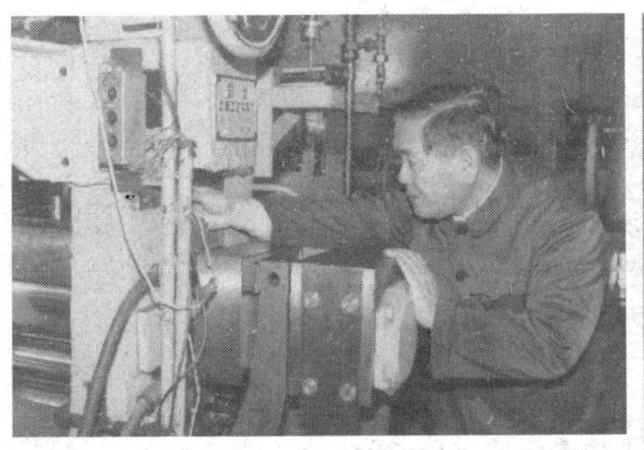

图 5-12　首位博士生导师连家创在进行科学研究，首批研究生导师赖明道在指导研究生

东北重型机械学院文件

东重研字（1988）56号

关于授予刘宏民同学博士学位的报告

国务院学位委员会：

我院八四级博士学位研究生刘宏民同学，于一九八五年三月入学，学制三年，至一九八八年三月止完成了培养方案规定的课程学习。通过考试、考查，成绩合格，并通过了博士学位论文答辩。一九八八年五月九日经我院八八年度第一次学位委员会讨论通过，决定授予刘宏民同学工学博士学位。

东北重型机械学院学位委员会
一九八八年六月二日

抄送：机械电子部教育局、省教委、分校。

图 5-13　1988 年首位博士研究生刘宏民在导师连家创教授指导下获得工学博士学位

1981 年首届（1978、1979 级）硕士研究生毕业合影

1981 级研究生毕业合影

1984 级研究生毕业合影

图 5-14　东北重型机械学院研究生毕业照

图 5-15　两地办学时期的研究生毕业照

图 5-16　学校整体南迁后举行的首次研究生毕业典礼

图 5-17　2021 年燕山大学研究生毕业典礼暨学位授予仪式

校长赵丁选讲话

我校校友、中国科学院计算技术研究所大数据研究院院长王元卓作报告

图 5-18　2019 年燕山大学举办首届研究生学术论坛

党委书记赵险峰讲话

校长赵丁选讲话

副校长任家东主持会议

研究生院院长卢辉斌作报告

机械工程学院作报告

导师代表温斌教授作报告

图 5-19　2021 年燕山大学研究生教育工作会议

2004 年全国优秀博士学位论文获得者高发明（右）及其导师李东春

2007 年全国优秀博士学位论文获得者何巨龙

图 5-20　燕山大学获得 2 篇全国优秀博士学位论文

上银优秀机械博士论文奖
Hiwin Doctoral Dissertation Award
第9届 颁奖典礼 2019.11.09

图 5-21　研究生获得机械工程领域博士论文最高荣誉“上银优博奖”

2019 年第一届中国研究生机器人创新设计大赛

2019 年第十四届中国研究生电子设计大赛

2020 年第七届中国研究生能源装备创新设计大赛

2019 年首届华北五省法学研究生法律文书写作大赛

2019 年第七届全国管理案例精英赛

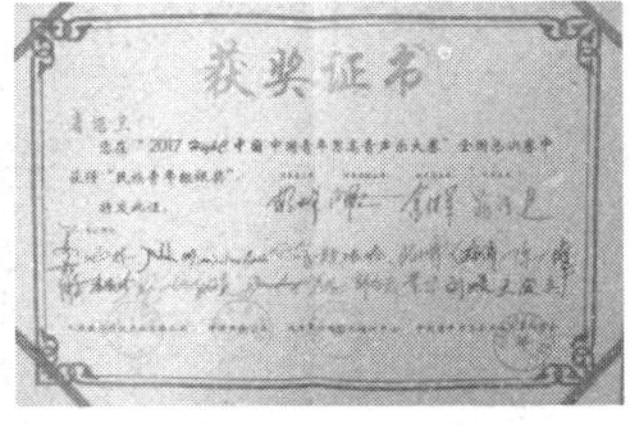

2017 年 HighC 中国声乐大赛

图 5-22　近年研究生参加各类创新竞赛部分获奖情况

科 学 研 究

燕山大学作为我国重型机械行业的高等院校“长子”，传承哈尔滨工业大学“规格严格、功夫到家”的精神，在研究生培养中注重将理论与实践相结合，广大研究生积极参与科学研究和技术创新，成为学校科学研究的一支重要生力军。

燕山大学以服务国家为己任，打造国之重器，创造国内多项“首台套”：自行设计制造中国第一台二十辊森吉米尔超薄带轧机，中国第一台 H 型钢轧机，中国第一条铝箔生产线，中国第一台中间辊移动式六辊冷带轧机，中国第一套冷带轧机液压微调厚度自动控制系统（液压 AGC），中国第一根双层金属卷焊管，中国第一台大型容器封头无胎冷旋压机，中国首台国产化冷连轧机板形测控系统，等等。2000 年以来连续获得国家科技奖励 19 项，完成国家、地方及企业委托科研项目 3 000 余项，有力支撑了区域经济发展和行业产业升级。

120MN 水压机

300MN 模锻压机

1 350mm 板坯连铸机

图 5-23　燕山大学研制的重型机械装备

15 000 吨自由锻造水压机

大型板带连轧机

图 5-24　燕山大学研制的重型机械成套设备

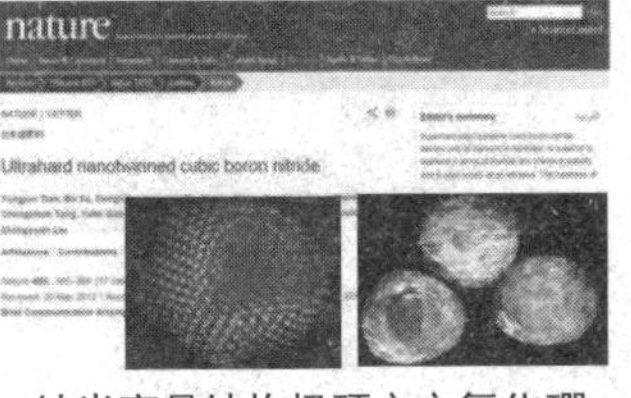

纳米孪晶结构极硬立方氮化硼
（2013 年）

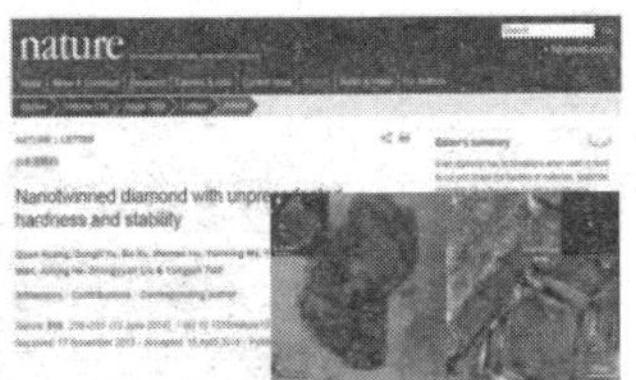

具有极高硬度和稳定性的纳米
孪晶金刚石（2014 年）

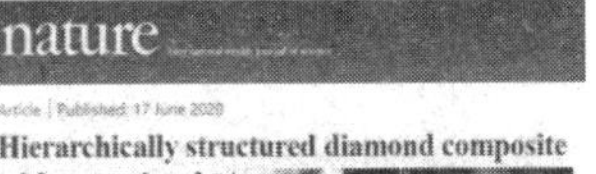

具有优异韧性的多级结构
金刚石复合材料（2020 年）

图 5-25　燕山大学发表的高水平学术论文

入选 2013 年中国科学十大进展

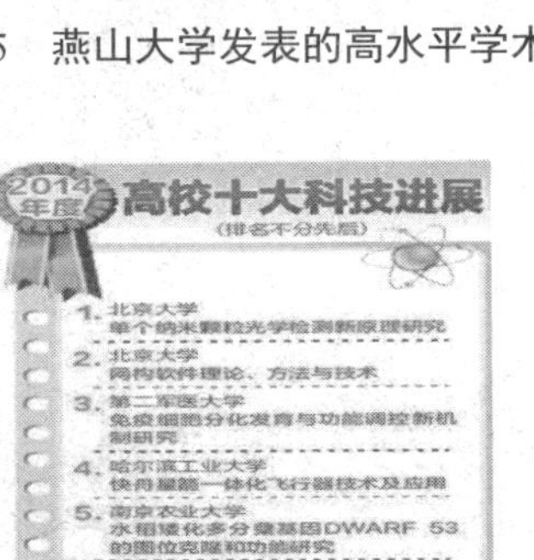

入选 2014 年中国高校十大科技进展

“比天然金刚石更硬人工材料的合成”
项目荣获 2018 年度陈嘉庚科学奖

图 5-26　燕山大学取得的重大科研成果

社 会 服 务

燕山大学始终坚持为党育人、为国育才的教育方针，注重在社会实践中铸造研究生思想品格，激发研究生服务社会，建设祖国的情怀。近年来，涌现出了彰显燕大精神、深获社会赞誉的义务捐献造血干细胞者——杜大学、“研究生支教团”等典型个人和群体。2020 年为响应习近平总书记和党中央振兴东北老工业基地的号召，学校机械工程学院、电气工程学院、经济管理学院等 11 个学院的 188 名研究生赴齐齐哈尔市富拉尔基区进行了为期一个学期的生产实训，参与企业技术创新，为东北老工业基地全面振兴贡献力量。

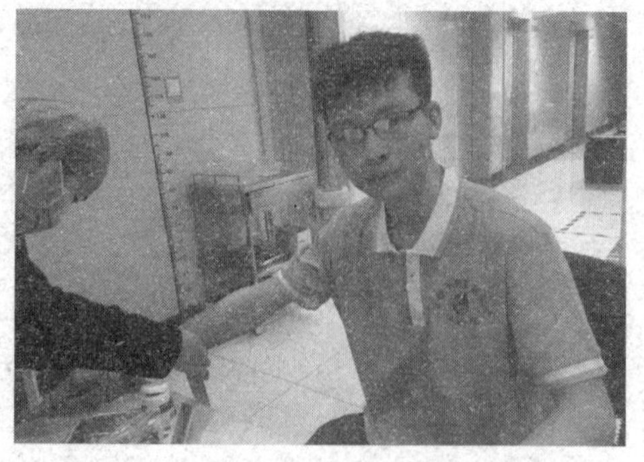

图 5-27 “全国高校百名研究生党员标兵”——杜大学

图 5-28 燕山大学研究生支教团

图 5-29　2020 年燕山大学研究生赴齐齐哈尔实训

研究生教育管理团队

燕山大学研究生院（学位办公室）是负责学校学科建设、学位管理、研究生培养等工作的业务部门，也是学校学位评定委员会的办事机构。研究生院管理团队秉持将燕山大学建设成为“特色鲜明、国内一流、世界知名研究型大学”的愿景，勇担学校学科建设、人才培养重任，服务广大师生，努力培养创新型高素质研究生人才，为国家输送栋梁之才。经过多年的坚持与传承，塑造了一支高素质的管理团队，在学校树立了优秀的部门形象。

2011 年获评“全国学位与研究生教育信息工作先进单位”

2012 年获评“河北省高等教育学籍学历管理工作先进集体”

图 5-30　燕山大学研究生院取得的荣誉称号

图 5-31　燕山大学研究生院管理团队取得的部分学术成果

图 5-32　燕山大学研究生院管理团队风采

1985—1986	臧瀛芝	研究生部主任
1986—1988	李硕本	研究生部主任
1988—1996	刘玉峰	研究生部主任
1996—1999	刘宏民	研究生部主任
1999—2004	刘　彬	研究生部主任
2004—2007	赵永生	研究生学院院长
2007—2012	肖　宏	研究生院院长
2012—2016	杜凤山	研究生院院长
2016—2019	官英平	研究生院院长
2019 至今	卢辉斌	研究生院院长

研究生教育大事记

燕山大学（原东北重型机械学院）是新中国成立后为培养重型机械工业高级技术人才而建立的第一所高校。

一、1961—1966 年

1961 年 10 月，东北重型机械学院首次招收研究生 5 人，揭开研究生培养的序幕。

1962 年 12 月 18 日，学院第一届科学技术报告会召开，马西林同志作了《关于我院科学研究工作中的几个认识问题》的报告，报告会进行了 4 天，提出科学报告和学术论文近 50 篇。

1965 年，学院培养的首届研究生徐守国、段振豪顺利毕业。

1966—1977 年，由于“文化大革命”，在此期间学院停止授课，研究生教育工作被迫中断。

二、1978—1984 年

1978 年，学院恢复研究生招生，当年招收硕士研究生 20 人。

1978—1984 年，学院招收七届研究生，共计 142 人。

1979 年 10 月，学院召开第二届学术交流会，共宣读论文 103 篇，交流论文 48 篇。

1980 年，国务院颁布《中华人民共和国学位条例》及实施办法。

1981 年 11 月，国务院批准学院机械学、冶金机械、工业企业自动化 3 个硕士学位授权学科，学院成为经国务院批准的首批具有硕士学位授权点的高校之一；12 月，第一机械工业部批准学院成立首届学位评定委员会，首届学位评定委员会共有 13 名成员。

1982 年 4 月 29 日，学院学位评定委员会举行第二次全会，会议共审查 25 名申请授予硕士学位研究生，决议授予 21 名研究生硕士学位，推荐 2 名研究生到兄弟院校相应学科申请授予硕士学位，暂缓授予 2 名研究生硕士学位；12 月，学院第四届学术报告会召开，共收到论文 367 篇。

1983 年，经国务院批准，学院获得首个博士学位授权学科冶金机械；获得压力加工、金属材料及热处理 2 个硕士学位授权学科。

三、1984—1997 年

1984 年，经原机械工业部批准，学院在河北省秦皇岛市建立东北重型机械学院秦皇岛分校，也称燕山大学。

1985 年，学校第一批 95 名全国统招研究生报到；10 月成立研究生部。

1988 年，连家创教授指导的学校首位冶金机械学科博士研究生刘宏民学位论文答辩会举行。

1989 年，连家创、黄真参加机电部第四批硕士学位初审专家会，学校检测技术与仪器专业初审通过；学校发布《燕山大学研究生管理条例》。

1993 年，国务院学位委员会批准学校机械学、金属塑性加工 2 个博士学位授权学科。

1995 年，学校获准设立机械工程博士后流动站。

1996 年，在国家第六批学位授权审核中，学校新增测试计量技术及仪器、材料学 2 个博士学位授权学科。

1997 年，国务院学位办批准学校具有在职人员申请同等学力硕士学位授予权；经国务院学位办批准，学校开展与美国都灵大学合作培养工商管理硕士项目。

四、1998—2010 年

1999 年，研究生部被授予“全国学位与研究生教育管理工作先进集体”

称号；获得控制工程领域工程硕士专业学位授予权。

2000—2001 年，新增材料科学与工程学科博士后流动站，博士学位授权学科增加到 7 个，硕士学位授权学科增加到 24 个，工程硕士专业学位授权领域增加到 6 个；获得 9 个河北省重点学科，其中划转 6 个，新增 3 个。

2002 年，燕山大学首届香港工程硕士研究生班开学典礼在香港举行；机械设计及理论学科被教育部列为国家重点学科；燕山大学博士团被中共河北省委宣传部、中共河北省委高校工委等 9 个部门联合授予“优秀博士志愿服务团”称号。

2003 年，国家科学技术部、教育部正式批准燕山大学科技园为国家大学科技园；新增电子科学与技术博士后科研流动站；新增博士学位授权一级学科 2 个，博士学位授权二级学科 6 个；新增硕士学位授权一级学科 3 个，硕士学位授权二级学科 20 个；获得工商管理硕士（MBA）专业学位授予权；新增 2 个工程硕士专业学位授权领域；召开燕山大学工程硕士培养工作会议。

2005 年，获得公共管理硕士（MPA）专业学位授予权；新增 2 个河北省重点学科。

2006 年，新增控制科学与工程等 4 个博士学位授权一级学科，16 个博士学位授权二级学科，其中 7 个是经国务院学位办批准备案的自主设置学科；新增 8 个硕士学位授权一级学科，29 个硕士学位授权二级学科，其中 7 个是经国务院学位办批准备案的自主设置学科；新增 4 个工程硕士专业学位授权领域。

2007 年，机械工程学科被列为国家重点学科一级学科，材料学学科被列为国家重点学科二级学科；新增控制科学与工程学科等 2 个博士后流动站；发布《燕山大学研究生培养校院两级管理暂行办法》。

2009 年，新增力学学科等 4 个博士后流动站；发布《燕山大学博士研究生资助体系改革暂行办法》，率先在省内实施博士研究生资助体系改革；开始招收全日制专业学位研究生。

2010 年，在第十一批学位授权审核中，学校新增 5 个博士学位授权一级学科，11 个硕士学位授权一级学科，4 个硕士专业学位授权类别和 2 个工程硕士专业学位授权领域；新增 2 个河北省重点学科；学校被评为全国工程硕士研究生教育创新院校，机械工程、材料工程、控制工程被评为全国工程硕士研究生教育创新工程领域。

五、2011年至今

2011年11月，召开全校研究生培养工作会议，研究生学院举办“研究生教育50年”纪念展;12月，成立燕山大学研究生院；学校博士生导师147人、硕士生导师738人，在校研究生规模达到7 019人。

2012年，开展首批专业学位研究生校内导师评聘工作，共评聘专业学位硕士研究生校内导师574人、校外导师360人；成立专业学位研究生教育综合改革试点领导小组，机械工程领域和公共管理硕士参加改革试点工作；研究生院获得“河北省学位信息管理先进集体”“河北省考务工作管理先进集体”和“河北省高等教育学籍学历管理工作先进集体”三项荣誉称号；《学位与研究生教育》杂志以《庆祝燕山大学研究生教育50周年》为题，对我校的发展概况、教学科研、学科建设、学术活动等各个方面进行了全面报道；学校承办河北省首次研究生导师培训会议。

2013年，工程力学、行政管理和凝聚态物理3个学科成为河北省重点学科；发布《燕山大学学位评定委员会章程》《燕山大学博士生指导教师遴选办法》《燕山大学博士生指导教师招生资格审核管理办法》，博导上岗审核改为招生资格自愿申请。

2014年，新增体育、法律2个专业学位授权类别，自主调整工程管理硕士为会计硕士；发布《燕山大学研究生教育改革实施方案》。

2015年，召开全校研究生教育工作会议，开展全校范围导师培训工作；学校获批教育部研究生课程建设试点单位，发布《燕山大学研究生课程建设试点工作方案》。

2016年，发布《燕山大学一流大学和一流学科建设方案》，学校被确定为河北省支持建设一层次一流大学，获批世界一流学科建设项目3个，国家一流学科建设项目4个；调整增列中国语言文学硕士学位授权一级学科、汉语国际教育硕士专业学位授权类别；获批教育部2016年课程建设试点单位。

2017 年，发布《燕山大学研究生学籍管理实施细则》；获批河北省科技厅人才兴冀工程“创新研究助手支持项目”实施试点单位。

2018 年，发布《燕山大学学科优化调整实施方案》，撤销 1 个博士学位授权一级学科、5 个硕士学位授权一级学科、2 个工程硕士专业学位授权领域及 1 个专业学位授权类别；新增工程博士专业学位授权类别，新增 3 个博士学位授权一级学科、5 个硕士学位授权一级学科及 1 个专业学位授权类别；2 名工程硕士获得第五届“工程硕士实习实践优秀成果获得者”荣誉称号，自 2015 年以来，连续四届共有 7 名工程硕士获此殊荣；承办河北省首届研究生数学建模竞赛。

2019 年，通过河北省“双一流”中期考核评估；新增 1 个博士学位授权一级学科、2 个硕士学位授权一级学科及艺术硕士专业学位授权类别；改革博导遴选和招生审核制度，淡化博导“身份”，打破职称限制，构建以工作岗位为核心的博导选聘机制；举办首届燕山大学研究生学术论坛，共提交学术论文 1 544 篇，宣讲学术论文 414 篇。

2020 年，河北省委省政府印发专门文件，支持燕山大学加快“双一流”建设，实现内涵式高质量发展，学校发布《燕山大学加快“双一流”建设实施方案》；顺利完成疫情期间的研究生教学、学位论文等工作；在校研究生数突破 9 000 人大关。

2021 年，召开全校研究生教育工作会议，全面贯彻落实新中国首次全国研究生教育大会会议精神。

附　　录

“行业特色高校产学协同培养研究生层次工程科技人才机制研究”课题组成员名单

课题负责人：王常武

课题组成员：王培龙、马新成、周益兰、周兆君、弓洪玮、沈鹏超、杨霄玉、王敏、于福莹

参与课题讨论的专家：任家东、卢辉斌、赵延治、赵静一